Richard Niedermeier

Mohammed vor den Toren

Richard Niedermeier

Mohammed vor den Toren

Ein Kampf um Europa

Verlag Petra Kehl
Künzell 2015

ISBN 978-3-930883-78-3
© 2015 by Verlag Petra Kehl
36093 Künzell
Redaktion: Dr. Petra Kehl
Umschlaggestaltung: Ulrike Christ

email: info@verlag-kehl.de
www.verlag-kehl.de

Inhalt

Vorwort

Während dieses Buch geschrieben wurde, entsetzte der Terror der IS Milizen in Syrien und im Nordirak sowie der islamistischen Boko Haram in Nigeria die Weltöffentlichkeit; als es kurz vor der Fertigstellung stand, ereigneten sich die Anschläge in Paris, wo die Mitarbeiter eines Satireblattes, das durch infame und dumme Mohammed-Karikaturen die Freiheit der Presse missbrauchte, eine Polizistin sowie mehrere harmlose Bürger jüdischen Glaubens den Tod fanden. In dieser aufgeheizten Situation wird – in der Öffentlichkeit meist sehr oberflächlich – die Frage nach dem Verhältnis des Islam zur westlichen Gesellschaft und zum terroristischen Islamismus gestellt.

Dieses Buch ist nicht gegen die Muslime in und außerhalb Europas gerichtet; es erzählt zwar von der Gefährdung Europas durch islamische Mächte, von Kriegen und mitunter auch von menschenverachtender Barbarei, aber es nimmt damit nur einen begrenzten Aspekt des Beziehungsgefüges zwischen Islam und Christentum in den Blick, der freilich nicht in einem falschen Irenismus unterschlagen werden darf: die Aggressivität einer politischen Religion, die – so ihre Rechtsgelehrten – von sich behauptet, das „Haus des Islams" (Dar al-Islam) als Gegenbegriff zum „Haus des Krieges" (Dar al-Harb) in der Welt zu verwirklichen.

Die Geschichte beantwortet nicht einfach unsere Fragen, die wir an sie richten; sie entsteht vielmehr in unseren Köpfen als ein Gemenge, aus dem das Subjektive nie zugunsten der „rein objektiven Fakten" ausgeschieden werden kann. Aber gerade als ein lebendiger Prozess der Auseinandersetzung mit der Vergangenheit provoziert sie uns zu einem weiterführenden Nachdenken, das auch die Gegenwart miteinbezieht. So kann sich, wie ich es am Ende dieses Buches versuchen werde, auch so etwas wie eine Lehre der Geschichte andeuten; ein Wort, das nicht zu eng gefasst werden will, sondern eher im Sinne einer Aufhellung der Gegenwart aus der geschichtlichen Erfahrung zu verstehen ist.

Das bedeutet zuerst einmal, dass dieses Buch aufzeigen kann, wo die Ängste von heute vor dem Islam ihren historischen Grund haben, der auch in unseren modernen Gesellschaften noch mitschwingt, die sich oft so geschichtsüberlegen und geschichtsvergessen geben. Wenn man etwa von Grausamkeiten muslimischer Herrscher erfährt, von Versklavung, Hinrichtungen oder der Zerstörung christlicher Kultstätten, dann sind dies Ereignisse, die sich in unser kulturelles und kollektives Gedächtnis eingeprägt haben und sofort die Suche nach Parallelen im Heute auslösen. Ich möchte aber alle Leser auffordern, nicht nur nach solchen Parallelen und Ähnlichkeiten zu suchen, sondern – eine Leistung, die jeder für sich aufbringen muss – auch nach Unterschieden, und kein Urteil zu treffen, ohne diese beiden Seiten bedacht zu haben.

Das Wesen einer Religion, ihre Lehre, ihre Prinzipien, ihre Idee sind nie identisch mit ihrer geschichtlichen Verwirklichung, wie wir in unserer eigenen christlichen Geschichte, ja in unserem eigenen christlichen Leben oft genug beschämt feststellen müssen. Dennoch stehen Wesen und Verwirklichung nicht beziehungslos einander gegenüber. Was sagt uns also die Geschichte über das Wesen des Islam? Auch auf diese Frage werde ich am Schluss des Buches kurz eingehen.

Ein besonderes Augenmerk legt mein Buch auf die Rolle der Kirche in dieser historischen Auseinandersetzung Europas mit dem Islam. Das rührt natürlich daher, dass ohne Kirche und namentlich das Papsttum die Geschichte Europas seit der Konstantinischen Wende im vierten Jahrhundert zumindest bis hinein in das Zeitalter der Säkularisation überhaupt nicht zu beschreiben ist. Es gibt aber noch einen aktuelleren Grund dafür: Viele fühlen sich in ihrer nationalen oder europäischen Identität durch den Islam bedroht. Da will man dann das Abendland oder das Christentum verteidigen, ohne sich zurückzubesinnen auf jene Instanz, die wie keine andere den christlichen Glauben und die abendländische Kultur in der Geschichte verteidigt hat. Die Gefahr, dass wir heute vom Christentum sprechen, aber doch nur unsere westliche Zivilisation mit ihren libertinären Auswüchsen meinen, ist groß. Der Blick auf die Verteidigungsgeschichte Europas kann uns zumindest zeigen, wie gefährlich schnell eine vermeintlich christliche Attitüde unter die Räder von Machtinteressen gerät. Wir müssen wissen, worum es wirklich geht, wenn wir Realität und Idee Europas bewahren wollen.

Über all dies hinaus will dieses Buch auch zweckfrei erzählen und dabei das Interesse der Leser auf – zumindest aus der Sicht der Mitteleuropäer – die Peripherien Europas richten, für die das Heraufziehen des Islam eine viel bedrängendere Rolle gespielt hat: Spanien und die Staaten Südosteuropas. Das politische wie gesellschaftliche Zusammenwachsen unseres Kontinents macht es notwendig, die Dramen und die Sternstunden in ihrer Geschichte besser zu verstehen.

Der besseren Lesbarkeit willen und um einen breiteren Leserkreis zu erreichen, wurde auf einen Fußnotenapparat verzichtet. Eine kleine Literaturliste am Ende soll Anregungen zur Vertiefung geben. Das für diese Arbeit zu umfassende und im Übrigen durch hervorragende Studien – jüngst durch R. Stark – gut behandelte Thema der Kreuzzüge im engeren Sinne wurde ausgelassen.

I. Buch

Der Westen

Der arabisch-islamische Blitzkrieg

Es war, als würde ein glutheißer Wüstensturm die christliche Welt in Flammen setzen: Das Schwert des Djihad, des heiligen Krieges, mit dem Mohammed die noch heidnischen Stämme der Araber zur Unterwerfung („Islam") unter den einen Gott und damit auch zur Einheit gezwungen hatte, führten seine Nachfolger über die Grenzen Arabiens hinaus. Mit einer in der Weltgeschichte unvergleichlichen Geschwindigkeit unterwarfen sich die Wüstensöhne Völker und Reiche des Ostens wie auch des Westens. Bereits 635, also nur drei Jahre nach dem Tode Mohammeds, waren der südliche Teil Palästinas – hierbei hatten der Patriarch Sergius und 60 christliche Soldaten den Märtyrertod erlitten – und schließlich auch das stolze Damaskus an die Araber gefallen. In den heißen Augusttagen 636 erlitt ein byzantinisches Heer am syrischen Fluss Jarmuk eine so fürchterliche Niederlage, dass sein Anführer, Kaiser Herakleios, ganz Syrien aufgeben und sich nach Konstantinopel zurückziehen musste. Damit war auch Jerusalems Stellung nicht mehr zu halten, und Patriarch Sophronius musste dem Kalifen Omar die Tore der Stadt öffnen (638). Nicht allein Missionseifer, sondern vor allem auch die Gier nach Beute, mit der man die eigenen Truppen bezahlen und in der Gefolgschaft halten konnte, trieb die muslimischen Feldherren in das reiche Ägypten, wo die Herrschaft der Byzantiner wie ein Kartenhaus zusammenfiel (642 wurde die kulturelle Metropole Alexandrien übergeben). Auch Mesopotamien, Armenien, Zypern und Kappadokien blieben nicht verschont. Der Fall Ägyptens führte die Eroberer weiter in die libysche Pentapolis und schließlich in die nordafrikanischen Provinzen des heutigen Tunesien und Algerien. Wo man einst auf ein blühendes christliches Leben und bedeutende Theologen und Kirchenväter wie den hl. Augustinus, Cyprian von Karthago oder Tertullian verweisen konnte, triumphierte nun die grüne Fahne des Propheten (so etwa 692 in Karthago). Schließlich erreichte die Welle der Eroberungen auch das heutige Marokko, wo die meisten der Berberstämme zuerst noch unter Kossila und, wie uns der arabische Historiker Ibn Khaldoun (+1402) in seiner Berbergeschichte überliefert hat, der geheimnisvollen, vielleicht christlichen, vielleicht auch jüdischen Kriegerkönigin Kahina – der Name bedeutet „Prophetin" – zusammen mit Juden und Christen Widerstand leisteten, bis dieser mit dem Tode Kahinas zusammenbrach. Damit hatte Byzanz, dessen Flotte schon 654 eine so fürchterliche Niederlage hatte einstecken müssen, dass sie weitgehend um ihre Offensivmöglichkeiten im westlichen Mittelmeer gebracht war, seine reichsten Provinzen, mit Ausnahme eines kleinen Territoriums um Ceuta, verloren.

Auch das byzantinische Kerngebiet mit der Hauptstadt Konstantinopel sah sich dem Ansturm der Araber ausgesetzt. Fünf Jahre lang (673-678) rang Konstantinopel um seine Existenz, und es waren nur seine mächtigen Mauern und das sogar auf dem Wasser brennende griechische Feuer, die der Stadt Rettung brachten. Sie gaben dem Reich die Chance, durch grundlegende Reformen im Heer und in der Verwaltung die Lage zu stabilisieren.

Nicht weniger einschneidend als das militärische und wirtschaftliche Desaster war der Verlust blühender Kirchenprovinzen mit einer hochstehenden hellenistischen Kultur und einem intensiven religiösen Leben. Zwar bedeutete die Eroberung anfänglich keineswegs schon das Ende für die christlichen Gemeinden, doch waren diese nunmehr isoliert, wie überhaupt der kulturelle Austausch zwischen Orient und Okzident unterbrochen war.

Nicht allein Byzanz, auch das Abendland nahm diesen Siegeszug mit Schrecken wahr. Man hielt die Wüstenkrieger für unbesiegbar. Resignation machte sich vielfach unter den Christen breit.

Heute versteht man die Mechanismen dieser rapiden Ausbreitung des Islam viel besser: Der Vorteil der Araber bestand nicht allein darin, dass sie gerade in heißen Ländern leistungsfähige Kamele benutzten. Auch nicht in dem Elan der Krieger, der mit den militärischen Erfolgen wuchs und durch die Aussicht auf reiche Beute befeuert wurde. Eine ganz entscheidende Rolle spielte die Religion: Die Unterwerfung unter den Willen Allahs setzte sich fort in einer bedingungslosen Unterwerfung unter die militärische Führung, so wie auch die oberste geistliche Gewalt in der Person des Kalifen völlig identisch war mit der höchsten politischen Macht. Die Distanz zwischen Religion und Politik, die im Christentum nie ganz aufgegeben wurde, sich dort sogar im Verlauf der Geschichte immer weiter auftat, fehlte. Das brachte eine politische Religion hervor, in der beide Elemente zu einer weltlichen Gottesherrschaft verschmolzen. Die Religion lieferte fast zwingende Motive für Selbstaufopferung und Todesverachtung: das Versprechen, die Tore zum Paradies würden sich für die Märtyrer des Djihad sofort öffnen, während alle anderen Muslime in einer Art Schlafzustand auf die belohnende Gerechtigkeit Allahs warten müssten; und schließlich auch den fatalistischen Glauben an das Kismet, das dem Menschen gegenüber dem übermächtigen, vom Kalifen formulierten Willen Gottes keinerlei Handlungsfreiheit mehr lässt. So formte die Religion aus den unterschiedlichsten Stämmen Arabiens eine gefügige Masse mit äußerster Disziplin und Selbsthingabe.

Nicht minder bedeutend für den Erfolg war der innere Zustand des byzantinischen Reiches. In den Provinzen Syrien und Palästina, vor allem aber in Ägypten und Nordafrika empfand man die schwerfällige und strenge Verwaltung als Last und den fernen Kaiser als Zwingherrn, dessen kriegerische Unternehmungen, vor allem gegen die Perser, sich in einem kaum mehr zu ertragenden Steuerdruck niederschlugen. So befanden sich die fernen Provinzen im Zustand bald latenter, bald offener Rebellion; das byzantinische Reich als Ganzes aber war ein „bis ins Mark verfaultes Gebäude" (N. J. Bell).

Vertieft wurde die politische Kluft durch religiöse Auseinandersetzungen. Der Kampf mit den Irrlehrern hatte auch gesellschaftliche Spuren hinterlassen: Adoptianisten und Anti-Nizäaner, die die wahre Gottheit Christi leugneten, die in Ägypten sehr einflussreichen Monophysiten, die eine Vermischung von Gottheit und Menschheit in Christus lehrten, und die vor allem in Syrien beheimateten Nestorianer, die Gott und Mensch in Christus voneinander trennten – sie alle (und mit ihnen auch die Juden) waren zu Staatsfeinden erklärt. Sie hatten also kein Interesse, ein Reich zu erhalten, das sie auch geographisch an seine äußersten Ränder und darüber hinaus vertrieb.

Die muslimischen Eroberer der Anfangszeit verhielten sich in den innerkirchlichen Konflikten neutral. Die häretischen Gruppierungen konnten sich daher trotz der Sondersteuer für Christen, die auch sie zu entrichten hatten, eine Erleichterung ihrer Situation erhoffen, zumal die Muslime auf Zwangsbekehrungen verzichteten und von den Unterworfenen lediglich loyales Verhalten verlangten. Dass der Islam Jesus als Propheten verehrte, ließ ihn in den Augen selbst des gelehrten Theologen Johannes Damascenus ohnehin als eine christliche Sekte und nicht als eine neue Religion erscheinen. So mochte die Theologie des Islam für all jene akzeptabel sein, die die wahre Gottheit Christi nicht anerkannten oder sie einschränkten. Auch verstanden es die Eroberer, den militärischen und technischen Sachverstand der Besiegten zu nutzen: Neue Waffen und Strategien wurden ins muslimische Heer integriert, das während der großen

Expansionsbewegung nur mehr mit einer Minderheit von Arabern besetzt war; selbst die Kenntnisse und das Personal für eine schlagkräftige Flotte, die der byzantinischen sogar überlegen war, stellten sich auf diese Weise bald ein. Viele der Christen konnten sich unter den neuen Herren durch ihre Fähigkeiten unentbehrlich machen und sich damit so etwas wie ein Existenzrecht sichern.

Die Eroberung der Iberischen Halbinsel

Warum ein Heer aus Arabern und inzwischen zum Islam konvertierten Berbern, geführt von Tariq ibn Ziyad, im Jahre 711 die Meerenge bei Gibraltar übersprang, lässt sich nicht mit letzter Sicherheit sagen. Auf der Jagd nach Beute hatte bereits 710 ein Stoßtrupp unter Tarif abu Zura nahe Algeciras spanischen Boden betreten. Von seinen Raubzügen ins Landesinnere brachte er die Kunde von unermesslichen Reichtümern des westgotischen Königreichs mit nach Hause. Die Legende indes erzählt eine Geschichte von Verführung und Rache: Julian, der tatsächlich historisch nachweisbare Graf („comes") des noch immer byzantinischen Ceuta an der nordafrikanischen Küste, habe seine schöne Tochter zur Ausbildung an den Hof des Westgotenkönigs Roderich geschickt; doch dieser habe sein Vertrauen missbraucht und die Tochter verführt. Um sich zu rächen, habe Julian Tariq, den Statthalter von Tanger, überredet, mit Hilfe von Julians byzantinischen Truppen auf die Iberische Halbinsel überzusetzen. Der Ort, wo er an Land ging, wurde „Djabal al-Tariq", „Berg des Tariq", genannt, woraus sich der Name „Gibraltar" entwickelte.

Der historische Kern der Legende ist zweifellos in der Uneinigkeit der Christen und möglicherweise in persönlichen Motiven des Verrats zu suchen. Doch erklärt dies nicht die Geschwindigkeit, in der das Westgotenreich zusammengebrochen ist. Tatsächlich trug auch dieses Reich den Keim seiner Auflösung bereits in sich: Es bestand aus ganz unterschiedlichen Bevölkerungsgruppen – romanisierten Kelten und Iberern, Westgoten, Sueben, Juden und vor allem an den Pyrenäen-Übergängen und in den Hafenstädten siedelnden eingewanderten Levantinern, die von den Arabern aus ihrer Heimat vertrieben worden waren. Sie alle lebten eher nebeneinander und oft auch gegeneinander und ließen sich nicht zu einer einheitlichen Bevölkerung verbinden. Unter ihnen hatten die Juden am meisten zu leiden, denn sie sahen sich dem Zwang zur Bekehrung ausgesetzt und fanden sich des Rechts auf freie Ausübung ihrer Religion beraubt. Und so waren es gerade auch viele Juden, die in den Truppen des Tariq Befreier sahen und sie nach Kräften unterstützten.

Tiefe Gräben waren auch auf der Iberischen Halbinsel durch religiöse Streitigkeiten aufgerissen worden: Die Goten waren auf ihrer langen Wanderung durch das Römische Reich mit dem arianischen Christentum in Berührung gekommen und hatten dieses angenommen und mit in die neue Heimat gebracht. Erst König Rekkared (586-601), dessen Bruder Hermenegild durch die Heirat mit einer fränkischen Prinzessin zum Katholizismus konvertiert, jedoch nach einem Aufstand gegen seinen die Katholiken bekämpfenden Vater als Märtyrer seines Glaubens hingerichtet worden war, schwor dem Arianismus ab und bekannte sich zum Katholizismus. Ihm folgten darin zuerst seine Gattin, dann der Großteil des Adels und der Bischöfe wie auch das Volk selbst. Er veranstaltete in Toledo die erste von mehreren, auch weltliche Gesetzeskraft erlangenden Reichssynoden, auf denen durch Klarstellungen der kirchlichen Lehre und Disziplinarvorschriften für Kleriker und Laien der neue Glaube gefestigt und die Kirche reformiert wurde. Tatsächlich blühte die katholische Kirche im Land auf und brachte eine so herausragende Bischofsgestalt wie Isidor von Sevilla (ca. 560-636) hervor, dessen „Etymologie" in 20 Bänden das antike

Wissen enzyklopädisch zusammenfasste und zu einem der bedeutendsten Lehrwerke des Mittelalters wurde.

Doch blieb diese katholische Wende nicht ohne Widerspruch. War der romanisierte Bevölkerungsteil damit hochzufrieden, so zettelten hartnäckige Arianer Aufstände an und nutzten dabei auch politische Rivalitäten eines stets aufsässigen Adels, mit dem das westgotische Wahlkönigtum ohnehin zu kämpfen hatte. So war 710 die Wahl König Roderichs (span.: Rodrigo), während dessen Herrschaft der Einfall der Muslime geschah, wie die sehr dunkle Quelle der Mozarabischen Chronik erkennen lässt, vermutlich nur gegen eine starke Adelsopposition erfolgt, von der vielleicht die oben erwähnte Legende noch Zeugnis ablegt, indem sie Roderich als einen ehr- und treulosen Verführer zeichnet. Darum ist es durchaus möglich, dass nicht der Graf Julian, sondern eine Gruppe von westgotischen Adeligen im nordafrikanischen Exil Tariq zu seinem Feldzug verleitete und ihn dabei auch tatkräftig unterstützte.

Bei all dem war die Iberische Halbinsel politisch wie kirchlich eher isoliert. Es gab nur spärliche Kontakte zwischen den westgotischen Herrschern und den fränkischen Königen jenseits der Pyrenäen, konnte man doch von Seiten der Westgoten die schwere Niederlage von 507 gegen den Merowinger Chlodwig I. nicht vergessen, die zum Verlust eines Teils des Königsschatzes und zum Rückzug aus Südgallien nach Spanien und Septimanien (die Küstenregion um Narbonne, Carcassonne und Béziers bis hin zur Rhône) geführt hatte. Ebensowenig bestanden Beziehungen zu den Langobarden in Norditalien und den Byzantinern. Letztere waren jedoch ohnehin zu schwach, um sich noch um die Angelegenheiten der Iberischen Halbinsel zu kümmern.

Isoliert war man auch in kirchlicher Hinsicht. Die zahlreichen Klöster folgten nicht der Benediktregel, die im übrigen Abendland stetig an Bedeutung gewann, sondern jenen Regeln, welche die hll. Leander, Isidor von Sevilla und Fructuosus aufgestellt hatten. Es fehlten die Kontakte nach Rom, wie die sehr geringe Zahl von römischen Sendschreiben an die spanische Kirche in dieser Zeit belegt.

Schließlich – aber das ist für das Frühmittelalter nichts Außergewöhnliches – war die Kirche Teil weltlicher Herrschaftsstrukturen. Sie profitierte davon, wenn Beschlüsse der Synoden in Toledo in weltliches Recht umgesetzt wurden. Und sie entwickelte sich zu einem reichen Grundbesitzer. Dabei geriet sie aber zugleich in die Abhängigkeit des Staates: Die Großen des Reiches verfügten ganz im Sinne des germanischen Eigenkirchenwesens über die Kirchen auf ihrem Territorium und der König setzte Bischöfe und Äbte ein. In weltliche Angelegenheiten stark verstrickt, wurde sie zu einem Faktor innerhalb der oben beschriebenen uneinigen Gesellschaft und vermochte es nicht, ihre geistliche Autorität für den inneren Frieden und die Einheit des Landes zum Einsatz zu bringen.

So versank Spanien in Streitigkeiten innerhalb der großen Adelsfamilien. Eine große, bewegende Idee fehlte. Möglicherweise war man nicht einmal mehr in der Lage, eine solche Idee bei jenen zu erkennen, die zur Invasion ansetzen sollten. Es gibt jedenfalls Hinweise darauf, dass die christlichen und jüdischen Unterstützer dieser Invasion, die Exilierten und Dissidenten, völlig überrascht waren, als sie feststellten, dass die Berber und Araber nicht bloße Schachfiguren im Dienste ihres eigenen politischen Kalküls waren, sondern – einmal ins Land geholt – die Absicht hatten zu bleiben.

Der zeitliche Ablauf zu Beginn der Invasion ergibt freilich für den Historiker kein eindeutiges Bild: Wohl am 28. April 711 fand die Überfahrt statt, doch frühestens am 19. Juli jenes Jahres ereignete sich die entscheidende, das Schicksal des Westgotenreichs bestimmende Schlacht am Rio Guadelete – auch der Ort ist nicht mit letzter Sicherheit festzumachen; doch wird dieser Fluss am häufigsten genannt. Belegt dieses späte Datum einer Entscheidungsschlacht, dass eine Eroberung und erst recht eine Besetzung der Halbinsel ursprünglich gar nicht geplant war, oder wurde der Feldzug nur vorübergehend zum Stehen gebracht, weil man die überwiegend aus Berbern bestehenden Truppen durch nachrückende arabische Verbände erst verstärken wollte? Mehr und mehr kommt man davon ab, den Invasoren eine umfassende Strategie zur Bildung eines islamischen Großreiches zu unterstellen. Tariq verfolgte durchaus eigene politische Ziele, die mit denen des ihm übergeordneten Gouverneurs von Nordafrika, Musa Ibn Nusair, der die wachsende Unabhängigkeit Tariqs zunehmend fürchtete, nicht immer übereinstimmten. Sollten solche Differenzen unter den Eroberern tatsächlich maßgeblich gewesen sein, so mögen sie die Peinlichkeit der Niederlage unter den Christen noch verstärkt haben. Vielleicht hat man deshalb in der Rückschau das Moment des Verrates beim Sieg der Muslime noch stärker betont, als es der Sachlage entsprach. Jedenfalls wurde das Heer König Roderichs, das zuvor noch einen Baskenaufstand niederzuschlagen hatte, am Guadalete (und vielleicht noch in einigen nachfolgenden Gefechten) vernichtend geschlagen. Roderich, dessen Leichnam nie gefunden wurde, verschwand spurlos aus der Geschichte. Nur mehr einige Städte leisteten in der Folge noch Widerstand, Sevilla und Mérida vor allem, während Cordoba rasch aufgab und Toledo gar fast freudig den Eroberern seine Tore öffnete. Denn in Toledo hatte die Familie des 710 verstorbenen Königs Witiza das Sagen, von dem manche Historiker annehmen, er sei von Roderich vom Thron gestürzt und vielleicht sogar getötet worden.

Wie alle Eroberer von Ländern mit großer geographischer Ausdehnung mussten auch die Muslime erkennen, dass Eroberung und Besetzung zwei verschiedene Dinge sind und eine gelungene Besetzung nicht schon aus der erfolgreichen Eroberung ableitbar ist. Nicht einmal bei den Berbern kann man in der Anfangszeit davon ausgehen, dass sie alle schon islamisiert und noch weniger dass sie bis in die Tiefe ihres Denkens und Empfindens hinein islamisiert waren. Zu der inhomogenen einheimischen Bevölkerung Spaniens kamen jetzt Berber und Araber hinzu. Und weitere Zuwanderer aus Nordafrika, vor allem Berber, folgten. Dennoch gab es Zufluchtsmöglichkeiten. Jene, die nicht mit den neuen Herren kollaborieren oder sich ihnen ergeben wollten, fanden Schutz in den bewaldeten Bergen vor allem des Nordens, also des Kantabrischen Gebirges. Auch die Pyrenäen-Region und das nordwestliche Galizien, bereits in westgotischer Zeit widerspenstig gegenüber jeder zentralen Herrschaft, blieben von der muslimischen Eroberung weitgehend verschont. Militärischer Widerstand formierte sich unter Pelayo (= Pelagius), der gewiss der westgotischen Aristokratie angehörte und vermutlich Verwandte in der asturischen Region hatte. Pelayo hatte sich in Asturien von seinen Gefolgsleuten wie auch von der nichtgotischen Bevölkerung zum „dux" wählen lassen. Offen bleibt, ob damit nur die Position eines Anführers, eines Herzogs oder gar eines Königs bezeichnet werden sollte.

722 wurden den Muslimen die Nadelstiche, die von Pelayos Widerstandsgruppe ausgingen, zu viel. Sie schickten ein mächtiges Expeditionsheer in den Norden. Doch sandten sie, wie die späteren Quellen berichten, zuerst einen Bischof namens Oppa zu Pelayo. Er sollte den Westgoten mit weitreichenden Versprechungen und Lockangeboten zur Aufgabe drängen. Oppas Versuch scheiterte. So kam es nahe der Höhle von Covadonga zum Kampf. Dieser gilt bis auf den heutigen Tag als Wendepunkt in der spanischen Geschichte. Pelayo konnte, die Gebirgslage ausnutzend, mit seinem kleinen Verband ein zahlenmäßig überlegenes Heer der Muslime aufreiben und Asturien auf Dauer vor einer Eroberung bewahren. Dabei sah man den Ort dieser Schlacht weder damals noch in späterer Zeit als zufällig oder nur strategisch bedingt an: Die Höhle barg nämlich ein kleines Marienheiligtum, und so schrieb man der Gottesmutter und ihrem himmlischen Eingreifen den ersten Sieg zu, den die Christen gegen die Muslime in Spanien erringen konnten; ein Sieg, der anspornte und noch heute als Anfang der Reconquista verstanden wird.

Die Schicksalsschlacht im Frankenreich

Die Niederlage von Covadonga hinderte die Muslime jedoch nicht daran, über die Pyrenäen hinweg nach Gallien vorzudringen. War es ein Eroberungsfeldzug oder nur ein größerer Raubzug, wie er auch nach Neapel, Rom, sogar nach Norditalien und an den Bodensee unternommen wurde? Ganz gleich, wie man es beurteilt, es ändert nichts an der welthistorischen Bedeutung des Geschehens. In der Expansionsgeschichte des Islam, soweit sie von Arabern getragen wurde, ging der Raubzug meist dem Eroberungsfeldzug als erstes Stadium voraus. Das Beutemachen lag gleichsam im kulturellen Erbe dieser ursprünglichen Nomadenstämme. Die Religion aber, der Koran, verlangte nichts weniger als die Unterwerfung der gesamten Welt (vgl. die Suren 9,33, 61,9 und 48,28 des Koran). Wo auch nur ein Moslem seinen Gebetsteppich entrollt, um gegen Mekka gewandt zu beten, dort ist – das gilt im Prinzip noch heute – islamischer Boden. Selbstverständlich hat man auf diesen Raubzügen auch gebetet! Vielleicht war eine Landnahme nicht von Anfang an geplant, hätte sich aber in der Folge zwangsläufig von selbst ergeben. Die muslimischen Truppen mussten immer größere Entfernungen zurücklegen, um lohnende Beute zu finden. Sie kamen nicht umhin, auf gallischem Boden feste Stützpunkte zu errichten, etwa in Nîmes, Agde, Narbonne, Carcassonne oder Béziers. So hätte sich im Lauf der Zeit die Herrschaft der Eroberer ausgedehnt, stabilisiert und – wie auf der Iberischen Halbinsel – durch eine Abnabelung vom Kalifat auch verselbstständigt. Daher ist die Aussage, im Herzen Frankreichs habe sich das Schicksal Europas entschieden, noch immer gültig.

Wie bei den Schlachten auf spanischem Boden so fehlen auch für die Ereignisse des Jahres 732 absolut belastbare Quellen. Wahrscheinlich fand die Schlacht in der zweiten Oktoberhälfte 732 nahe dem heutigen Moussais statt. Dorthin führte eine alte Römerstraße, die wohl beide Heeresverbände benutzten. Ebenso ungeklärt bleibt der entscheidende Grund für den Sieg des Franken Karl Martell. War es wirklich die Überlegenheit der starken fränkischen Reiterei, die schwer gepanzert und damit den Pfeilen der eher leichten berittenen Bogenschützen der Muslime nicht schutzlos ausgeliefert war? Oder lag der Vorteil der Christen in der Bildung einer Phalanx aus Fußtruppen, an der die Angriffe der Araber abprallten, wie die von einem christlichen Autor etwa um die Mitte des 8. Jhs. in Spanien verfasste Mozarabische Chronik zu berichten weiß? Vielleicht hat auch der (frühe?) Tod des muslimischen Feldherrn Abd ar-Rahman dazu beigetragen. Umstritten ist die Bedeutung dieses Sieges: Die muslimische Geschichtsschreibung hatte ihn stets heruntergespielt; die neuere europäische neigt in ihrer oft fast manischen Angst vor Pathos und Heroisierung dazu, dieses Urteil weitgehend zu übernehmen, zumindest aber in der Abwehr der Muslime 718 vor den Toren von Konstantinopel das weitaus bedeutsamere Ereignis zu sehen. Doch die Mozarabische Chronik macht auf ihre Weise das Außerordentliche des Geschehens deutlich: Die „Europäer", so heißt es darin, „seien den Sarazenen entgegengetreten." Freilich ist dieses Wort nicht als Ausdruck eines europäischen Bewusstseins in modernem Sinne zu verstehen. Tatsache ist jedoch, dass das fränkische Heer wesentlich verstärkt worden war durch Langobarden, Sachsen – immerhin ein überwiegend noch heidnischer Stamm – und Baiern. Auch Herzog Eudo von Aquitanien, dessen Tochter sogar einen abtrünnigen Berber-Fürsten geheiratet hatte und der lange Jahre in seinem Streben nach Unabhängigkeit vom Frankenreich Karl Martell Widerstand geleistet hatte, war dieser Allianz beigetreten, obwohl er wusste, dass ein Sieg der Franken gleichbedeutend war mit einem Ende der eigenen Selbstständigkeit. Offensichtlich war allen Beteiligten schon im Vorfeld klar geworden, dass dieses mächtige Heer der Muslime um jeden

Preis abgewehrt werden musste und machtpolitische Ranküne keine Rolle spielen durfte.

Manche deuten das Wort von den Europäern in einem rein kulturellen Sinne, um es nicht als Aufbruch zu einer europäischen Identität lesen zu müssen. Dennoch: Hier leuchtet eine neue Idee auf, die noch ganz vage und unbestimmt ist (es auch noch über Jahrhunderte bleiben wird) und noch ein Feindbild zur Abgrenzung brauchte: die Idee einer europäischen Identität.

Die Muslime verloren zwar ihren Heerführer, wurden aber keineswegs vernichtend geschlagen. Noch in der Nacht traten sie den Rückzug an, sodass sich wohl ein erheblicher Teil des Kontingentes retten konnte. Dennoch wagten sie nie wieder einen solchen Vorstoß. Wäre es in den Augen der muslimischen Augenzeugen nur ein misslungener Beutezug ohne Bedeutung gewesen, so hätte man sicher weitere Versuche unternommen, ins Herz des fränkischen Reiches einzudringen. Stattdessen konzentrierte sich der arabische Angriff in den folgenden Jahren einerseits auf Burgund und die Provence, andererseits auf das südliche Aquitanien. Dabei fanden sie gerade in Burgund Hilfe durch Adlige, die zunehmend die Vorherrschaft der Franken fürchteten. Doch auch diesem Treiben machte Karl Martell mit geballter Heeresmacht ein Ende; er schlug mehrmals die Araber und ihre Verbündeten und vertrieb sie aus ihren festen Stützpunkten. Einzig Narbonne wurde erst unter seinem Sohn Pippin dem Jüngeren zurückerobert. So konnte zuletzt auch Septimanien in seiner Ganzheit wieder für das Christentum gewonnen werden. Karl der Große wagte 778 sogar, die Pyrenäen zu überschreiten, doch zeitigte dieser Feldzug, an den das Rolandslied erinnert, nur einen sehr begrenzten Erfolg, der sich in der Etablierung einer ab 812 bis zum Ebro reichenden „Spanischen Mark" niederschlug (das Misslingen war vor allem dem Widerstand der nichtmuslimischen Basken geschuldet, die – und nicht die Araber – auch die von Roland geführte Nachhut angriffen).

Der karolingische Hausmeier Karl erhielt in der Folge den

Beinamen „Martell", „der Hammer". Diese Bezeichnung – so jedenfalls hat man es im 8. Jh. gelesen – greift den Beinamen des Judas Makkabäus auf, der ebenfalls „der Hammer" bedeutet. Judas Makkabäus aber war nicht nur ein in der spätjüdischen Geschichte herausragender Feldherr, der den hellenistischen Seleukiden Jerusalem entriss, sondern auch ein Erneuerer des jüdischen Glaubens, der die Reinheit des Tempelkultes wiederherstellen wollte. Durch die Gleichheit der Ehrentitel darf vermutet werden, dass Karls Beiname auch auf eine religiöse und geistige Erneuerung abzielte, die Karl Martell und seine Nachfolger in Gang gesetzt haben: die Karolingische Renaissance. Sie war ohne das Mitwirken der Kirche nicht zu denken.

Islam und Christentum auf der Iberischen Halbinsel und im Frankenreich

Die Situation der Eroberer im muslimischen Spanien war keineswegs so günstig, wie man meinen möchte. Es gab Rivalitäten zwischen Arabern und Berbern, die durch die Zuwanderung aus Nordafrika und Syrien noch verstärkt wurden. So kam es in den vierziger Jahren des 8. Jhs. zu Berberaufständen, die durch den Einsatz weiterer Truppen aus Syrien niedergeschlagen wurden. Schließlich wirkten sich auch Spannungen in Damaskus auf Spanien aus: Dort, in Damaskus, war 750 die Dynastie der Umaijaden gestürzt und nach einem grausamen Massaker durch die der Abbasiden abgelöst worden. Ein Umaijadenprinz namens Abd ar-Rahman konnte aber nach Spanien fliehen und mit Hilfe der dort zahlreichen syrischen Truppen die dem neuen Regime verpflichteten Statthalter vertreiben. Er gründete das Emirat von Cordoba, das vom Kalifat in Damaskus nahezu unabhängig war und ab 929 – wenngleich nicht mehr unter umaijadischer Führung – sich selbst sogar zum Kalifat aufwertete. Das Kalifat ist die höchste weltliche und geistliche Herrschaft in der Nachfolge Mohammeds.

Diese hier nur anzudeutenden, in Wirklichkeit sehr komplexen inneren Schwierigkeiten der arabischen Herrschaft auf der Iberischen Halbinsel zwangen die Emire dazu, in begrenztem Maße die christliche Bevölkerung zu tolerieren. Zwar bestimmte Abd dar-Rahman den Platz für den Bau seiner privaten Moschee in Cordoba gerade dort, wo eine christliche Kirche stand, doch kaufte er sie der Christengemeinde ab. Auch konnte die Kirche weiter Synoden abhalten, Bischofsstühle besetzen und war nur insofern eingeschränkt, als jede öffentliche Religionsausübung (Glockengeläut, Prozessionen) verboten war. Ebenso wenig durfte über den Islam diskutiert, an ihm Kritik geübt und christlich missioniert werden. Wo gegen diese Einschränkungen Widerstand geleistet wurde, griffen die Gewaltmaßnahmen: militärische Niederschlagung, Zerstörung der Kirchen, Hinrichtung der christlichen Männer, Versklavung der Frauen und Kinder. Wo man sich jedoch entsprechend den Vorgaben des Korans der neuen Herrschaft unterordnete und die den Christen auferlegte Sondersteuer entrichtete, konnten die christlichen Gemeinden, ja sogar ganze Städte ein relativ autonomes Leben führen. Diese nicht zuletzt politisch und machtpolitisch motivierte Toleranz – die Araber bildeten eher eine in den Städten beheimatete Militärkaste und Oberschicht – eröffnete die Möglichkeit zu einer kulturellen wie wirtschaftlichen Blüte, die nicht zuletzt auch vom Zusammenleben verschiedener Volksgruppen (Juden, Westgoten, Vandalen, keltisch-romanisierte Urbevölkerung, die Muslime verschiedener Herkunft und ethnischer Zugehörigkeit) getragen war. Dieser kulturelle Aufschwung sollte bis weit in das Mittelalter hinein fortwirken und Spanien zu einem Knotenpunkt des geistigen Austausches zwischen der Welt des Christentums, der muslimischen Welt und schließlich der antiken Überlieferung machen, die auf diesem Boden ihre Übersetzer vom Griechischen – das im Westen fast keiner mehr beherrschte – über das Arabische in die lateinische Sprache fand. Diese Vermittlerrolle, die für die weitere Entwicklung des Abendlandes entscheidend wurde, war nicht so sehr genuine Leistung der arabischen Muslime; vielmehr hatte der arabische Eroberungszug nach Persien und in das byzantinische Reich die Hinterlassenschaften griechischer wie römischer Kultur und Wissenschaft nach Spanien transportiert und dort zu einer neuen Blüte gebracht. Dieser kulturelle Aufschwung ging Hand in Hand mit einem wirtschaftlichen. Aus Persien mitgebrachte Bewässerungstechniken ermöglichten eine reichhaltige und intensive Landwirtschaft, wie sie die Zeiten des Verfalls unter der Westgotenherrschaft nicht gekannt hatten. Durch die arabische Eroberung wurden auch neue Handelsbeziehungen in den Orient und nach Nordafrika möglich, die das bislang eher isolierte Spanien wieder am (damaligen) Weltmarkt teilnehmen ließen. Das alles muss eine ungeheure Faszination ausgeübt haben, die man nur ermessen kann, wenn man die Verhältnisse in Westeuropa zu Beginn des 8. Jhs. damit vergleicht, als die Region zwischen dem Rhein und dem Atlantik kulturell wie politisch kaum erst den „Dark Ages", den „dunklen Jahrhunderten" der Völkerwanderung entwachsen war.

Heutige Historiker gehen davon aus, dass die muslimische Eroberung Spaniens und Septimaniens in weiten Teilen der christlichen Bevölkerung keineswegs Entsetzen hervorgerufen hat. Im Gegenteil: Viele Christen passten sich an die arabische Kultur an. Sie lernten die arabische Sprache, so dass der Erzbischof von Sevilla sich genötigt sah, für seine eigene Gemeinde die Bibel ins Arabische zu übersetzen. Sie bewunderten die arabische Literatur und übernahmen Kleidung und Verhaltensweisen der Araber, so dass fortan die Christen als „Mozaraber" bezeichnet werden: als „die, die wie die Araber leben".

Zu den Angepassten kamen viele Konvertiten, vermutlich mehr als in den übrigen vom Islam eroberten Ländern. Die Gründe für Konversionen waren ganz unterschiedlich: Christliche Unfreie und Sklaven erwarteten sich davon die Freilassung; christliche Adelige sahen darin die Möglichkeit, ihren Landbesitz, der nur Muslimen erlaubt war, zu retten; und selbst die den Muslimen erlaubte Polygamie fand in einer Zeit ihre Sympathisanten, als das christliche Eheverständnis noch keinesfalls tief in die Gesellschaft eingedrungen war. Die meisten aber wurden durch die hohe Kopfsteuer, die Nicht-Muslime entrichten mussten – wenn sie dazu nicht in der Lage waren, wurden sie in die Sklaverei verkauft – dazu gedrängt. Dass selbst die Konvertiten niemals den gleichen religiösen und gesellschaftlichen Status erreichten, auch wenn sie aufgrund ihrer Fähigkeiten einen beruflichen und gesellschaftlichen Aufstieg erlebten, spielte gerade in der Anfangszeit der Besetzung keine große Rolle.

Dieser gefährlichen Mischung von Faszination und äußerem Druck hatte das spanische Christentum nur wenig entgegenzusetzen. Es zeigte sich, dass die Christianisierung des Landes auf tönernen Füßen stand, also im wesentlichen an der Oberfläche erfolgt war. Nicht nur dass sich heidnische Praktiken römischer oder germanischer Herkunft auf dem Land und in abgeschiedenen Regionen noch erhalten hatten und vielfältige Formen des Aberglaubens grassierten; auch in den Städten war der Katholizismus oft nur schwach ausgeprägt. Den Untergrund bildeten noch immer starke arianische Strömungen, die die wahre Gottheit Christi leugneten. Da war der Schritt vom arianischen Christentum zum Islam, der in Jesus („Isa") nur mehr einen, dem Letztpropheten Mohammed untergeordneten Propheten erkannte, nicht mehr allzu weit. Dies zeigt die oft zu wenig beachtete Tatsache, dass es auch in anderen Teilen der christlichen Welt direkte Konversionen vom Arianismus zum Islam gab. Schon im 7. und 8. Jh. kam es auf italischem Boden zu Übertritten von arianischen Langobarden zum Islam, die dann als „Saqaliba" , d.h. als „Slawen" – so wurden sie verallgemeinert wegen ihrer hellen Haut bezeichnet – in Nordafrika Söldnerdienste für muslimische Feldherrn leisteten.

Im 8. Jh. tauchte zudem in Spanien eine neue Variante des Adoptianismus auf, der zwar die wahre Gottheit Jesu anerkannte, aber glaubte, dass Christus in seinem Menschsein nur durch Adoption und nicht durch die Einheit mit der göttlichen Person des ewigen Logos zum Sohn Gottes wurde. Diese späte Form des Adoptianismus, die sich von den frühchristlichen Formen unterschied, hatte ihre Ursache wohl darin, dass die Konzilsbeschlüsse von Ephesus und Chalcedon nicht verstanden wurden. Dies war vermutlich eine Folge der Isolation der Kirche im westgotischen Spanien. Schon die spanische Kirche versuchte diesen Adoptianismus, den sogar der Primas Elipandus von Toledo und Bischof Felix von Urgel vertraten, zu bekämpfen.

Arianismus und Adoptianismus stellten freilich nicht nur eine innere Schwächung des spanischen Katholizismus dar. Im südlichen Gallien, also vor allem in Aquitanien, hatten die durchziehenden Goten auch geistliche Spuren hinterlassen. Nach Italien waren die Langobarden als arianische Eroberer gekommen, und der Osten des neu entstehenden Frankenreiches war ohnehin Missionsgebiet. Selbst in den fränkischen Kernlanden, die mit der Taufe Chlodwigs unmittelbar vom Heidentum zum katholischen Christentum gefunden hatten, war der Glaube keineswegs so gefestigt, dass nicht die simpleren theologischen Vorstellungen des Arianismus und vor allem des Adoptianismus Eingang hätten finden können. So bedeutete der Sieg bei Tours und Poitiers zwar eine gewonnene Schlacht, aber – selbst in Verbindung mit den darauf folgenden Gefechten – noch keinen gewonnenen Krieg. Dieser musste auf dem Feld des Geistes und des Glaubens ausgetragen werden, um das Abendland wirklich gegen die islamische Versuchung zu rüsten, vom Christenglauben abzufallen. Diese Immunisierung fand im Frankenreich und in den Rückzugsgebieten der Christen im nördlichen Spanien statt.

Die Erneuerung der fränkischen Kirche

Zu Beginn des 8. Jhs. war die Hochstimmung in der Kirche, die die Taufe des Merowingerkönigs Chlodwig 496 ausgelöst hatte, schon längst verflogen. Zwar genoss die Kirche im Frankenreich den Schutz des Herrschers und konnte daher unter den germanischen Völkern östlich des Rheins, die immer mehr in fränkische Abhängigkeit gerieten, intensive Missionsarbeit leisten, doch machte sich in den Kernlanden des Frankenreichs eine Ermüdung des geistlichen Lebens bemerkbar. Viele Bischöfe waren durch ihre Verpflichtungen als Grundherren und Verwaltungsbeamte so beansprucht, dass sie die geistliche Sorge um ihre Herde vernachlässigten. Verstärkt wurde die Krise dadurch, dass das Frankenreich bis zur Zeit Karl Martells in sich nur phasenweise eine Einheit bildete, ansonsten aber in das östliche Austrien und das um Paris gelegene Neustrien zerfallen war mit all den Rivalitäten und Kämpfen, die eine solche Spaltung und die Versuche ihrer Überwindung mit sich bringen. Daneben waren die fränkischen Herrscher in kriegerische Händel mit ihren östlichen Nachbarn und mit den aufständischen Aquitaniern verwickelt, die sie nur meistern konnten, indem sie, etwa unter Karl Martell, auf kirchliches Vermögen zurückgriffen.

In dieser sehr schwierigen Situation empfing nun die fränkische Kirche neue spirituelle Impulse, die sich zugleich auf das von der Kirche stark mitgetragene Wirtschafts- und Kulturleben befruchtend auswirkten: Von England her kam eine neue Welle von Missionaren auf das Festland, die neben dem Glaubenseifer, wie ihn auch die früheren iro-schottischen Mönche mitgebracht hatten, ein großes Talent zur Organisation, zum Aufbau kirchlicher Strukturen zeigten. Der bedeutendste von ihnen war Winfried, besser bekannt unter dem Namen Bonifatius. Bonifatius war nicht nur ein Missionar, der 754 während seiner Friesenmission das Martyrium erlitt, sondern auch ein Kirchenreformer und Organisator, dem es gelang, alte Bistümer in Bayern zu stabilisieren und neue in Thüringen, Hessen und Mainfranken zu gründen. Was die Angelsachsen über ihre iro-schottischen Vorgänger, die den Grundstein zur Christianisierung der Franken und deren Nachbarvölker gelegt hatten, hinaus auszeichnete und die abendländische Kirchengeschichte über Jahrhunderte prägen sollte, war ihre starke Orientierung nach Rom, auf das Papsttum. Denn es war Papst Gregor I., der 596 den Benediktinerabt Augustinus mit vierzig Mönchen zu den noch heidnischen Angelsachsen geschickt hatte, um ihnen Christus zu verkündigen. Nun trugen die Angelsachsen mit aller Leidenschaft die Botschaft des Glaubens zurück auf den Kontinent, verbunden mit der Treue zu Rom. Damit stabilisierten sie nicht nur die Ostgrenzen des Frankenreiches und initiierten oder vollendeten die Christianisierung neuer Völker, sondern sie führten diese Völker aus der Isolation christlicher Einzelstaaten heraus und banden sie zusammen unter der Idee eines christlichen Abendlandes. Auch wenn diese Idee sich nicht frei von politischen Interessen verwirklichte und oft genug vom Partikularismus der Völker bedroht war, so gab sie doch eine gemeinsame Basis, auf der in der Folgezeit multinationale Reiche entstanden, die Ostmission vorangetrieben, die spanische Reconquista und der Kampf um das Heilige Land geführt wurden. „Britannien, Francia und Teile Irlands bewegten sich nun im gleichen Rhythmus", so der Historiker Peter Brown; und in diesen Rhythmus wurden die fränkischen Grenzvölker des Ostens und des Südens, also auch die Langobarden miteinbezogen. Den Takt dazu gab zunehmend Rom vor, und zwar nicht durch die Ausübung von Macht auf die einzelnen Völker – Rom bedurfte ja des Schutzes durch die fränkischen Herrscher –, sondern auf eine ideelle Weise, indem der Papst als das Oberhaupt des Christenheit, als Nachfolger des Apostels Petrus, später auch als Stellvertreter Christi unter den germanischen wie romanischen und sogar slawischen Völkern wachsende Anerkennung erfuhr. So entstand eine gemeinsame christliche Welt, in der nicht mehr so sehr das Trennende, sondern das Verbindende ausschlaggebend war. Und dieses Verbindende ermöglichte – nicht allein auf wirtschaftlicher Ebene – Kommunikation, Austausch und wechselseitige Befruchtung. Wenn also die Mozarabische Chronik anlässlich des Sieges von Tours und Poitiers den Muslimen die Europäer gegenüberstellt, so mag dieses Wort, wenn es denn mehr besagt haben sollte als nur eine geographische Herkunftsbezeichnung, noch zu früh gesprochen worden sein; es nahm aber nahezu prophetisch eine Entwicklung vorweg, die unter den karolingischen Königen, vor allem unter Karl dem Großen, einen ersten Höhepunkt erreichen sollte, um nie wieder ganz ausgelöscht zu werden.

Fast scheint es, als habe ein Wettbewerb der Reformen im Frankenreich eingesetzt: Die Klöster, die noch am wenigsten die Ideale ihrer Gründer verloren hatten, wurden nach und nach unter benediktinische Obödienz gebracht. Schon das Konzil von Autun, das zeitlich nicht genau datiert werden kann – es fand wohl im letzten Drittel des 7. Jhs. statt –, hatte neben der Verbindlichkeit von Armut, Keuschheit und Gehorsam von den Mönchen auch die Einhaltung der Regula des hl. Benedikt eingefordert, doch war es im ersten Anlauf im Frankenreich noch nicht gelungen, diese Vorschrift durchzusetzen. Wann und von welchem Ort aus der Siegeszug der Benediktinerregel begann, ist noch nicht sicher geklärt. Das Hauptkloster Montecassino war ja durch die Langobarden zerstört worden, und auch in Rom gab es mehrere Regeln, denen die dortigen Mönchsgemeinschaften folgten. In Gallien hatten sich Mischregeln durchgesetzt. Im ausgehenden 8. und vor allem im 9. Jh. aber schärften zahlreiche Synoden die nahezu alleinige Befolgung der Regel des hl. Benedikt ein. Nachdem die angelsächsischen Missionare gleichsam die Vorarbeit für die Durchsetzung der Benediktregel geleistet hatten, erklärte Karl der Große sie 802 zur „Reichsregel".

Was aber war der Vorteil dieser Veränderung? Die Regel des hl. Benedikt wollte ganz bewusst übermäßige Härten im Klosterleben vermeiden, wie sie in den ganz charismatischen, älteren Mönchsregeln auftraten. Damit war das Mönchtum nicht mehr nur eine Sache religiöser Heroen, sondern konnte sich viel tiefer in die Bevölkerung einwurzeln. Kurz, es bot sich hier ein Weg zur Heiligkeit, der für wesentlich mehr Menschen gangbar war. Dieser geistliche Realismus eröffnete auch ein neues Verhältnis zwischen dem Adel und dem Königtum auf der einen und der Klostergemeinschaft auf der anderen Seite. Dass die nachgeborenen Söhne und Töchter des Adels und Hochadels in Klöster eintraten, darf man mit Blick auf spätere Zeiten des Verfalls nicht nur negativ beurteilen. Oft genug waren die Adelskinder leuchtende Vorbilder im Glauben, beflissen Bildung zu erwerben und von missionarischem Eifer. Damit wirkten diese Mönche auch in ihre eigene Herkunftssippe hinein und leisteten einen wesentlichen Beitrag zur Verchristlichung der Eliten. Schließlich wurden aufgrund dieser Verbindungen die Klöster gefördert: Zahlreiche Stiftungen schufen religiöse und kulturelle Zentren, die in großer Zahl das ganze Abendland überzogen. Zum benediktinischen Realismus gehörte aber auch, dass man spirituell, geistig und wirtschaftlich in die Region hineinwirkte. So wurden die Klöster, aus denen Heilige und herausragende Bischofsgestalten hervorgingen, nicht nur Orte der persönlichen Heiligung und abgeschiedene Räume der Gelehrsamkeit inmitten einer noch immer barbarischen Welt, sondern treibende Kräfte einer geistlichen, kulturellen und wirtschaftlichen Erneuerung.

Davon konnte schließlich der Weltklerus nicht unberührt bleiben. Die Söhne Karl Martells, Pippin der Jüngere und vor allem sein Bruder Karlmann, der seine Rechte als Mitregent schließlich aufgab und selbst – dem Vorbild englischer Könige folgend – in das wiedererrichtete Kloster Montecassino eintrat, schärften auf einer Reihe von Synoden disziplinarische Vorschriften für Kleriker ein. Unwürdige Amtsinhaber wurden abgesetzt und die Überprüfung der Geistlichen angeordnet. Die aus der antiken Kirche stammende, aber mittlerweile verfallene Metropolitanordnung der Bistümer wurde erneuert. Damit war überhaupt erst die Voraussetzung für die Durchschlagskraft von Reformen gegeben; denn die Metropoliten hatten eine Aufsichtspflicht über die ihnen untergeordneten Bischöfe („Suffraganbischöfe") und konnten den Reformprozess durch eigene Metropolitansynoden vorantreiben.

Im Bistum Metz war es Bischof Chrodegang, der durch den Erlass einer am klösterlichen Leben ausgerichteten Kanonikerregel die Priester an seiner Kathedralkirche zu einer Gemeinschaft zusammenfasste. Dies stärkte nicht nur die religiösen Bindungskräfte, sondern vermehrte auch das operative Potential der Kanoniker, die durch sinnvolle Aufgabenverteilung zusätzlich neue Aufgaben übernehmen konnten.

Dazu gehörte vor allem die verstärkte Ausbildung des Klerikernachwuchses, die ebenfalls wesentliche Impulse durch Anordnungen und Erlasse der karolingischen Herrscher empfing. Sie blieb allerdings für die Mehrzahl der Geistlichen, an heutigen Maßstäben gemessen, dennoch bescheiden und beschränkte sich auf jene Kenntnisse, die für die Seelsorge und die Sakramentenspendung notwendig waren.

Die Bildungsreform umfasste auch die Laien, soweit sie dem Adel angehörten. Sie erhielten ihre Bildung in Klosterschulen, am Königshof und später in Kathedralschulen. In diesem Umfeld konnten gelehrte Laien – übrigens auch Frauen – als Mitglieder des Hochadels oder gar der Herrscherfamilie zu Förderern von Kunst und Wissenschaft werden und damit jenes große Projekt tragen, das man als „Karolingische Renaissance" bezeichnet.

Diese „Renaissance", die erste von mehreren Renaissancen in der abendländischen Geistesgeschichte, brachte zwar noch keine großen Denker wie die spätere Scholastik hervor, doch muss sie auf dem Hintergrund der kulturellen Verluste gesehen werden, die die Völkerwanderung mit sich gebracht hatte. Schrift, Literatur und die lateinische Sprache waren zusammen mit der Baukunst und dem Kunsthandwerk die Säulen dieser Renaissance. Aber diese wurden nicht nur um ihrer selbst willen von den Karolingern gefördert. Sie dienten zugleich der Verwaltung und Organisation des immer größer werdenden Reiches, der Repräsentation der herrscherlichen Autorität und der Herausbildung eines neuen Selbstbewusstseins, das sich mehr und mehr als Erbe des Römischen Imperiums verstand. Die germanischen Völker des Westens blickten fortan über ihre eigene Geschichte und Sichtweise der Dinge hinaus. Sie begannen allmählich, dem byzantinischen Reich und den Reichen des Islam ebenbürtig zu werden.

Die enge Bindung an Rom, die sich nicht nur auf das Papsttum bezog, sondern die Erinnerung an das Römische Reich miteinbegriff, wurde nahezu zur Reichsdoktrin durch den Entscheid des Papstes Zacharias I. Er hatte 751 auf Anfrage Pippins die Zustimmung gegeben, dass dieser die Königsherrschaft aus den Händen der schwachen Königsdynastie der Merowinger übernehmen solle. Im Jahre 754 salbte der Papst – inzwischen Stephan II. – Pippin zum König. Diese Handlung wurde in ihrer ganzen Sakralität nur mehr durch das Geschehen am Weihnachtstag des Jahres 800 überboten, als Papst Leo III. Karl den Großen in Rom zum Kaiser krönte. Die Ausrichtung des neuen Herrschergeschlechts nach Rom war damit auch eine Frage der politischen Legitimität geworden. Dennoch sollte man nicht nur die politische Motivation sehen. Die angelsächsischen Mönche hatten schon im 8. Jh. nicht nur ihre enge Beziehung zum Papsttum weitergegeben. Sie hatten vor allem den Franken die Sehnsucht eingepflanzt, so zu beten, wie man in der Stadt des hl. Petrus betet. Die römische Liturgie hielt im Frankenreich Einzug, wenngleich einzelne altgallische Elemente noch erhalten blieben. Die geistige und religiöse Welt der Karolinger hat damit ihre Zentren nicht nur in den Pfalzen, Residenzen und Bischofsstädten des Frankenreiches, sondern auch in Rom, das im Übrigen – auch das ist an der Liturgie abzulesen – selbst wiederum von den neu entstandenen geistigen Kräften der Franken befruchtet wird. Dieses durch die Kirche erstellte Gefüge der Kommunikation und des geistigen Austausches – der durch viele gelehrte Flüchtlinge von der Iberischen Halbinsel noch verstärkt wurde – brach die Enge der germanischen Welt, des bloßen Stammesdenkens, der dynastischen Bindung auf. Diesem kulturellen Entwicklungssprung folgte ein wirtschaftlicher, der erst in den späten dreißiger Jahren des 9. Jhs., also in der beginnenden Schwächephase des Karolingerreiches, durch arabische Angriffe auf Südfrankreich mit seinen Hafen- und Handelsstädten sowie durch vermehrte Normanneneinfälle im Norden zum Erliegen kam.

Unter Karl dem Großen erreichte das Verhältnis von Kirche und Staat seine vorerst höchste Dichte, ja man kann sogar von einer „Durchdringung des Geistlichen und Weltlichen" (Bihlmeyer/Tüchle) sprechen. Karl achtete streng darauf, dass die Kirchenreform in seinem für damalige Verhältnisse so unfassbar großen und damit auch schwer regierbaren Reich tatsächlich durchgeführt wurde. Die Nachteile dieses Systems, in dem der Herrscher aufgrund seiner königlichen Salbung – er verstand sich als „rex et sacerdos", als König und Priester – die Besetzung der Bischofsstühle und Reichsabteien, obgleich mit sehr würdigen und tüchtigen Personen, vornahm, sollten erst im 11 Jh., im so genannten „Investiturstreit" zu Tage treten. Zur Zeit Karls brachte diese Einheit für Volk und Kirche einen großen Gewinn.

Theologische Klärungen

In diesem Zusammenspiel konnten wichtige theologische Fragen geklärt werden, die auch für den geistigen Abwehrkampf gegen den Islam von entscheidender Bedeutung waren: Der gemäßigte spanische Adoptianismus, der Gefahr lief, die Menschheit Jesu von seiner Gottheit zu isolieren und damit ihre naturhafte Gottessohnschaft, die sich aus der personalen Einheit mit dem göttlichen Wort ergibt, zu leugnen, wurde auf mehreren Reichssynoden verworfen (792 in Regensburg, 794 in Frankfurt) und schließlich von Papst Leo III. auf einer römischen Synode (798) verurteilt. Wie sehr die fränkische Kirche intellektuell aufgeholt hatte, zeigt die Disputation zwischen dem Gelehrten Alkuin von Tours und dem Adoptianisten Felix von Urgel auf der Synode von Aachen (800). Hier erfocht Alkuin einen so klaren argumentativen Sieg, dass Felix selbst – und viele ihm nachfolgend – dem Adoptianismus abschwor. Damit war nicht nur die Einmaligkeit und Erhabenheit Jesu und seiner Gottesoffenbarung gegenüber dem (selbst ernannten) Nur-Propheten Mohammed und dem Koran bekräftigt und sichergestellt; es wurde zugleich der Vorrang der Gnade gegenüber jeder menschlichen Leistung, wie sie auch der Islam in den Mittelpunkt der Erlösungslehre stellt, betont. Das bloße ethische Verhalten, also die moralische Leistung, war in den Augen der Adoptianisten der Grund dafür, dass der Mensch Jesus zum Sohn Gottes angenommen wurde. Für die rechtgläubige Kirche hingegen ist das Heil vor allem ein Geschenk, eine Gnade Gottes. Der Mensch soll zwar mit der Gnade mitarbeiten, muss aber deren Unverfügbarkeit anerkennen. Ein Leistungsdenken indes steht in der Versuchung, zu einem Rigorismus und mitunter sogar zu einem religiösen Fanatismus zu werden, der, wenn er sich der Mission verschreibt, mit Zwang und Gewalt verbunden ist. Zwang und

Gewalt begegnen zwar im Christentum immer wieder; sie sind eine Versuchung, der auch Christen verfallen; aber sie sind dem christlichen Glauben nicht systemimmanent und scheitern letztlich an der Person Jesu selbst.

Aus dem byzantinischen Reich kommend, brach im 8. Jh. eine weitere Auseinandersetzung über den Westen herein, die bei einem falschen Ausgang nicht minder dazu beigetragen hätte, den Boden für den Islam vorzubereiten: der Bilderstreit. Es war gerade der Ostkaiser Leo III. (717-741) – ihm war es gelungen, das weitere Vordringen des Islam in das byzantinische Reich zu stoppen –, der aus einem überzogenen Verständnis der Transzendenz (Weltjenseitigkeit) Gottes ein Verbot religiöser Bilder verfügte, wie es auch im Islam besteht, der Gott nur absolut fern der Welt denkt und darum das strikte Bilderverbot des Alten Testamentes übernommen hat. Freilich war das Motiv des Kaisers primär die Reform einer Kirche, in der der Volksglaube den heiligen Bildern eine geradezu magische Bedeutung beimaß, die weit über die symbolische Vergegenwärtigung des Dargestellten hinausging. Doch leistete er damit der Vorstellung des unendlich fernen Gottes ebenso ungewollt Vorschub wie der Leugnung der wahren Menschwerdung Gottes. Auf die komplexe Geschichte des Bilderstreits im byzantinischen Reich soll hier nicht eingegangen werden. Sie fand jedenfalls eine theologische Klärung zugunsten der Bilderverehrung auf dem Zweiten Konzil von Nizäa (787), das allerdings Mühe hatte, seine Beschlüsse im Osten zur Geltung zu bringen. Karl der Große konnte sich trotz Intervention des Papstes zu einer vorbehaltlosen Anerkennung des Zweiten Nizänums nicht durchringen, weil im lateinischen Westen die griechische Sprache mittlerweile so fremd geworden war, dass die Unterscheidung zwischen Verehrung und Anbetung der Bilder begrifflich nicht klar wurde. Zudem bestand auch im Westen die Furcht, die Bilderverehrung könnte das Heidentum wieder aufleben lassen. Dennoch ließ Karl der Große die Kreuzesverehrung und die Verehrung der Hl.

Schrift, der Reliquien wie auch der liturgischen Gefäße weiterhin zu. Ebenso durften die Bilder in den Kirchen bleiben, offiziell nicht als Objekte der Verehrung, sondern der Erinnerung. Es galt zudem, die hl. Orte auszuschmücken und dem des Lesens unkundigen Volk das Leben Jesu vor Augen zu führen. Damit war der Bilderstürmerei die Spitze gebrochen, so dass sich eine Theologie der rechtmäßigen Bilderverehrung im Westen entwickeln und durchsetzen konnte, die erst in der Reformation wieder in Frage gestellt wurde. Die Bilder und Reliquien sprachen das Herz der Gläubigen an und verankerten den christlichen Glauben und besonders das Leben der Heiligen als dessen Zeugen tief in der Frömmigkeit des Volkes.

Ein weiteres sehr schwieriges Thema, das die abendländische Theologiegeschichte heftig und kontrovers bewegt hat und zugleich eine Parallele in der islamischen Theologie besitzt, ist die Theorie einer „doppelten Prädestination". Sie besagt, Gott habe nach seinem ewigen Ratschluss einigen Menschen jede Gnade vorenthalten und sie damit zur Verdammnis vorausbestimmt. Obwohl fast jede Sure des Korans mit einem Hinweis auf den barmherzigen Gott beginnt, dominiert doch im Islam die Lehre von einem Gott, der wie ein absolutistischer Monarch bestimmte Menschen aus seiner Heilssorge verbannt und sich nur denen barmherzig zeigt, die er zum Heil vorausbestimmt hat. Während hier der Wille Gottes in Frage gestellt wird, das Heil für alle Menschen zu wollen („Allgemeiner Heilswille"), wollte der hl. Augustinus in seiner Variante der Prädestinationslehre nur die absolute Gnadenhaftigkeit des Heiles unterstreichen. Dabei verstieg er sich aber zu Äußerungen, die im Sinne einer Vorherbestimmung zur Verdammnis ausgelegt werden konnten und auch wurden. In der ersten Hälfte des 9. Jhs. wurde die westliche Theologie von diesen Fehlinterpretationen und Einseitigkeiten eingeholt, als der Mönch Gottschalk von Orbais eine Vorherbestimmung zur Hölle zu lehren begann. Obgleich eine theologische Lösung dieses Streites niemals das tiefe

Geheimnis des göttlichen Gnadenhandelns ausschöpfen kann, wurden doch im Laufe der Theologiegeschichte sehr erhellende Grenzziehungen vorgenommen, die sowohl die absolute Freiheit Gottes wie auch die geschöpfliche Freiheit des Menschen und damit den allgemeinen Heilswillen Gottes und die menschliche Verantwortung für das Heil sichern, so dass man von einer willkürlichen Vor-Verdammung einiger Menschen nicht sprechen kann. In der Karolingerzeit hat man erste wichtige Wegmarken zur Klarstellung gesetzt. Denn es waren Rabanus Maurus, Abt von Fulda, und Erzbischof Hinkmar von Reims, die den Thesen Gottschalks entschieden entgegentraten. Damit war zwar die Lehre von der doppelten Prädestination noch nicht überwunden, doch führten die Einsprüche von Rabanus und Hinkmar zu einem viel positiveren, optimistischeren Verständnis des Heilshandelns Gottes zurück. Der Christ des Abendlandes musste nicht wie der bedauernswerte Muslim, sofern dieser theologisch wie existentiell letzte Fragen bedachte, an seinem Heil zweifeln oder gar verzweifeln. Damit verband sich mit dem Christentum immer auch etwas Hoffnungsfrohes, die Menschen Begeisterndes.

Überhaupt ist festzustellen, dass sich im 8. und 9. Jh. der christliche Glaube im Bewusstsein wie auch in den Herzen der Menschen eintiefte. Obgleich es gerade auf dem Lande noch viele Missstände und abergläubische Gebräuche gab, so schärften doch Kirche und weltliche Autorität den würdigen Empfang der hl. Eucharistie ein, mühten sich um die Verbesserung des liturgischen Gesanges gerade auch des einfachen Kirchenvolkes. Auch die Laien wurden angehalten, den Alltag durch häufiges Gebet zu heiligen, vor allem aber Sonn- und Feiertage arbeitsfrei zu halten. Besondere Bedeutung erlangte die schon aus der Spätantike bezeugte Verehrung des Erzengels Michael, dem auf der Kirchenversammlung von Mainz (813) ein eigener Festtag durch den damals als Mitkaiser regierenden Ludwig den Frommen gewidmet wurde. Gerade Michael verkörperte das

Streit- und Sieghafte des christlichen Glaubens, die Gewissheit göttlicher Hilfe in den Bedrängnissen der Zeit und damit auch gegen den Ansturm der Ungläubigen.

Das Bild vom allmächtigen Richter-Gott, der aus der karolingischen und frühromanischen Kunst entgegentritt und der germanischen Vorstellung des gewaltigen Herrschers entsprach, milderten die Heiligen, die, wie es zeitgenössische Darstellungen zeigen, den Thron des Allerhöchsten umgeben und fürbittend für die Menschen bei Gott eintreten. Unter den Heiligen ragt vor allem der hl. Martin von Tours heraus, den bereits der Merowinger Chlodwig I. zum Schutzheiligen der Franken und seiner Könige ernannte.

Von Martin und vielen anderen Heiligen und Märtyrern aber besaß man zudem Reliquien, die eine besondere Nähe des Heiligen vermittelten und zu denen man wallfahren konnte. Mag der Reliquienkult auch mitunter überzogen gewesen sein, so schenkte er doch innere Stärkung in einem Ausmaß, wie es der moderne Mensch meist nicht mehr nachzuvollziehen vermag.

Auch die Marienfrömmigkeit, im byzantinischen Reich wie auch in Italien intensiv gepflegt, wurzelte sich immer mehr in die fränkische Kirche ein. Der Entfaltung der Frömmigkeit ging voraus die Entfaltung der Mariologie durch fränkische Theologen. Der in der Provence geborene und als Abt von San Vincenco am Volturno wirkende Ambrosius Autpertus (gest. 784) stellte in seinem Kommentar zu Offb. 12,1 eine Parallele zwischen Maria und der Kirche her, die, wie die Gottesmutter den Herrn, nunmehr dessen mystischen Leib formt und neue christliche Völker gebiert. Wenn Ambrosius Autpertus auf die Geburtswehen der Gottesmutter hinweist, dann mochte dies für seine Zeitgenossen auch der Schlüssel für die Leiden der Kirche und der Christenheit sein. Die Leiden Mariens als Urbild der Leiden der Kirche und der Christenheit – dies bedeutete zweifellos eine grundlegende Korrektur altgermanischer Vorstellungen, wonach der Sieg über die Feinde eine Art Beweis für den wahren Glauben ist. Über Maria lernte man, da Christus mehr als der am Kreuz erhöhte Weltenherrscher gesehen wurde, den Sinn des Leidens verstehen. Mochten die Christen so manchen Sieg ihrer muslimischen Feinde hinzunehmen haben, so wusste man doch um den letzten Triumph Mariens und der Kirche. Weil Maria aber das Leiden der Menschen verstand und doch Mutter des allmächtigen Gottessohnes war, konnte man sich auf ihre Fürbitte vor Gott verlassen. Ambrosius Autpertus, der einen eminenten Einfluss auf die Theologen der Karolingerzeit hatte, zeichnete ein Bild Mariens voll „warmer liebender Mütterlichkeit" (L. Scheffczyk). Wenn er Maria erstmals auch als Braut Christi anspricht – in der Väterzeit ist es die Kirche oder die Seele, der dieser Begriff zukommt –, schlägt er sogar eine Brücke zum Islam, wo Maria – dort theologisch völlig inkonsequent – das Ideal einer mystischen Einigung mit Gott darstellt. Ambrosius gilt zugleich als der Verfasser des „Ave, stella maris", das bereits das Bild der Schutzmantel-Madonna vorwegnimmt, wenn es darin heißt: „… halte fern des bösen Feindes Macht".

Dieses Vertrauen auf die Kraft der Fürbitte Mariens findet sich wieder bei Paulus Diaconus (ca. 720-799), dem Benediktinermönch des Klosters Montecassino, der von 782 bis 786 am Hofe Karls des Großen weilte. Fürbitterin, Beschützerin, Zuflucht und Hilfe ist Maria nicht nur für den einzelnen Christen, sondern für das ganze Volk, für das Christus sein Blut vergossen hat. Paulus Diaconus, der bereits die Lehre von der leiblichen Aufnahme Mariens in den Himmel kennt, setzt auf die Gottesmutter ein geradezu grenzenloses Vertrauen, das er unter anderem mit der Vita des hl. Theophilus, die er übersetzt, belegt. So wird Maria zur „Mediatrix", zur Mittlerin aller Gnaden, die, wie es in einem von ihm verfassten Vesperhymnus heißt, der „siechen Welt" wieder die Freude bringen wird.

Grenzenloses Vertrauen auf die Fürbitte und Macht Mariens beherrscht ebenfalls das Marienbild bei Alkuin (735-804), wenngleich dessen Werke sich mehr auf die Überwindung des

Adoptianismus und damit auf trinitätstheologische und christologische Fragen konzentrieren. Die „*virgo dei mater*", die jungfräuliche Gottesmutter, beschützt die Herde Christi vor dem Feind, und sie ist – ein etwas seltsam anmutender, da später nicht mehr gebrauchter Titel – „Königin der Pole" („*regina polorum*"). Die Menschen dieser Zeit haben „Königin" ganz wörtlich verstanden: Aus davidischem Königshaus und Mutter des ewigen Königs ist Maria die Herrin des ganzen Erdkreises, und keine böse Macht kann ihr widerstehen. Sie vertreibt, so Alkuin, alles Traurige, ist Urheberin alles Glückhaften („*prospera*") und größte Hoffnung unseres Lebens („*spes maxima vitae nostrae*"). In einer Zeit globaler und kollektiver Ängste bringen also Marienlehre und Marienfrömmigkeit ein helles Licht in die Finsternis des Daseins. Und so zeigt sich gerade anhand der Marienverehrung, dass das Christentum in dieser so herausfordernden Epoche keineswegs nur auf eine ängstliche Abwehrhaltung bedacht war. Man wusste aus dem Glauben, dass Drangsal und Not nicht das letzte Wort hatten und dass Christus doch über alle seine Feinde siegen werde. Unter dem Banner der Himmelskönigin entfaltete sich daher eine neue Glaubenskraft, die endlich dem Eifer der Muslime etwas entgegenzusetzen wusste. Aus dieser Quelle lebten auch spätere Geschlechter. Wenngleich die Geschichte der folgenden Jahrhunderte immer auch eine der schwersten Krisen in Kirche, Staat und Gesellschaft war, so ging doch dieses Fundament nie ganz verloren.

Zwischen Anpassung und Reconquista

Die Eroberung der Iberischen Halbinsel durch die Muslime verlor für die Christen sehr bald ihre Dramatik. Die Christen hatten in der Regel einen „modus vivendi" unter ihren neuen Herren gefunden. Viele traten sogar in die Dienste der muslimischen Herrscher: als Soldaten und Söldner oder – das gilt für eine Reihe von Bischöfen – als deren Diplomaten. Das Verbot von Grundbesitz und die Sondersteuer für Nichtmuslime übten zwar einen Bekehrungsdruck aus, doch alles in allem war der Umgang mit den Christen geprägt von Toleranz. Die Gründe dafür lagen freilich nicht in der Religion selbst oder in einem mangelnden missionarischen Eifer. Die Gouverneure und späteren Emire von al Andalus saßen auf einem Pulverfass ethnischer und kultureller Spannungen dieser extrem inhomogenen Bevölkerung (Araber und Berber der ersten Einwanderungswelle, Konvertiten, später hinzugekommene Berber und Nordafrikaner, Syrer), das wiederholt zur Explosion kam. Schließlich war auch das Verhältnis der Gouverneure zum fernen Damaskus und seinen Kalifen sehr konfliktbeladen: Musa, der erste Gouverneur, wurde vermutlich in Damaskus ermordet, sein Sohn und Nachfolger fiel einem ebenfalls dort angezettelten Mordkomplott zum Opfer. Erst unter dem Umaijaden Abd ar-Rahman I. (756-788) stabilisierte sich die Lage, so dass die Grenze zum christlichen Norden einigermaßen gesichert werden konnte.

Unter seinen beiden nächsten Nachfolgern veränderte sich jedoch das innenpolitische Klima. Der fromme Hischam I. (788-796) führte die Rechtsschule des Malikismus ein, der in seiner äußerst strengen und wörtlichen Auslegung des Koran fundamentalistische Züge annahm. Auch ging Hischam wieder zu einer expansiven Eroberungspolitik über, indem er den christlich verbliebenen Norden angriff und den Krieg sogar über die Pyrenäen ins Frankenreich, nach Septimanien hinaustrug, wo er kurzfristige Erfolge errang. Wirklich bedrohlich für die christlichen Reiche des Nordens wurde er allerdings nicht mehr. Seine Feldzüge hatten eher den Charakter von Beutezügen. Ähnliches gilt für seinen Sohn al Hakam I. (796-822), der auch der Grausame genannt wurde. Unter seiner Herrschaft versuchten regionale Potentaten das Joch des Emirs abzuschütteln. Soziale Gegensätze, verstärkt durch hohe Steuerlasten, brachen auf. So kam es 805 und 818 zu Revolten in der Hauptstadt Cordoba und ihren Vororten, die mit brutalster Gewalt (Hinrichtungen, Verbannungen, Versklavungen) niedergeschlagen wurden. In diese Aufstände waren auch Christen verwickelt, die deshalb aus politischen, nicht primär aus religiösen Gründen Opfer von Sanktionen wurden. Darum war es durchaus kein Widerspruch, dass al Hakam unter anderem angeworbene christliche Reiter zur Niederwerfung der Aufständischen einsetzte.

Wenngleich dieser Terror die Herrschaft des Emirs sicherte und auch eine geordnete Nachfolge gewährleistete, vermochte er doch nicht al Andalus so zu einen, dass ein Kampf gegen die christlichen Reiche im Norden aussichtsreich gewesen wäre. Im Gegenteil, Karl der Große konnte südlich der Pyrenäen etwa bis zum Ebro – die Grenzen waren fließend – die Spanische Mark einrichten, aus der sich in der Folgezeit weitere, zunehmend auch gegenüber den Franken nach Unabhängigkeit strebende Fürstentümer entwickelten. Diese bildeten gleichsam die Keimzellen der Reconquista, also der Rückeroberung spanischen (und portugiesischen) Landes, die 1492 mit der Einnahme von Granada abgeschlossen war.

Das muslimische Spanien erreichte eine immer größere Unabhängigkeit gegenüber dem Abbasiden-Kalifat von Bagdad, das seine die ganze Umma – Weltgemeinschaft der Muslime – umfassende Bedeutung mehr und mehr verlor. Diese Entwicklung fand ihren Niederschlag in der Abfolge vom (oft autonom operierenden) Gouvernat (zu Beginn der Eroberung Spaniens) über das Emirat von Cordoba (unter den Omajaden-Herrschern) zum eigenen Kalifat von Cordoba (ab 929 unter Abd ar-Rahman III., der sich damit vom ebenfalls neu entstandenen Fatimiden-Kalifat von Kairouan abgrenzen wollte). Damit spiegelt die Geschichte Spaniens bereits von Anfang an den Zerfall des arabischen Großreichs wieder, dessen Nachfolgereiche in ein sehr differenziertes Verhältnis zum Christentum des Westens wie des Ostens traten. Darum dürfen die muslimischen Herrscher Spaniens nicht in einem absoluten Gegensatz zu den christlichen Reichen gesehen werden. Sie waren Teil eines politischen Beziehungsgeflechtes, das Europa, Vorderasien und Nordafrika umspannte, und konnten deshalb politische Zweckbündnisse mit christlichen Potentaten eingehen, um ihre ganz eigenen Interessen durchzusetzen. Solche Bündnisse richteten sich dann auch gegen innenpolitische Gegner, die sich beispielsweise gegen eine bestimmte Erbfolgeregelung wandten oder regionale Autonomie erreichen wollten. Die spanischen Muslime blieben – wie die Muslime überhaupt – für die Christen zwar die Ungläubigen, die Heiden (wie auch umgekehrt), doch stellte sich bis zum 11. Jh. ein recht pragmatisches Verhältnis zu ihnen ein. Dies wurde nicht zuletzt dadurch erleichtert, dass die große, alles überrollende Expansivkraft der Muslime im Osten wie im Westen gebrochen war.

Davon unberührt vollzog sich innerhalb der Iberischen Halbinsel eine immer stärkere Arabisierung der Bevölkerung. Diese umfasste die Christen ebenso wie die muslimischen Bevölkerungsgruppen unterschiedlicher Herkunft. Diese Tendenz wurde verstärkt durch das malkitische Rechtssystem. Es duldete nicht die geringste Abweichung und schweißte somit die unterschiedlichen Bevölkerungsteile unter einem Recht zusammen. Der Druck auf die Christen nahm dadurch zu.

Zugleich wurden die Mozaraber, die spanischen Christen unter muslimischer Herrschaft, durch die sich immer weiter nach Süden ausdehnenden Feldzüge der christlichen Königreiche Nordspaniens (Asturien-Leon, Kastilien, Navarra, Aragón mit der Grafschaft Barcelona) in Mitleidenschaft gezogen. Diese Vorstöße erzielten wechselnde Erfolge und waren vor allem in der Anfangszeit von schweren Rückschlägen begleitet. Daher waren die Grenzen zwischen christlichem und muslimischem Territorium fließend. Doch wann immer die christlichen Reiche größere Erfolge verbuchten, erschienen die Mozaraber als eine Art fünfter Kolonne des Christentums und hatten in der Folge zunehmend unter Repressalien zu leiden.

Nur wenigen Kalifen Cordobas gelang es, al Andalus zu stabilisieren. Abd ar-Rahman III. (912-961) brachte die inneren Unruhen unter Kontrolle und schenkte dem Land in seiner langen Regierungszeit eine erste wirtschaftliche und kulturelle Hochblüte. Cordoba entwickelte sich zu einem Hort der Gelehrsamkeit. Seine großartigen Bauwerke machten es zu einer Weltmetropole. Sein Sohn al Hakam II. (961-976) vermochte daran anzuknüpfen, weil es ihm gelang, den Frieden mit den christlichen Nordreichen zu bewahren. Die Einrichtung der Bibliothek von Cordoba mit mehreren hunderttausend Bänden – eine für damalige Verhältnisse unvergleichliche Anzahl – legt mehr als alle Bauwerke Zeugnis davon ab, dass hier ein kulturelles Zentrum entstand, das für die intellektuelle Entwicklung auch des christlichen Europa von ausschlaggebender Bedeutung werden sollte.

Doch schon unter seinem noch unmündigen Sohn brachen die alten Konflikte innen wie außen wieder auf. Ähnlich wie im Frankenreich mehr als 200 Jahre zuvor übernahm ein Kämmerer die faktische Macht (Mohammed ibn Abi Amir), der unter dem Ehrentitel al Mansur bi-llah (= „der durch Allah Siegreiche") bekannt ist. Mit Hilfe von in Marokko neu angeworbenen Berberscharen trug er den Tod in die christlichen Nordreiche, brannten Barcelona, Leon und sogar Santjago de Compostela (997) nieder. Als nach seinem Tod (1002) sein Sohn Abd ar-Rahman Sanchuelo die Herrschaft übernahm, da wurden genau diese neu ins Land gekommenen Berber rebellisch. Während der Kalif all seine Kraft gegen sie aufwandte, nutzten die christlichen Reiche im Norden ihre Chance zu Vorstößen in den Süden.

Dies leitete eine Dauerkrise der Reiches ein, die einen Zerfall in etwa 30 Taifa-Königreiche (taifa = Partei, Sekte) mit sich brachte. Diese Kleinreiche waren nur durch ihre gerade auch in Konkurrenz zueinander entwickelte hohe Kultur bedeutsam. Ihre politische Instabilität aber und die Gefahr einer christlichen

Eroberung rief neue, radikal islamische Kräfte aus Nordafrika herbei, die Almoraviden. Diese waren ein dem Djihad verpflichteter, streng nach der malkitischen Koraninterpretation lebender Bund, der in Mauretanien seinen Ursprung hatte und sich über ganz Nordwest-Afrika verbreitete. Ihr Eindringen in Andalusien (ab 1090) war nicht nur für Christen und Juden ein schockierendes Erlebnis. Ihr aggressiver Islam drohte die hochentwickelten Stadtkulturen der Taifas zu versengen, wo man nach dem Motto des Königs und Dichters Mu'tamid von Sevilla lebte: „Stürze dich auf das Leben wie auf eine Jagdbeute, denn es dauert nicht länger als einen Tag." Die fast renaissancehaft anmutende Lebensfreude und die relative Offenheit der Gesellschaft fanden mit einem Schlag ein Ende. Es konnte nicht ausbleiben, dass die Almoraviden selbst in den Kreisen der alteingesessenen Berber Spaniens auf Widerstand stießen, der auch durch militärische Erfolge gegen die christlichen Reiche und die damit eingefahrene reiche Beute nicht überwunden wurde. Abgelöst wurden die Almoraviden durch die Almohaden, eine andere Berbergruppe aus Nordafrika, die sich von den Almoraviden vor allem theologisch unterschieden. Sie vertraten einen noch strengeren, gegenüber Christen und Juden noch intoleranteren Islam. Sobald sie in christliche Gebiete des Nordens einbrachen, versklavten sie Tausende und trieben Mozaraber wie Juden zur Auswanderung. Gebrochen wurde die Gewalt der Almohaden letztlich durch das politische wie militärische Zusammengehen der christlichen Königreiche. Deren Dynastien hatten sich durch wechselseitige Heiraten immer enger miteinander verflochten, bis sich schließlich im Spätmittelalter die Königreiche von Portugal und Navarra, von Kastilien und Aragonien etabliert hatten. Die beiden letzten wurden durch die Heirat Ferdinands von Aragón und Isabellas von Kastilien (1469) in Personalunion vereinigt. Die maurische Herrschaft blieb, nunmehr unter der Dynastie der Nasriden, auf das Emirat Granada beschränkt, das bis zu seinem Ende (1492) nur durch hohe Tributzahlungen an Kastilien eine relative Unabhängigkeit bewahren konnte.

Die spirituelle Grundlage der Reconquista

Dass die christlichen Gemeinden über lange Zeit ihre internen Angelegenheiten autonom regeln, Bischöfe und Vorsteher wählen und Synoden abhalten konnten, dass Christen als Söldner oder gar als Leibgardisten der Emire und Kalifen dienten, darf nicht darüber hinwegtäuschen, dass die Kirche unter muslimischer Herrschaft einer inneren Auszehrung unterlag. Hatten etwa einige der so genannten Konzilien von Toledo sogar über die iberischen Kirchenprovinzen hinaus Bedeutung erlangt, so brachen sie während der Besatzung ab. An ihre Stelle traten eher bedeutungslose Synoden. Große Theologen und Gelehrte waren vertrieben worden oder ins Exil gegangen. So etwa der spätere Erzbischof Theodulf von Orléans. Er kam um das Jahr 778 an den Hof Karls des Großen und übernahm dort für die fränkische Reichskirche wichtige Aufgaben. Zweifellos hatten die Christen Anteil an den kulturellen Blütezeiten, die – die Herrschaft al Mansurs, die Almoraviden und die Almohaden ausgenommen – mit dem iberischen Islam zu Recht verbunden werden. Allerdings kann ihr Beitrag neben dem der Juden und Araber bei den Übersetzungen antiker Schriften noch nicht in vollem Umfang ermessen werden. Doch das von allen muslimischen Herrschern verhängte Verbot zu missionieren, sich kritisch mit dem Islam aus der Perspektive christlicher Theologie auseinanderzusetzen, musste die mozarabische Theologie zwangsläufig in die Sterilität führen. Das Vorantreiben kultureller wie religiöser Transformationsprozesse war den Christen unter diesen Umständen nicht möglich. So war durch die Schwächung der mozarabischen Theologie auch die Chance eines Brückenschlages zum Islam vertan.

Überdies trugen die ständig wechselnden Grenzlinien zwischen dem muslimischen al Andalus und den freien christlichen Reichen, die immer wiederkehrenden Kriegshandlungen und Revolten auf iberischem Boden nicht dazu bei, dass sich Kontinuität in der Entwicklung geistlichen Lebens und einer christlichen Kultur einstellen konnte. Die christlichen Nordreiche waren über weite Phasen ihrer Geschichte zu bedrängt, als dass sie anders als im Modus der bloßen Abwehr hätten existieren können. Dieser Umstand zwang dort auch die Kirche in ein (zu) enges Bündnis mit dem Staat, das charakteristisch wurde für die spanische Kirche auch nach 1492 und sich verhängnisvoll gerade in Spaniens Goldenem Zeitalter der Eroberungen und der Weltherrschaft auswirkte.

Die Märtyrer von Cordoba

Wie stark unter den Mozarabern das im Rahmen aller Einschränkungen noch mögliche christliche Leben an Kraft verloren haben muss, zeigen die Geschehnisse um die Märtyrer von Cordoba. Sie ereigneten sich um 825 und zwischen 851 und 859. Doch gibt es über sie – wiederum ein Hinweis auf die Isolation der mozarabischen Kirche – nur sehr spärliche Textzeugnisse. Hauptzeuge ist Erzbischof Eulogius von Cordoba, der schließlich selbst das Martyrium erlitt und dessen Leben Paulus Alvarus beschrieb.

Das römische Martyrologium berichtet von den Brüdern Adolphus und Johannes, die wegen ihres muslimischen Vaters als Muslime galten, aber von ihrer christlichen Mutter im Glauben an Christus erzogen wurden und sich schließlich öffentlich zu Christus bekannten. Da sie fürchteten, hingerichtet zu werden, versteckten sie sich, wurden aber nach mehreren Jahren entdeckt und enthauptet. Ihre gleichgesinnte Schwester Aurea verbarg sich in einem Kloster, wurde nach 30 Jahren aufgespürt und erklärte sich in ihrer Angst als Muslimin. Doch wenig später bereute sie ihren Verrat, bekannte sich wieder als Christin und wurde ebenfalls hingerichtet.

Der äußere Anlass für den Widerstand unter den Christen in den Jahren 851 bis 859 waren vermutlich Steuererhöhungen, die besonders die Nicht-Muslime trafen, und andere restriktive Maßnahmen. So fanden sich vor allem junge Leute, Kleriker wie Laien, zusammen, um öffentlich Mohammed zu schmähen. Schon dieses in den Augen der Muslime schwerwiegende Vergehen, das nicht ohne strengste Strafen bleiben konnte, macht es wahrscheinlich, dass diese Christen in vollem Bewusstsein um ihr Handeln den Tod direkt gesucht haben. Sie wollten provozieren, das Martyrium als höchstes und klarstes Zeugnis des Glaubens erleiden, vermutlich auch, um ihre an die neue Kultur zu sehr angepassten Mitchristen aufzurütteln und abgefallene Christen wieder zum Christentum zurückzurufen. Die neuere Geschichtsschreibung sieht darin eher eine Verzweiflungstat, eine Art kollektiven Selbstmord junger fanatisierter Menschen, der, weil er die Muslime zu dieser Reaktion förmlich gezwungen habe, ganz in der Verantwortung der Märtyrer selbst liege. Doch diese Sichtweise bedarf einiger Korrekturen: Sie konzentriert sich nämlich zu sehr auf den auch von Eulogius hochgeschätzten Märtyrer Isaak. Er hatte als hochgestellter Beamter in den Diensten des Emirs gestanden und sich dann in ein Kloster zurückgezogen. Schließlich nach Cordoba zurückgekehrt, sagte er dem muslimischen Richter ins Gesicht, dass der Prophet Mohammed als Verführer der Araber in der Hölle schmachte. Isaak, den der Richter zuerst für betrunken hielt, nannte sich selbst einen „Eiferer der Gerechtigkeit" und trug damit nicht unwesentlich zu dem Bild des blinden Eifers bei, das den Märtyrern von Cordoba heute anhaftet. Er fand Nachahmer, die sich durch ein öffentliches Bekenntnis willkürlich dem Tod aussetzten, so dass sogar Cordobas Bischof ein solches Auftreten verbot. Doch dürften selbst diese radikalen Nachahmer am Schicksal Isaaks erkannt haben, dass das von Seiten der Muslime mit der Drohung der Todesstrafe den Christen auferlegte Ghetto-Dasein auf lange Sicht das Ende des Christentums in ihrem Land bedeuten würde.

Zu den 54 Märtyrern gehörten auch die beiden Benediktinerinnen Columba und Pomposa, die in zwei verschiedenen Klöstern in Cordoba lebten. Beide Klöster wurden unter Mohammed I. zerstört und ihre Bewohnerinnen vertrieben. Columba ging auf den Marktplatz Cordobas und bekannte dort laut ihren Glauben an Christus. Dafür wurde sie 853 enthauptet. Pomposa, die mit Columba freundschaftlich verbunden war, soll auf die Nachricht von ihrem Tod hin Mohammed I. aufgesucht und versucht haben, ihn zum Glauben an Christus zu bekehren, wofür sie vor den Toren des Palastes enthauptet wurde. Es mochte naiv gewesen sein, an eine Bekehrung des Herrschers, noch dazu durch eine Frau, zu glauben, aber es war wohl keine Märtyrer-Hysterie, die beide zu ihrem Handeln bewogen hatte. Sie standen beide unter dem Eindruck der Zerstörung ihrer Klöster und mussten daher für die Zukunft des Christentums das Schlimmste befürchten. Pomposa erfüllte – und das gilt auch von vielen anderen der Märtyrer – den Missionsbefehl Christi (Mt 28,18-20), dessen Erfüllung untrennbar mit dem eigenen Christsein verbunden ist. Die Leichname der beiden Märtyrerinnen wurden ins Frankenreich gebracht, genossen dort hohe Verehrung, bewegten Karl den Kahlen aber keineswegs zu einer militärischen Intervention.

Den ebenfalls ermordeten Priester Perfectus hatten einige Araber geradezu gedrängt, ihnen von Christus und den christlichen Lehren zu erzählen. Perfectus weigerte sich zuerst, gab dann aber nach, als die Araber geschworen hatten, nichts davon publik zu machen. Später brachen sie diesen Schwur, und Perfectus, der, 1 Petr. 3,15 folgend, Rechenschaft von seinem Glauben gegeben hatte, wurde vor Gericht gestellt.

Ähnlich wie bei Adolphus, Johannes und Aurea kamen mehrere dieser Märtyrer aus gemischt-religiösen Familien, in denen der Vater Muslim war. Sie galten deshalb selbst als Muslime, die mit dem Tod zu rechnen hatten, wenn sie sich als Christen bekannten. Ihr Martyrium enthält tatsächlich ein Moment der Kritik an einer durch die relative Toleranz der Muslime geförderten Assimilation der Christen an die Araber und ihre Kultur, die solche gemischten Ehen hervorbrachte. Doch darf man dabei nicht übersehen, dass die eigentliche Ursache für das Martyrium das muslimische Verbot des freien Religionswechsels und der öffentlichen Ausübung der Religion war. Die verurteilten Christen wollten nur ihrem persönlichen Glauben folgen, waren aber gezwungen, sich zum Glauben ihres Vaters zu bekennen – eine für das Christentum unter der Voraussetzung kultureller Assimilation und der Vermischung der Ethnien tödliche Verpflichtung!

Der Priester Rudericus hatte muslimische Brüder, die in aller Öffentlichkeit fälschlich bezeugten, Rudericus sei Muslim geworden. Als Rudericus sich dagegen zur Wehr setzte, wurde er wegen Glaubensabfalls verurteilt. Es gab also erzwungene Konversionen zum Islam, die öffentlich widerrufen wurden, und es gab freiwillige Konversionen, die später bereut und mit einem öffentlichen Bekenntnis gesühnt wurden. Die Toleranz der Muslime war also ein sehr zweischneidiges Schwert: Sie brachte die Christen, wenn sie nicht in völliger Isolation leben wollten, in eine gefährliche Nähe zum Islam, der für die Feststellung eines Glaubensübertritts nur sehr geringe Anforderungen stellt, etwa das Aussprechen der Sure 3,85-90 vor Zeugen.

Auch ist die Meinung falsch, dass die meisten dieser Märtyrer öffentlich den Islam und Mohammed geschmäht hätten. Von vielen heißt es nur, sie hätten ein öffentliches Bekenntnis abgelegt – ohne damit den Islam zu beschimpfen. Darüber hinaus sind Fälle bekannt, in denen Priester, Ordensleute und Laien in der Öffentlichkeit Christen gemaßregelt haben, welche meist aus Oberflächlichkeit oder Opportunismus ihren christlichen Glauben verraten hatten.

Sogar der hochgebildete und aus vornehmer Familie stammende Eulogius, der 859 hingerichtet wurde, strebte keineswegs das Martyrium um seiner selbst willen an. Die Lektüre von Augustins „Gottesstaat" machte ihn wohl hellsichtig für die Situation seiner Mitchristen in einem „heidnischen" Staat, der die Christen als Menschen zweiter Klasse behandelte und den durchdringenden Ruf des Muezzin auch über die christlichen Wohnviertel erschallen ließ. Eulogius wurde den Behörden schon dadurch verdächtig, dass er eine Reise in die christlichen Reiche im Norden der iberischen Halbinsel unternahm. Natürlich beeindruckte ihn das Zeugnis der vorangegangenen Märtyrer – Erzählungen von Heldenmut, Heiligkeit, Abenteuern und menschlicher Größe – ebenso, wie ihn die beschwichtigende Haltung vieler Bischöfe ärgerte. Dabei erkannte Eulogius, wie sehr die Bischöfe bereits von der staatlichen Gewalt beeinflusst waren, dass also die innere Autonomie der christlichen Gemeinden schon längst aufgehoben war. Das bekam er selbst zu spüren, als er mit großer Mehrheit von den Metropoliten und Suffraganbischöfe zum Nachfolger des verstorbenen Erzbischofs von Toledo gewählt wurde, sein Amt aber – vermutlich wegen eines Vetos des Emirs Mohammed I. – nicht antreten konnte. Eulogius verfasste für eine Gesandtschaft Karls des Kahlen Märtyrerberichte und war wohl auch mitbeteiligt an der Aushändigung von Reliquien für das fränkische Reich. Obwohl er bereits eine Zeit in Haft verbracht hatte und den Behörden verdächtig war, nahm er die vom Islam zum Christentum bekehrte (und später ebenfalls hingerichtete) Leocritia bei sich auf und versteckte sie. Sie wurden beide entdeckt und vor den Richter gezerrt. Eulogius verteidigte dort sein Recht – das Recht jedes Christen –, anderen Menschen das Licht Christi zu bringen und den Glauben zu verkündigen. Der Richter wollte ihn aus Respekt vor seiner hohen Bildung nur auspeitschen lassen und forderte ihn auf, ein Zeichen guten Willens zur Verständigung zu setzen. Erst jetzt begann Eulogius, der das Martyrium immer für eine besondere Gnade hielt, die man nicht erzwingen kann, den christlichen Glauben als den einzig wahren gegenüber den muslimischen Zuhörern zu verteidigen – und wurde dafür zum Tode verurteilt.

Die Martyrien waren also nicht das Ergebnis eines fanatisierten Glaubens oder einer Märtyrer-Hysterie; sie waren vielmehr individuelle und kollektive Befreiungsschläge gegen eine immer stärkere muslimische Umfassung, die mit Härte und einer zunehmend vereinnahmenden Toleranz zugleich operierte. Dieser Widerstand der Christen mochte bedeutsame konkrete Anlässe haben, aber er konnte auch durch viele kleine Begebenheiten verursacht sein. Vorbilder in der Blutzeugenschaft spielten sicherlich eine große Rolle, aber nicht weil man sie in einem kollektiven Wahn blind verherrlicht hätte, sondern weil an ihnen die engen Grenzen der Möglichkeiten für ein christliches Leben unter muslimischer Herrschaft deutlich wurden.

Die heiligen Reliquien

Das Blut der Märtyrer war das eine große Erbe der spanischen Kirche, das ihr über alle machtpolitischen Konstellationen hinaus die Fähigkeit zum Widerstand gegen die muslimische Expansion und zur Reconquista gab. Daneben erwuchs ihr eine unvergleichliche Kraft aus zwei Reliquien, die noch heute zu den bedeutendsten des Abendlandes gehören: dem Grab des Apostels Jakobus in Santiago de Compostela und dem Tuch von Oviedo („Santo Sudario").

Ob die Kathedrale von Santiago de Compostela tatsächlich das Grab des Apostels Jakobus des Älteren beherbergt, ist nicht erwiesen, aber auch nicht zweifelsfrei widerlegt. Tatsache ist, dass auf dem „Sternenfeld" („Compostela") Gräber aus dem 1. und 2. Jh. nach Chr. gefunden wurden. Jakobus soll jedenfalls – so sagen es schon die lateinisch und griechisch verfassten

„Apostelkataloge" des 7. Jhs. – vor seinem Märtyrertod in Jerusalem unter Herodes Agrippa in Spanien das Evangelium gepredigt haben. Die Nachrichten von Paulus über seine Spanienreise machen dies zwar eher unwahrscheinlich – Paulus fand kein christliches „Fundament" in Spanien vor –, doch ist eine spätere Übertragung von Reliquien aus dem von den Arabern bedrängten Orient ins ferne (und damals noch sicher geglaubte) Spanien über Nordafrika nicht ausgeschlossen. Als die Muslime schließlich auch Spanien eroberten, könnten die Gebeine in den freien Norden der Halbinsel verbracht worden sein. Der in Asturien wirkende Abt Beatus von Liébana greift zum Ende des 8. Jhs. diese Überlieferung der Apostelkataloge in seinem Kommentar zur Apokalypse wieder auf. Dass die Reliquien in Asturien vermutet und dann im ersten Drittel des 9. Jhs. durch Bischof Theodomir von Iria Flavia in einer kleinen Hütte, in der sich ein Grabmal mit einem Skelett befand, aufgefunden wurden, war für das Selbstbewusstsein der Asturier von entscheidender Bedeutung: Ein Land, das ein Apostelgrab besitzt, musste in ganz besonderer Weise unter dem Schutz des Himmels stehen. So heißt es noch in dem spanischen Nationalepos „Cantar del mio Cid" (Vers 730): „Die Mauren rufen Mohammed, die Christen Santiago".

König Alfons II. von Asturien (792-842) soll der erste Pilger gewesen sein. Er war es auch, der eine erste Kirche an dieser Stelle bauen ließ. Die Wallfahrt begann freilich sehr zögerlich und hatte, anders als heute, zuerst nur eine regionale Bedeutung. Die Asturier aber überstanden viele Einfälle der Muslime und schrieben Schutz und Errettung dem Apostel zu. Daran vermochte auch die Zerstörung Compostelas unter al Mansur nichts zu ändern. Die Idee der Reconquista erhielt aus dem Besitz des Apostelgrabes starke Impulse. Die Bischöfe von Iria, auf deren Gebiet Santiago lag, nannten sich gar „Bischöfe des apostolischen Stuhles" (*„episcopus sedis apostolicae"*). Den Titel hat ihnen allerdings Papst Leo IX. aberkannt. Damit stand fest, dass

Iria keinen Vorrang unter den spanischen Bistümern haben würde. Schon in der Mitte des 10. Jhs. übersprang Santiago seine nur regionale Bedeutung. Im 11. Jh. und erst recht in der Kreuzfahrerzeit ist ein erster Boom der Wallfahrt festzustellen. Aus ganz Europa floss der Strom der Pilger. Es kamen nicht nur fromme Beter und Mönche aus der Cluniazenser Reformbewegung – sie erneuerten das spanische Mönchtum und die Kirche überhaupt –, sondern auch Ritter (besonders aus Frankreich), die die Spanier kräftig unterstützten. Vor allem aber kam wieder Leben in die Kirche Spaniens, die im geistigen Austausch mit den Pilgern und Rittern erneut Anschluss an das christliche Europa erhielt.

Eine nicht minder bedeutsame Reliquie war das Santo Sudario, das lange Zeit mit dem Schweißtuch der „Veronika" – der Name ist nur legendarisch überliefert und bedeutet in seiner lateinisch-griechischen Zusammensetzung nichts anderes als „wahres Bild" – identifiziert und bis auf den heutigen Tag zusammen mit anderen wichtigen Reliquien in der Cámera santa der Kathedrale von Oviedo aufbewahrt wird. Hier sind wir allerdings in der glücklichen Lage, dass die moderne Grabtuchforschung, die sich anfangs vor allem auf das Turiner Grabtuch konzentrierte, inzwischen auch die verschiedenen Tücher (in Manoppello, Turin und Oviedo) einbezogen hat, die beanspruchen, Abbildungen des leidenden bzw. toten Christus zu sein. Der auf diesem Gebiet sehr engagierte Historiker Paul Badde hat mit Berufung auf den Züricher Kriminologen Max Frei die Ergebnisse zusammengefasst und festgestellt, dass das Tuch von Oviedo zwar nicht das Heilige Schweißtuch (Santo Sudario) ist. Es ist vielmehr ein von Totenblut getränktes Tuch, dessen Webart ebenso wie die am Tuch gefundenen Pollen auf Jerusalem im ersten Jahrhundert verweisen. Badde ist überzeugt, dass dieses Tuch einem gekreuzigten Toten entsprechend der Bestattungssitte der Juden aufgelegt wurde. In Spanien hielt man es freilich für das Schweißtuch der Veronika und berief sich dabei auf alte spanische Quellen, die davon erzählen, dass dieses Tuch wie der Leichnam des Jakobus auf dem Weg über Nordafrika in Spanien vor den Muslimen in Sicherheit gebracht worden sei. Ungeachtet der Echtheitsfrage war dieses Tuch natürlich eine der wertvollsten Reliquien des Abendlandes, die 1075 im Beisein von König Alfons VI. aus der Verborgenheit einer unscheinbaren Kiste ans Licht der Öffentlichkeit gebracht wurde. War es ein Zufall, dass gerade der bei dieser Öffnung der Kiste ebenfalls anwesende und mit einer Adeligen aus Oviedo verheiratete Rodrigo Diaz de Vivar unter seinem arabischen Namen El Cid wegen seines Mutes und seiner Tapferkeit zum spanischen Nationalhelden schlechthin wurde?

El Cid – der Held Spaniens

El Cid ist als Einzelgänger in die Geschichte der iberischen Reconquista eingegangen. Er eroberte mit einem Söldnerheer und unter Ausnutzung inner-maurischer Gegensätze Valencia (1094) und begründet dort in der kurzen Zeit seines Lebens eine christliche Herrschaft, die auch die dortigen Juden miteinbezog. Christliche Siedler wurden als bevölkerungspolitische Maßnahme aus dem Norden ins Land geholt, Moscheen wieder in Kirchen umgewandelt und der Bau neuer Kirchen gefördert. Noch weitaus wichtiger aber war, dass El Cid eine Anbindung an das monastische Reformwerk der Cluniazenser, die schon vorher in Navarra an Einfluss gewonnen hatten, suchte und einen Mönch aus Cluny als Bischof von Valencia einsetzte. Das brachte nicht nur eine Erneuerung des geistlichen Lebens, sondern auch eine Ausrichtung auf die Weltkirche und damit auf das Papsttum hin, das in der Folgezeit die Reconquista in Spanien finanziell wie politisch tatkräftig unterstützte. Allerdings war und ist noch heute diese nationale Heldengestalt Spaniens nicht unumstritten: El Cid übte seine Macht fast wie ein Despot aus und scheute nicht davor zurück, mit maurischen Fürsten Bündnisse einzugehen und mit ihnen gemeinsame Sache zu machen. Sein Eigeninteresse übertraf wohl das Anliegen einer christlichen Rückeroberung. Bereits 1102 – es regierte inzwischen die Witwe El Cids – ging Valencia an die Almoraviden verloren und wurde erst 1238 durch König Jakob I. von Aragonien zurückerobert. Dennoch, die militärischen Erfolge des Cid – nie waren seine Truppen von den Muslimen geschlagen worden – gaben den Christen Mut und waren ein Hoffnungszeichen dafür, was strategische Überlegenheit und Kühnheit erreichen konnten.

Der Sieg der Reconquista

Der Erfolg der Reconquista, wenngleich er unter vielen Rückschlägen und eher stagnierenden Perioden erst nach Jahrhunderten vollendet wurde, beruhte auf einer gegensätzlichen Entwicklung: Die muslimische Herrschaft unterlag langfristig der Tendenz zur Spaltung, die nur vorübergehend durch Eroberungs- und Einwanderungswellen aus Nordafrika – zuletzt durch die Almohaden – unterbrochen wurde. Das gemeinsame Band des Islam war nicht stark genug, auf Dauer die in sich so komplexe Struktur der maurischen Bevölkerung zu einer Einheit zu formen. Umgekehrt verlief die Entwicklung in den christlichen Königreichen des Nordens der Halbinsel. Aragón vereinigt sich 1162 mit Katalonien zum Königreich Aragonien, um schließlich 1464 die große Verbindung mit Kastilien zu vollziehen, in der ab 1506 das spanische Königreich sein Fundament erhielt. Unter den Historikern besteht eine fortdauernde Uneinigkeit über die Motive der Reconquista: Einige sehen gerade in der Phase der muslimischen Eroberungen eher ein ethnisches Interesse, die westgotische Restbevölkerung, soweit sie sich in den Norden zurückgezogen hatte, vor einer Überfremdung zu bewahren und die Tradition alter iberischer Herrschaften weiterzuführen. Aber man erkennt auch nationale und politische Elemente, die oft in Konkurrenz zu den christlichen Motiven im engeren Sinne gestellt werden, wie sie später und vor allem in der Kirchengeschichtsschreibung betont werden. Keines dieser Motive ist ohne jegliche Begründung. Die Erklärung liegt eben in dieser Entwicklung, die die christlichen Königreiche des iberischen Nordens durchgemacht haben. Aus einer defensiven Haltung entwickelte sich eine offensive, die die Schwächen des Gegners ausnutzte, dabei zuerst in „leere" Räume vorstieß, um sich dann mit der Eroberung Toledos (1085) den Zentren der muslimischen Herrschaft zuzuwenden. Doch was auf dem Schlachtfeld – mit Mühen und Rückschlägen – erreicht wurde, war begleitet und zunehmend geprägt von einem Denken, das universal-kirchlich christlich und damit auch romorientiert war. Dadurch wurde die Reconquista zu einem Teil der abendländischen Kreuzzugsbewegung. Der Nutzen dieser Einbindung ist exemplarisch an der Eroberung von Lissabon 1147 zu sehen: Englische, flämische und friesische Kreuzfahrer, die anlässlich des Zweiten Kreuzzuges auf dem Seeweg ins Heilige Land waren, trugen wesentlich dazu bei, dass König Alfons I. Lissabon erobern konnte. Diese Mitwirkung der Kreuzfahrer wie auch die Teilnahme von Rittern und Ordensrittern von jenseits der Pyrenäen an der Befreiung der Iberischen Halbinsel war kein Zufall. Sie gründete auf der Verbindung der christlichen Königreiche Spaniens mit dem geistigen Oberhaupt der Kreuzzugsbewegung, dem Papst. Es war Papst Alexander II., der als erster Papst diese enge Verbindung der nordspanischen Königreiche mit dem Heiligen Stuhl herstellte und damit die seit der Westgotenzeit bestehenden nationalkirchlichen Bestrebungen zu überwinden half. Dazu entsandte der Papst keinen geringeren als den Kardinal Hugo Candidus nach Spanien. Dieser veranstaltete dort eine Reihe von Reformsynoden, die sich gegen die Priesterehe, die Simonie und andere Missstände richteten. Natürlich gab es unter den auf ihre Unabhängigkeit bedachten

Kirchenoberen Widerstände, und die Hinwendung zu Rom vollzog sich nicht in allen Königreichen mit derselben Geschwindigkeit. Aragón ging voran, als sein König Sancho Ramirez 1068 auf seiner Romfahrt sich und sein Land dem Schutz des hl. Petrus anvertraute und damit eine Lehensabhängigkeit vom Papst begründete. Doch spätestens unter Papst Gregor VII. setzte sich auch in Kastilien und Leon ab 1074 die römische Liturgie allgemein durch, worin die enge Anbindung an Rom zum Ausdruck kam. Vor diesem Hintergrund riefen sowohl Alexander II. als auch Gregor VII. die christliche Ritterschaft Europas dazu auf, in diesen Ländern Kriegsdienste zu leisten, wofür ein Ablass zu gewinnen war.

Die Wiedergewinnung ehedem christlicher Territorien war freilich nur die eine Seite der Reconquista. Darüber hinaus galt es, die Länder politisch und religiös zu stabilisieren. Dazu holte sich z.B. Alfons I. von Portugal nicht nur die Tempelritter ins Land, sondern auch die Zisterzienser, die gleichermaßen für eine blühende geistliche wie wirtschaftliche Entwicklung standen und bei Alcobaça ein mächtiges Kloster errichteten, das zum religiösen Zentrum Portugals wurde. Alle christlichen Reiche der Halbinsel suchten und fanden die religiöse wie auch kulturelle Anbindung an das Abendland. Die Zisterzienser spielten hierbei eine entscheidende Rolle, weil sie eine sehr innerliche Frömmigkeit und eine schlichte, auf das Wesentliche konzentrierte Liturgie mit großer ökonomischer Effektivität verbanden und sich damit hervorragend zur geistig-geistlichen wie landwirtschaftlichen Urbarmachung neuer Räume eigneten. Die Zisterzienser verstanden es aber auch, die Verteidigung des Landes zu organisieren. So wurde die 1147 von König Alfons VII. eroberte kastilische Stadt und Burg Calatrava, die eine enorme strategische Bedeutung für Toledo hatte, von dem später als Heiligen verehrten Zisterzienserabt Raimund von Fitero verteidigt, der dazu ein mächtiges Heer aus Ordensangehörigen (Brüdern wie Geistlichen) und Laien organisiert hatte. Aus diesem reinen

Verteidigungsverband wurde – wiederum unter der Führung von Zisterziensermönchen – ein Ritterorden. Dieser gewann höchste Bedeutung für die Reconquista, nachdem der Templerorden zerschlagen worden war, dessen Güter auf spanischem Boden auf den neuen Orden übergingen. Der Orden von Calatrava, nach dessen Vorbild weitere militärisch-geistliche Orden gegründet wurden (wie etwa der Orden von Montesa oder der Alcantára-Orden) hatte wesentlichen Anteil am Sieg in der Schlacht von Las Navas de Tolosa (16.7.1212), als ein gemeinsames Heer von Aragón, Kastilien und Navarra den Almohaden eine so verheerende Niederlage beibrachte, dass ihre Macht auf Dauer gebrochen war. Noch im 13. Jh. fielen Cordoba (1236) und Sevilla (1248) in die Hände der Christen.

So ist die Geschichte Spaniens und Portugals ein Gegenmodell zur Spät- und Untergangsgeschichte des Byzantinischen Reiches; eine Erfolgsgeschichte also, die ohne das Band der kirchlichen Einheit mit Rom so wohl nicht möglich gewesen wäre.

II. Buch

Der Osten

1. Teil:
Der Ausgriff des Osmanischen Reiches
bis zum Tode Mehmeds II.

Weitaus gefährlicher als der Arabersturm des 8. Jhs. war für das Abendland die Expansion des Osmanischen Reiches auf europäischem Boden, die 1354 mit der Eroberung der an den Dardanellen gelegenen Stadt und Festung von Gallipoli begann und bis etwa zum Anfang des 18. Jhs. anhielt. Endgültig Geschichte wurde die osmanische Herrschaft in Europa allerdings erst nach dem ersten Balkankrieg 1912, als das Osmanische Reich mit Ausnahme einer kleinen Region um Istanbul die letzten Territorien in Europa verlor. Die Spätfolgen dieser Herrschaft sind freilich noch immer bemerkbar in den Konflikten zwischen muslimischen und serbischen Bosniern und im mittlerweile von Serbien unabhängig gewordenen Kosovo, das mit dem Amselfeld (Kosovo Polje) den zentralen Leidens- und Identifikationsort der serbischen Nation enthält. Denn hier fand in der mörderischen Schlacht von 1389 der später von der orthodoxen Kirche heilig gesprochene Serbenfürst Lazar Hrebeljanovic zusammen mit seinem Gegner Sultan Murad I. den Tod; und hier entschied sich auf Jahrhunderte das Schicksal Serbiens, das fortan immer stärker unter den Einfluss des Osmanischen Reiches geriet.

Nicht nur die Serben, Bulgaren, Albaner, Bosnier, Ungarn, Walachen und Griechen haben die Gefährlichkeit dieses Reiches zu spüren bekommen: Der Entsetzensschrei „Die Türken vor Wien" erschütterte das Heilige Römische Reich, dessen Habsburger Kaiser in Wien residierte, bis ins Mark; und sogar Rom schien zeitweilig in Gefahr, von den Türken eingenommen zu werden.

Allgemeines zur Türkenherrschaft in Europa

Von den „Türken" zu sprechen, ist gerade für die Anfangszeit der osmanischen Expansion sehr ungenau. Die Osmanen waren nur ein Stamm innerhalb der türkischen Völkerfamilie, der sich auf Osman als den ersten Reichsgründer zurückführen lässt. Daneben gab es noch andere türkische Gruppen und Verbände, die meist gegen die Osmanen standen: Die Mameluken, ehemalige Militärsklaven, hatten in Ägypten ein eigenes Sultanat errichtet. Dieses wurde erst im 16. Jh. von den Osmanen erobert und dem Osmanischen Reich eingegliedert. Die Seldschuken des 11. und 12. Jhs., ein zum Islam konvertierter türkischer Nomadenverband, beherrschten schließlich Anatolien, Syrien, den Irak und Iran, aus dem sie wesentliche Elemente ihrer Kultur bezogen. Sie brachten eine erste große Einwanderungswelle türkischstämmiger Bevölkerung nach Anatolien. Daneben gab es in der Mitte des 15. Jhs. in Südostanatolien noch das türkische Fürstentum Karaman, das nur jede erdenkliche Schwäche des aufstrebenden Osmanenreichs ausnutzte, um seine Unabhängigkeit zu behaupten und dazu auch Bündnisse mit den christlichen Staaten einging, bis es der osmanischen Übermacht erlag (1468).

1. In der Rückschau scheint sich der Siegeszug der Osmanen von einem eher unbedeutenden türkischen Stamm zur gefürchteten Weltmacht mit einer unvorstellbaren Geschwindigkeit zu vollziehen. Mit der Eroberung Gallipolis 1354 betraten die

Osmanen im Westen erstmals europäischen Boden; schon 100 Jahre später ist der größte Teil des Balkans in ihrer Hand. Mit dem Fall Konstantinopels (1453) hatte das Byzantinische Reich nach mehr als tausend Jahren aufgehört zu existieren. Weitere 100 Jahre später sind auch die zu Venedig gehörenden dalmatinischen Küstenstädte und Inseln der Ägäis in osmanischer Hand, ebenso wie Rhodos, der gesamte Peloponnes, die Krim und Moldawien und schließlich auch die ungarische Tiefebene zwischen Donau und Theiß. Noch mehr ist man erstaunt, wenn man die Ausdehnung des Osmanischen Reiches in Vorder- und Mittelasien und Nordafrika miteinbezieht. So wundert es nicht, dass die Osmanen lange Zeit den Nimbus der Unbesiegbarkeit hatten. Eine genauere Betrachtung dieser Expansion lässt aber auch Phasen des Stillstands und der Rückschläge erkennen. So gerät das Osmanische Reich im Ausgang des 14. Jhs. in seine größte Existenzkrise, als der sich ebenfalls zum muslimischen Glauben bekennende Mongolenherrscher Tamerlan (Timur Lenk) einen Vernichtungsfeldzug von Indien bis an die Küsten der Ägäis startet. Er schlägt den einst so großmächtigen Sultan Bayezid in der Schlacht von Ankara (1402), nimmt ihn gefangen und führt ihn, wie ein Stück Vieh an einer goldenen Kette hängend, nach Osten ab. Sein Überleben verdankte das Osmanische Reich allein einem „Zufall" der Geschichte: Tamerlan wandte seinen Erobererblick nach China, brach in einem der strengsten Winter dieses Jahrhunderts nach Osten auf und kam, als er seinen erkalteten Körper mit einem Übermaß an Alkohol wärmen wollte, ums Leben. Es brauchte Zeit, bis sich das Osmanische Reich nach dem Abzug der Mongolen wieder konsolidiert und zu alter Stärke zurückgefunden hatte. Doch weshalb gelang es den christlichen Herrschern Europas nicht, dieses Zeitfenster für eine Art Reconquista im Osten zu nutzen?

2. Meist ist der Blick einseitig auf die militärischen Aktivitäten der Sultane gerichtet. Zweifellos verfügten die Osmanen über eine hervorragende Militärmaschinerie, die auf einer Kom-

bination aus gut ausgebildeten und motivierten Mannschaften und Offizieren sowie einer hochentwickelten Kriegstechnik beruhte. Den Kern der Truppen bildeten die Janitscharen, eine Elitetruppe, überwiegend rekrutiert aus den unterworfenen Völkern, ohne familiäre Bindungen und Besitz und damit ganz dem Willen des Herrschers verfügbar. Absolute Disziplin und eine Art Kadavergehorsam verbanden sich hier mit einem fanatischen Islam, in dem diese Truppe erzogen wurde. Zucht und Disziplin waren aber keineswegs auf die Janitscharen beschränkt. Zeitgenössische Berichte von Europäern zeigen sich erstaunt, wie diszipliniert die türkischen Verbände insgesamt im Vergleich zu den christlichen waren. Hurerei, Fressen, Saufen und Zanken, um nur einige Beispiele aus den gängigen Lasterkatalogen zu nennen, suche man, so Leonhart Fronsperger (1566), dort vergeblich. Kein Wunder also, dass die Osmanen schon dadurch Schlachten für sich entscheiden konnten, dass sie deren Beginn hinauszögerten und darauf spekulierten, dass innere Zwietracht und Zuchtlosigkeit die (multinationalen) christlichen Heere schwächten. Ein Vorteil war auch, dass es neben den zentral organisierten Truppen des Sultans regional ausgehobene Einheiten gab, die unter eigenem Kommando standen und bei der Verteidigung ihrer jeweiligen Provinz zum Einsatz kamen. In diesen Waffendienst wurden auch die in dieser Provinz lebenden Christen gezwungen.

3. Erst recht beeindruckte das Heer der Osmanen durch seine Waffentechnik, wobei ihnen die Übernahme militärischer Errungenschaften der vielen unterworfenen Völker zugute kam: die leichten und gut handhabbaren Krummschwerter aus Persien, den von den Steppenvölkern stammenden Streitkolben (Busdogan), dessen Stacheln die Rüstungen des Gegners leicht durchdringen konnten sowie den Reflexbogen und später die schweren, aus Europa importierten Musketen, die allerdings durch ihre im Osmanischen Reich gefertigten Läufe aus Damast-Stahl weiter trugen und zielsicherer waren als die europäischen. Schließ-

lich wurden die Osmanen auch Meister in der Herstellung und Verwendung schwerer Artillerie: Konstantinopel, dessen Mauern uneinnehmbar schienen, schossen sie mit Großgeschützen und Mörsern sturmreif. Nach der Eroberung der Stadt sicherte das von 50 Ochsen zu ziehende und von 700 Mann Begleitpersonal besorgte „Dardanellen-Geschütz" die Meerenge. Nicht minder beherrschten die Osmanen die psychologische Kriegsführung: Als „Renner und Brenner" gefürchtete paramilitärische Verbände hielten durch schnelle Raubzüge, die verbranntes Land zurückließen, die Türkenangst am Leben. In Verbindung mit dem Nimbus der Unbesiegbarkeit war auch das Auftreten der regulären Truppen ganz darauf ausgerichtet, Furcht und Schrecken zu verbreiten.

Ungünstiger stand es allerdings mit der Marine der Sultane. Ihre Herkunft aus der Steppe und ihre Ansiedlung im Hochland Anatoliens prädestinierte die Osmanen nicht unbedingt zu guten Schiffsbauern und Seefahrern. Erst unter Sultan Mehmed II., also nach der Eroberung Konstantinopels, setzten sie alles daran, eine kriegstaugliche Flotte mit entsprechenden Mannschaften und Seeleuten zu schaffen. Die Mehrzahl der Schiffe wurde so gebaut, dass sie mit schwerer Artillerie bestückt werden konnte. So stellten die Türken vor allem im 16. Jh. eine echte Bedrohung für die westlichen Kriegs- und Handelsflotten dar. Woher die Osmanen die Kenntnisse zum Flottenbau und der Nautik bezogen, ist noch nicht restlos geklärt. Zweifellos konnten sie sich auch hier die Kenntnisse unterworfener Völker zunutze machen. Vor allem die byzantinische Flotte und die Werften des alten Kaiserreichs, auf denen auch venezianische Schiffsbauer arbeiteten, ermöglichten diesen technologischen Schub.

So beeindruckend und effizient das osmanische Militär aber auch war, darf doch nicht übersehen werden, dass es nur das Instrument einer nicht minder zielgerichteten und effizienten Politik war. Kein Rückschlag vermochte die Sultane von ihrem

Willen abzubringen, das Byzantinische Reich und Konstantinopel zu erobern; und als dieses Ziel erreicht war, richteten sich alle Anstrengungen auf die Niederwerfung des Römisch-deutschen Reiches, das noch immer Inbegriff des christlichen Abendlandes war. Besonders Wien, die Residenzstadt der Kaiser aus dem Hause Habsburg, erregte durch das Bild vom „Goldenen Apfel" die Sehnsüchte der Osmanen. Um dieses Ziel zu erreichen, schlossen sie Bündnisse und bedienten sich einer sehr geschickten Politik, die weit davon entfernt war, nur auf militärische Mittel zu setzen. Die Historiker betrachten heute die osmanische Expansion deshalb auch viel differenzierter und unterscheiden dabei drei Phasen, die je nach Umständen und Gegebenheiten wirksam wurden:

In einer ersten Phase werden die Sultane, von christlichen Herrschern um Unterstützung gebeten, in deren Händel einbezogen. Die vielen kleinräumigen Herrschaften auf dem Balkan boten dazu genügend Anlass. Die Sultane scheinen damit zu Interessenswahrern christlicher Regenten zu werden, treten aber zugleich in ein politisches Spiel ein, das, wenn auch erst nach Jahrzehnten, zunehmend ihr eigenes Spiel wird.

In der zweiten Phase ist die militärische Überlegenheit der Osmanen so stark, dass sich die christlichen Herrscher unversehens als Tributzahler wiederfinden. Mit dieser Abhängigkeit sind weitere Verpflichtungen verbunden, etwa militärische Hilfeleistung für den Sultan. Zudem muss dessen Bestätigung für die Nachfolgeregelung eingeholt werden. Aus eigenständig politisch Handelnden werden damit Objekte, denen der Sultan einen sehr engen Handlungsspielraum vorgibt. Um diese Abhängigkeit zu zementieren, verlangen die Sultane hochrangige Geiseln: Fürstenkinder, die am Hof des Sultans – verbunden mit einer Konversion zum Islam – erzogen werden, oder als Ehefrauen für den Harem des Sultans bestimmt sind.

Erst in einer dritten Phase kommt es zur formellen Eroberung. Das eroberte Territorium wird dann zur Provinz des Osmanischen Reiches und diesem in Verwaltung und Organisation angeglichen.

Eine solche Politik unterscheidet sich wesentlich von dem überwiegend dynastisch geprägten Denken, wie es in vielen Staaten des Westens noch im 18. Jh. vorherrschend war; dieses war zu einer so konsistenten Strategie nicht befähigt. Die Ursachen für diesen Unterschied liegen im Bereich der Religion.

4. In der neueren Literatur zum Osmanischen Reich wird mitunter die Rolle des Islam für die Expansionskraft heruntergespielt. Man beruft sich dabei gerne auf einen Sultan wie Murad II. (1421-1451), der die osmanische Expansion nur „pflichtgemäß" und ohne jede Kriegslüsternheit (F. Majoros, B. Rill) betrieben habe. Tatsächlich war Murad II. durch seinen zweimaligen freiwilligen Thronverzicht, den er zwei Mal auch wieder revidierte, eine Ausnahmeerscheinung unter den Sultanen. Doch war Murad damit schon eine Taube unter den Falken? Seine Leistung bestand darin, das Reich nach der traumatischen Niederlage gegen die Mongolen wieder aufzurichten und zu stabilisieren; und es gelang ihm tatsächlich, es annähernd in seiner früheren Größe wiederherzustellen. Dabei hatte er es nicht nur mit Widerstand von christlicher Seite zu tun, sondern auch mit dem Thronanspruch seines in den mongolischen Wirren verschollenen älteren Bruders Mustafa, der nach dem Abzug der Mongolen plötzlich wieder auftauchte – man weiß bis heute nicht, ob der vermeintliche Bruder nicht bloß ein Hochstapler war; er wurde jedenfalls in seinen Ansprüchen von den Byzantinern unterstützt. Wer angesichts dieser innerosmanischen Differenzen von einem nur pflichtgemäßen Streben nach Expansion spricht, muss sich die Frage stellen, wer oder was diese Pflicht Murad auferlegt hat. Dies konnte nur der Anspruch der Religion gewesen sein, die Verpflichtung, das „Haus des Friedens", den Islam also, weiter auszudehnen und das „Haus des Krieges", womit alle Länder gemeint sind, die nicht unter der Herrschaft des Islam stehen, zu verkleinern. In diesem Sinne konnte sich

selbst der kriegerischste Sultan noch als Friedensfürst verstehen. Dass ein solches Streben nicht eigens ausgesprochen werden musste, ergibt sich bereits aus der Identifizierung des Islam mit dem „Ganzen des Lebens" (B. Lewis), die eine Trennung des Religiösen vom Politischen nicht zulässt. Daher erklärt sich übrigens auch, dass „Djihad" sowohl die ganz persönliche Anstrengung für ein Leben nach den Grundsätzen des Koran, als auch den Krieg gegen die Ungläubigen bedeuten kann: Dieser Totalanspruch des Djihad ist nichts anderes als der unbedingte Anspruch des Islam selbst, mit allen Mitteln und aller Kraft das Leben aller Menschen restlos zu durchdringen. Anders als im Christentum, dessen Gott ein Gott der radikalsten, sich in Christus offenbarenden Liebe ist, kennt der Islam nur die völlige Unterwerfung des Menschen unter den willkürlichen Willen Gottes, womit die Freiheit des Menschen geleugnet und die Gewalt um des Glaubens willen als legitimes Mittel angesehen wird. Dies schließt eine pragmatische Politik nicht aus; im Gegenteil, das Verbergen der wahren Ziele, die Verstellung („Taqia") ist ebenso erlaubt wie ungerechtes Handeln, wenn es der Sache des Islam dient.

Die Islamkennerin D. Moczar hat darüber hinaus die Derwische als Verbreiter eines radikalen Islam und des Djihad im Osmanischen Reich ausgemacht. Das Bild von den tanzenden, mystisch verzückten Derwischen, so Moczar, sei einseitig. Es unterschlage, dass Angehörige dieser islamischen Sekte auch im Militär gewirkt und einen ganz erheblichen Einfluss auf die Führung des Osmanischen Reiches ausgeübt hätten. Ihre Stellung als Sekte habe ihnen auch die Möglichkeit gegeben, gerade in Anatolien – mit geringerem Erfolg auf dem Balkan, aber auch dort immer noch für das Christentum verheerend genug – eine Brücke von den christlichen Gemeinschaften zu den türkischen Sunniten zu bauen, indem sie, die Freiheiten ihres Sektiertums nutzend, Elemente der christlichen Glaubenspraxis (wie z.B. die Verehrung heiliger Orte) übernahmen. So hätten sie gerade unbedarfte Christen ihrem Glauben abspenstig gemacht.

5. Eine Tendenz zur Verharmlosung hat sich auch in der Frage nach dem Umgang der Osmanen mit den besiegten Christen eingestellt. Als Papst Franziskus am 12. Mai 2013 das Dekret seines Vorgängers vom 11. Februar vollzog und die 800 Märtyrer von Otranto heilig sprach, da regte sich unter vielen Historikern Widerstand mit der Begründung, im Osmanischen Reich sei niemand wegen seines Glaubens verfolgt worden. Die Christen seien nur von der Sondersteuer belastet gewesen. Was aber war wirklich in dem süditalienischen Otranto geschehen? Im Juli 1480 hatte Sultan Mehmed II. ein etwa 18000 Mann starkes Expeditionscorps nach Süditalien geschickt. Die Einwohner Otrantos wurden aufgefordert, angesichts dieser erdrückenden Übermacht die Tore ihrer Stadt zu öffnen; doch sie weigerten sich. Natürlich konnten die christlichen Verteidiger die Stadt nicht halten, aber es gelang ihnen bis Mitte August die Angriffe abzuwehren. Dann aber brachen die Türken ein. Ein entsetzliches Massaker brachte Tausenden den Tod. Doch sind diese Opfer nicht identisch mit den Märtyrern von Otranto. Diese hatten sich in der Kathedrale um ihren Bischof und ihr Stadtoberhaupt versammelt. Die Osmanen erstürmten die Kathedrale, wo sie, so die Überlieferung, den Erzbischof köpften, der die Angreifer aufforderte, die Menschen zu schonen und sich zu Christus zu bekehren. Die anderen wurden gefangen genommen und mit der Aussicht, ihr Leben zu retten, zur Konversion zum Islam aufgefordert. Da sie sich weigerten, wurden sie hingerichtet. Manche zweifeln heute daran, ob es sich wirklich um eine Hinrichtung gehandelt habe, da einige Schädel Verletzungen aufwiesen, wie sie auch im Kampf entstehen können. Dennoch gibt es keinen Grund, an der Überlieferung zu zweifeln: Eine Tötung so vieler Menschen musste nicht wie eine formelle Hinrichtung geschehen; gerade verletzte Gegner konnte man durch einen Schlag auf den Kopf töten. Überdies kamen in diesen grauenvollen Tagen so viele Menschen um, dass sich die Über-

reste der Märtyrer und der übrigen Opfer wohl kaum mehr so leicht trennen ließen. Noch wichtiger aber ist, dass Otranto eben Widerstand geleistet hatte und daher die Schutzbestimmungen des Koran für die Angehörigen einer „Buchreligion" keine Gültigkeit mehr besaßen. Die Einwohner Otrantos wussten, was es bedeutete, fortan unter dem Turban zu leben, denn mit Sicherheit waren zu ihnen die Nachrichten von den Gräueln der Osmanen bei der Eroberung Konstantinopels gelangt. Und auch in Otranto ereignete sich das, was in Konstantinopel und vielen anderen von den Muslimen eroberten Orten geschah: die selbst für die damalige Zeit beispiellose Massenversklavung von Frauen und Kindern.

Wer die ausnehmende Grausamkeit osmanischer Heere gegenüber den Christen bezweifelt, der mag das Zeugnis des 1379 oder 1380 nahe dem schwäbischen Aicha geborenen Johannes Schildberger betrachten. Schildberger nahm mit 15 Jahren im Gefolge des Ritters Leonhard Reichertinger an der Schlacht von Nicopolis teil, die in einer verheerenden Niederlage der Christen endete. Seinen Ritter ereilte in der Schlacht der Tod, Schildberger indes fand sich als einer von Tausenden von Gefangenen wieder. Die meisten von ihnen, so erzählte er es in seinen Lebenserinnerungen, wurden hingerichtet. Sein Überleben verdankte er nur der Müdigkeit des Henkers und der Mahnung des Sohnes von Sultan Bayezid, dass das Gesetz die Hinrichtung von Jugendlichen verbiete. So wurde Schildberger als Militärsklave zuerst von den Osmanen, dann – nach der Schlacht von Ankara (1402) – von den siegreichen Mongolen verschleppt, machte sogar Karriere als Soldat, nutzte aber nach 32 Jahren die Möglichkeit zu einer abenteuerlichen Flucht, die ihn wieder ins heimatliche Bayern führte. Dort verbrachte er seine letzten Lebensjahre als Kämmerer Herzog Albrechts III. in München. Schildberger gilt noch heute als bayrischer Marco Polo, auch wenn er in seinen Beschreibungen fremder Lebensformen mitunter ins Phantastische gerät.

Es war Sultan Mehmed I. (1413-1421), der gegenüber den Christen eine der grauenvollsten Praktiken einführte, die sich über mehrere Jahrhunderte halten sollte: die Knabenlese. Ab einem Alter von etwa sechs bis zwanzig Jahren wurden besonders kräftige Knaben ihren christlichen Eltern geraubt und vornehmen Osmanen übergeben, bei denen sie für bestimmte Dienste in Wirtschaft und Verwaltung ausgebildet wurden. Die allerbesten Knaben kamen an den Hof des Sultans, wo sie für anspruchsvolle Aufgaben im zivilen wie im militärischen Bereich bestimmt wurden. Als Erzieher fungierten Eunuchen und Derwische, die ihnen einen fanatischen Islam und absolute Ergebenheit gegenüber dem Herrscher einimpften. So bezog die Elitetruppe der Janitscharen zum großen Teil ihren Nachwuchs aus diesen Knaben, die, auch wenn sie Karriere gemacht hatten, keine Chance hatten, je ihre Familie wiederzusehen. Die Zahl der geraubten Knaben war gerade in den Jahrhunderten der größten osmanischen Expansion sehr hoch (Schätzungen gehen auf ca. 1/5 aller Knaben); sie richtete sich in der Regel nach dem Bedarf, der an gut ausgebildetem zivilen und militärischen Personal bestand. Doch wurden oft genug auch viel mehr Knaben ihren Eltern weggenommen als benötigt. Man verkaufte sie dann als Sklaven oder – trotz des strengen Verbots im Islam – als Lustknaben; oder aber man bot den verzweifelten Eltern die Möglichkeit an, ihre Kinder zurückzukaufen – ein florierender Menschenhandel also.

Nun gibt es durchaus auch glaubwürdige Berichte, wonach türkische Eltern sich als Christen ausgaben, um ihre Söhne der Knabenlese anzubieten und ihnen damit eine gute Ausbildung und Aufstiegsmöglichkeiten, vielleicht gar am Sultanshof, zu ermöglichen. Daraus wird heute oft der unglaubliche Schluss gezogen, die Knabenlese sei gar als etwas Positives empfunden worden. Doch schon die zweite Strophe des alten Wiegenliedes „Heidschi Bumbeidschi" belehrt eines Besseren: Denn der Heidschi Bumbeidschi, der in diesem Lied das Büblein mitnimmt und nicht mehr bringt, ist niemand anders als der Hadschi (= früherer Mekka-Pilger) Om-Baschi (Hauptmann oder auch türkischer Dorfbefehlshaber). Das Wiegenlied ist also in seinem ältesten Kern ein Klagelied! Geklagt haben deswegen 1456 griechische Christen in Kleinasien und einen Aufruf an die Johanniter von Rhodos gerichtet, ihnen zu Hilfe zu eilen und die Flucht aus dem Land zu ermöglichen.

Auch christliche Mädchen und junge Frauen waren in besonderer Weise Opfer der osmanischen Eroberungen: Sie fanden sich wieder in den Harems der Reichen oder wurden zur Beute der Soldaten.

Gefangenentötung, Kinderraub, Versklavung und Menschenhandel, verbunden mit unsäglichen Zerstörungen oder Schändungen christlicher Kirchen und Heiligtümer – all dies geschah nicht nur als Kollateralschaden der Kriege, als Folgen einer ohnehin gewalttätigen Zeit; diese Gräuel waren, wie auch die von den Christen zu entrichtende Sondersteuer, ganz bewusst eingesetzte Demütigungen, die den Christen (wie auch den Juden) ihre – trotz ihres Schriftbesitzes – Minderwertigkeit gegenüber dem Islam spüren lassen sollten. Die Entrichtung einer solchen Steuer war der Preis, damit die Christen vom Staat im Normalfall in Ruhe gelassen wurden und einen minimalen Schutz genossen. Zu diesen Demütigungen gehörte auch die den Christen wie den Juden auferlegte Pflicht, sich durch ein besonderes Abzeichen an der Kleidung kenntlich zu machen. Auch war der Besitz von Waffen und Pferden den Nichtmuslimen verboten. Geriet ein Christ (oder Jude) mit einem Muslim in Streit, so hatte er keine Möglichkeit seinen Widersacher vor Gericht anzuklagen, und selbstverständlich durfte auch eine muslimische Frau keinen Christen heiraten. Von Toleranz konnte unter diesen Umständen keine Rede mehr sein, zumal die Christen ihren Glauben nicht in der Öffentlichkeit ausüben und bekennen durften. Das Verbot christlicher Mission ergibt sich daraus von selbst. Das Leben von Christen und Juden war damit beständig bedroht, und es konnte immer wieder zu Gewaltexzessen gegen sie kommen.

Gewalt gegen die Christen und die vielfältige Diskriminierung haben einen Konversionsdruck erzeugt, der in Verbindung mit der Einwanderung türkischstämmiger Bevölkerung in vielen Regionen die Christen in eine Minderheitenposition brachte. Das bedeutete auch, dass die muslimische Expansion nach Europa das Christentum nur durch ihr militärisches Potential gefährdete; eine theologische oder spirituelle Attraktivität hatte der Islam für die Christen nicht mehr. Darum trug, wie im folgenden zu zeigen ist, auch die Antwort des Abendlandes auf diese Herausforderung vor allem militärischen Charakter.

Christliche Reaktionen auf die osmanischen Eroberungen

Eine alte Legende berichtet, dass ein Königsgeier im Gebirgspass von Ermeni das Haupt des Stammesvaters Osman überschattet habe. Ein Derwisch deutete dies als Vorzeichen der künftigen Herrschaft von Osman und seinen Nachkommen über zwei Erdteile, über Asien und Europa. Als die Osmanen Ende des 13. Jhs., aus den Steppen Asiens kommend, nach Anatolien eindrangen und dort erste Emirate begründeten, da mochten sie sich als Königsgeier gesehen haben, die über einem todwunden Reich kreisen, dessen Agonie zwar noch eineinhalb Jahrhunderte dauern sollte, das ihnen aber bald wie ein Aas zur Beute lag. Denn knapp hundert Jahre zuvor (1204) hatte eine perfide venezianische Politik, die nur ihren eigenen Handelsinteressen folgte, das Heer des vierten Kreuzzuges statt nach Ägypten nach Konstantinopel geführt, das von Thronstreitigkeiten innerlich geschwächt war. Dort entluden sich alle Spannungen, die sich seit dem Morgenländischen Schisma zwischen Lateinern und den immer schon des Verrates an der Sache der Kreuzzüge verdächtigten Byzantinern aufgetürmt hatten. Auf harte Kämpfe, in denen die Byzantiner und ihre Söldnerheere unterlagen, folgten entsetzliche Plünderungen der Reichtümer Konstantinopels und schließlich die Schändung orthodoxer Heiligtümer. Ganze Stadtviertel wurden in Schutt und Asche gelegt, Frauen und Kinder gemordet. Zu spät erkannten die Führer der Kreuzfahrer, dass sie hier die Saat für einen Jahrhunderte währenden Hass gelegt hatten, dass kein lateinisches Kaiserreich, kein lateinisches Patriarchat, das sie auf den Trümmern der byzantinischen Herrschaft errichteten, den damit unendlich tief gewordenen Graben zwischen Ost und West würde schließen können. Von da an war die Spaltung der Christenheit nicht nur eine Sache der Theologie, sondern noch mehr eine der Herzen. Was sich 1204 in Konstantinopel ereignete, war daher kein bloßer historischer Unglücksfall, sondern die Urkatastrophe des hohen Mittelalters, die die Christenheit des Ostens in eine tiefe Finsternis werfen sollte. Zwar gelang es den Byzantinern, gegen ihre lateinischen Eroberer Reich und Patriarchat wiederherzustellen, doch erreichten sie nie wieder die einstige Stärke und wurden – lange bevor man dieses Wort auf die Endphase des Osmanischen Reiches anwenden konnte – zum „kranken Mann am Bosporus".

Die Nutznießer von Misstrauen und Hass zwischen den Christen waren die Osmanen. Ausgehend vom Emirat Osman am Marmarameer konnten sie 1354 erstmals dauerhaft auf den europäischen Kontinent übersetzen und die Stadt Gallipoli erobern. Dieser strategische Schachzug, der den Anfang dafür setzte, das gut bewehrte Konstantinopel von der asiatischen wie von der europäischen Seite aus einzuschließen, kam nicht von ungefähr. Emir Orhan (1326-1359) hatte bereits 1331 Nikaia und 1337 Nikomedia – beides Orte, die in der Geschichte der alten Kirche klingende Namen hatten – erobert. Nikomedien soll durch eine Kriegslist, ähnlich wie die der Hellenen in Troja, gefallen sein; Nikaia hatte vor seiner Eroberung eine Seuche zu überstehen, die zusammen mit der Belagerung die Verteidiger geschwächt hatte. Man vertraute hier auf die Zusage des Sultans, freien Abzug zu gewähren, doch als man die Waffen gestreckt hatte, da wurden die Christen in die Sklaverei geschickt.

So tief schon im Inneren des Byzantinischen Reiches stehend, wurden die Osmanen zu einem Faktor innerbyzantinischer Auseinandersetzungen um Thron und Politik. Denn in Byzanz war ein Bürgerkrieg ausgebrochen: Kaiser Andronikos III. (1328-1341) aus der Dynastie der Palaiologen, musste sich gegen die mächtige Familie der Kantakuzenos zur Wehr setzen, die, ungeachtet der von den Osmanen ausgehenden Gefahr, diese als Söldnertruppen rekrutierten, um sie gegen den rechtmäßigen Kaiser zum Einsatz zu bringen. Andronikos wiederum, der nichts weniger brauchen konnte als Unruhe an den Reichsgrenzen, sanktionierte die Eroberungen der Osmanen und zahlte ihnen Tribut, um ihre Beutegier zu befriedigen. Johannes Kantakuzenos wollte die Osmanen aber noch stärker an sich binden und verehelichte deshalb seine noch blutjunge Tochter Theodora mit dem schon alten Emir Orhan (1346). Am Ende gelang es Kantakuzenos, eine zehnjährige Mitregentschaft mit dem noch unmündigen Johannes V. – er war der Sohn des 1341 verstorbenen Andronikos III. – zu erreichen. Die Herrschaft des Kantakuzenos blieb Episode, doch die Osmanen hatten sich als Machtfaktor in der byzantinischen Politik etabliert: Sie kämpften als Söldner gegen die Serben und Bulgaren, die ebenfalls vom Verfall des Kaiserreiches profitieren wollten; und sie kämpften gegen Genueser und Venezianer, die Kolonien an den Schwarzmeerküsten hatten, zugleich aber auch Gegner der Osmanen im östlichen Mittelmeer waren. So ist es schwer zu sagen, wer hier in wessen Diensten stand: Kurzfristig dienten die Osmanen byzantinischen Interessen – für teures Geld allerdings –, aber unter einer langfristigen Perspektive ebneten die Byzantiner damit den Osmanen den Weg nach Westen und auf die von den christlichen Seemächten beherrschten Inseln. Jedenfalls haben wir das Bild vom erstmaligen „Sprung" der Osmanen auf europäischen Boden ein wenig zu korrigieren: Osmanische Truppen befanden sich bereits nahe Gallipoli – als Söldner in byzantinischen Diensten. Doch nun kam ihnen die Natur zu Hilfe: Ein Erdbeben erschütterte Gallipoli und vertrieb die Verwaltung wie auch die byzantinischen Einheiten. Die Osmanen, möglicherweise auch um ausstehenden Sold zu kompensieren, rückten nach und gaben das so leicht Gewonnene nie wieder her. Gallipoli wurde zu einem Brückenkopf für weitere Expansionen. Die notwendige Verstärkung der osmanischen Verbände auf europäischem Boden soll allerdings mit Hilfe Genueser Schiffe erfolgt sein, da die Osmanen zu dieser Zeit noch keine ausreichenden nautischen Potentiale und Fähigkeiten hatten.

Murad I. (1359-1389), der sich nicht mehr mit dem Titel eines Emirs begnügte, sondern erstmals sich Sultan nannte, gelang 1361 die Eroberung von Adrianopel (heute: Edirne), das zur Haupttadt und zu einem gewaltigen Militärstützpunkt ausgebaut wurde. Die Einkreisung Konstantinopels war mit der Einnahme Adrianopels und von Philippopolis (1363) einen wichtigen Schritt vorangekommen. Fortan kontrollierten die Osmanen auch einen wesentlichen Teil der Getreidezufuhr Konstantinopels und nutzten dies für überhöhte Getreidepreise aus. Man mag sich wundern, warum der Todesstoß gegen das Reich nicht sofort erfolgte. Aber die Osmanen kämpften auch noch an asiatischen Fronten; vielleicht schien es Murad besser, durch türkische Einwanderer, welche die Siedlungsräume der versklavten, deportierten Christenbevölkerung einnahmen, die neu gewonnenen Gebiete erst zu konsolidieren. Man zog also die Schlinge langsam zu, zwang die Byzantiner sogar, Truppen für osmanische Unternehmungen auf dem Balkan oder in Kleinasien zur Verfügung zu stellen.

Die militärische Lage Konstantinopels und allein schon die Wahl Adrianopels zur neuen Hauptstadt hätte im Westen Europas die Alarmglocken läuten lassen müssen. Doch dort fanden die dramatischen Ereignisse im Osten kaum Beachtung: Frankreich und England waren dabei, sich im Hundertjährigen Krieg gegenseitig zu zerfleischen. In Deutschland schwand nach Heinrich VII. und Ludwig dem Bayer die Idee einer starken Zentralgewalt zugunsten eines Fürstenstaates; und blickt man auf die Niederlande, die Schweiz oder die Habsburger Territorien im Südosten, so erkennt man die Erosion des Alten Reiches, das mehr und mehr zu einem Konglomerat verschiedenster Interessen wird. In diese Erosion wurde auch Italien hineingerissen, wo sich im Norden kleine Stadtherrschaften herausbildeten, die gar nicht in der Lage waren, europäische Politik zu betreiben. Die einzige Macht aber, die dazu befähigt gewesen wäre, das Papsttum, befand sich auf geradem Weg in die größte Krise seiner Geschichte: Seit Clemens V. (1305-1314) residierte der Papst nicht mehr in Rom, sondern in Avignon, wo das Papsttum reiche Besitztümer hatte. Diese Verlagerung der Residenz lief parallel mit einer Abhängigkeit des Papsttums vom französischen König. Noch heute bezeichnet man diese Jahrzehnte in Avignon als „babylonisches Exil" der Kirche und drückt damit aus, dass die Päpste dieser Zeit, die ausnahmslos Franzosen waren, gezwungen oder freiwillig ihre Politik nach den französischen Großmachtinteressen ausrichteten. Je mehr Zeit in diesem „Exil" verstrich, desto größer wurde die Forderung nach einer Rückkehr nach Rom. Doch dort waren die Zustände durch Adelskämpfe und das Bandenunwesen so desolat geworden, dass eine sofortige Rückkehr gar nicht mehr möglich war und erst nach einer Vorbereitungszeit (und im zweiten Anlauf) gelang.

Doch als das Papsttum endlich wieder in Rom Fuß gefasst hatte, da brach über es ein noch viel größeres Unglück herein: das Große Abendländische Schisma, das die Christenheit in zwei, zeitweise sogar in drei päpstliche Gefolgschaften (Obedienzen) aufspaltete. Erst auf dem Konzil von Konstanz, das 1417 mit der Wahl von Papst Martin V. endete, wurde dieses Schisma, das die Kirche als Ganze, insbesondere aber die päpstliche Autorität, bis an den Rand des Abgrundes geschwächt hatte, überwunden.

In diesen mehr als hundert Jahren war an einen massiven militärischen Gegenschlag gegen die osmanische Aggression nicht zu denken. Die klassische Kreuzzugsidee hatte sich ohnehin überlebt. Die Bereitschaft, kostspielige Kreuzzüge zu finanzieren, war in der abendländischen Christenheit und nicht zuletzt unter den Regenten und Fürsten auf ein Minimum geschwunden: Oft genug waren die Christen zur Zahlung des Kreuzzugszehnten verpflichtet worden, ohne dass ihre Herrscher auch nur einen Versuch unternommen hätten, ein solches Unternehmen zu starten. Vor allem aber die militärischen Misserfolge, der erzwungene Rückzug aus dem Heiligen Land hatte in allen Kreisen der Bevölkerung zu einer tiefen Desillusionierung geführt.

Papst Urban V. (1362-1370), zwar ein Avignon-Papst, aber doch auf Kirchenreform bedacht und die Rückkehr nach Rom anstrebend, brachte noch einmal einen Kreuzzug zustande, der von König Peter Lusignan von Zypern angeführt und von dem schon zu Lebzeiten im Ruf der Heiligkeit stehenden päpstlichen Legaten und Karmeliten Petrus Thomas begleitet wurde. Petrus Thomas war ein gerade in Bezug auf Osteuropa und Byzanz erfahrener Diplomat und eifriger Verfechter sowohl der Kirchenunion als auch der Kreuzzugsidee, die er durch eine Rückbesinnung auf Bernhard von Clairvaux in ihrer Lauterkeit wiedergewinnen wollte. Tatsächlich gelang es ihm, eine Kooperation Venedigs und des Hospitalordens (auch: Johanniterorden) herzustellen, die an den Dardanellen bescheidene Landgewinne erzielen konnte. Doch das Ziel des von Urban initiierten Kreuzzugs war das von türkischen Mameluken beherrschte Ägypten, wo es, trotz der kurzzeitigen Einnahme Alexandriens (1365), nichts mehr zu gewinnen gab. Petrus Thomas wurde dabei so schwer verletzt, dass er wenig später auf Zypern verstarb.

Urban V. erkannte durchaus die Notwendigkeit militärischer Hilfe für die Byzantiner; denn Kaiser Johannes V. hatte ihn zusammen mit seinem Sohn Manuel 1367 in Rom aufgesucht, als der Papst einen ersten Versuch zur Rückkehr in die Heilige Stadt gemacht hatte. In seinem verzweifelten Bemühen um westliche Hilfe vollzog Kaiser Johannes sogar seine Konversion zum katholischen Glauben und traf dabei auf einen Papst, der sogar ohne diese Vorbedingung zum Entgegenkommen bereit war. Doch die Regierenden der westlichen Mächte waren nicht zu einem Eingreifen zu bewegen, zumal sie schnell erkannten, dass die Konversion des Kaisers nur ein ganz persönlicher Akt war und keineswegs ein Vorgriff auf eine Kirchenunion zwischen Ost und West. So mochten sie sich mit einem Wort des gelehrten Petrarca aus der Affäre gezogen haben, das an politischer Blindheit nicht zu überbieten ist: „Die Türken sind Feinde, aber die Griechen sind Schismatiker, und Schismatiker sind schlimmer als Feinde".

Erst recht gab es in den Zeiten der Spaltung der lateinischen Kirche keine Chance, den osmanischen Türken militärisch entschieden entgegenzutreten. Die Uneinigkeit der Christenheit, verbunden mit den Eigeninteressen der aufstrebenden Nationalstaaten, bildete eine wesentliche Voraussetzung für die Erfolge der osmanischen Eroberungen.

So stand und fiel die Verteidigung gegen die Osmanen mit dem Mut und der Tatkraft der Fürsten in Südosteuropa.

Widerstand in Südosteuropa

König Ludwig I. (Lajos) von Ungarn (1326-1382), der zugleich die Krone Kroatiens und Polens (ab 1370) trug, verfolgte eine Großmachtpolitik, die ihn zwar die Walachei und Bosnien gewinnen ließ, ihn aber auch in militärische Händel mit Venedig und vor allem mit polnischen Aufständischen verwickelte. Kaiser Johannes hatte auch bei ihm um Beistand nachgesucht, doch Ludwig, der in seinen Völkern den Beinamen „der Große" erhielt, konnte sich nur dazu durchringen, einige Grenzbanate zu verteidigen und im Norden Bulgariens eine Pufferzone zu den Osmanen einzurichten. Die Chance einer konzertierten Aktion von Ungarn, Polen, Kroatien und den anderen Territorien seines Herrschaftsbereichs nutzte er nicht; und er konnte sie wohl auch nicht nutzen, weil seine Hausmacht in den genannten Ländern viel zu schwach war und ein Großreich, dessen König keine männlichen Nachkommen hatte, für weitgefasste Unternehmungen nicht stabil genug war. Das Wenige, das Ludwig gegen die Osmanen erreichte, genügte indes, dass ihn Papst Urban in einem Brief als „Schild Christi und Kämpfer des Herrn" titulierte. Der schnelle Zerfall dieses polnisch-ungarischen Reiches und die daraus resultierenden Nachfolgekämpfe in Ungarn machten jedoch die bescheidenen Erfolge bald wieder zunichte.

Natürlich hatten die Staaten des Balkan, die sich zuerst als Profiteure des byzantinischen Niederganges erfreuten, bald erkannt, dass ein neuer, viel mächtigerer Gegner die Bühne betreten hatte.

Serbien hatte sich unter Zar Stephan IX. Dušan (1331-1355) zu einer wirtschaftlich blühenden Regionalmacht entwickelt, war aber nach dessen Tod in mehrere unabhängige Fürstentümer zerfallen, die sich zweimal zusammenfanden, um sich – allerdings erfolglos – ein Treffen mit den Osmanen zu liefern; ansonsten aber führten Serbiens Fürsten ihre Auseinandersetzungen untereinander und hatten auch im Inneren ihrer Länder ihr Regiment zu bewähren. Doch unter „Zar" Lazar I. – der Zarentitel war mehr Wunsch als Wirklichkeit; Lazar war ein Fürst Zentralserbiens, der auch über Teile des Kosovo regierte und in Kruševac seine Hauptstadt hatte – wuchs die Bereitschaft für ein gemeinsames Vorgehen. Lazar gewann Bosnien, die Bulgaren und die Albaner für seine Allianz, wenngleich die Mehrheit der Historiker heute die Meinung teilt, die Bosnier seien dieser Allianz nur mit halber Kraft beigetreten, um ihre eigenen Großmachtpläne nicht zu gefährden. Lazar konnte jedenfalls den Osmanen 1387 bei Plonik eine Niederlage (ob es sich dabei überhaupt um eine nennenswerte „Schlacht" und nicht nur um ein Gefecht handelte, ist aufgrund der unzureichenden, da durch Legendenbildung überlagerten Quellen umstritten) beibringen, die Lazar in ihrer Bedeutung überbewertete und deshalb den Fehler beging, nicht nachzusetzen und die Osmanen nachhaltig zurückzudrängen. Diese Fehleinschätzung sollte sich bereits zwei Jahre später (1389) bitter rächen: Die von Sultan Murad I. und seinen beiden Söhnen geführten Osmanen und eine Koalitionsarmee aus den serbischen Fürstentümern und Bosniens (vielleicht auch Albaniens, aber schon in Bezug auf die Teilnehmer verdunkelt nationale Mythenbildungen wieder die Fakten) unter dem Kommando Lazars und des serbischen Fürsten Vuk Brankovic standen sich auf dem Amselfeld gegenüber, um jene Schlacht zu führen, die zum Inbegriff serbischen Freiheitswillens und serbischer nationaler Identität wurde. Über die Größenverhältnisse der gegnerischen Heere ist nichts Sicheres bekannt. Wenn man den zeitgenössischen Quellen nur halbwegs trauen darf, hatten die Osmanen eine so erdrückende Übermacht, dass es des Heldenmutes bedurfte, um ihnen überhaupt entgegenzutreten. Dabei standen auf Seiten der Osmanen auch christliche Truppen, deren Fürsten sich Murad bereits unterworfen hatte. Die Schlacht auf dem Amselfeld kannte keinen klaren Sieger. Die serbischen Kräfte waren aber danach zu erschöpft, um dem Vormachtstreben der Osmanen noch weiter Widerstand zu leisten. Serbien geriet unter osmanische Oberhoheit. Lazars Sohn und Nachfolger Stephan musste seine eigene Schwester in den Harem des Sultansohnes Bayezid geben. Der größte Verlust der Serben aber war der Tod Lazars auf dem Schlachtfeld. Welche Hoffnungen sich an seine Person knüpften, wie vorbildlich sein Mut galt, und welche Bedeutung man seinem Kampf für ein freies und christliches Serbien zuschrieb, zeigt sich daran, dass ihn die serbisch-orthodoxe Kirche als Groß-Märtyrer heilig gesprochen hat. Er wird bis in die Gegenwart hinein verehrt.

Kein Heiliger, aber im Volk tief verehrt, steht Miloš Obilic als zweiter Kriegsheld an Lazars Seite. Als Mörder Sultan Murads eröffnet er die unheilvolle Geschichte national oder religiös motivierter serbischer Attentäter, die 1914 in Sarajewo ihren Höhepunkt erreichte. Über die historischen Umstände dieses Attentates – manche zweifeln daran, ob es überhaupt ein Attentat war und Murad nicht eher den Tod in der Schlacht gefunden hat – kann man nur spekulieren. Schon die Herkunft von Obilic ist von Märchen und Legenden überlagert. Selbst der Nachname ist nicht gesichert; möglicherweise handelte es sich um Lazars Schwiegersohn. Obilic soll sich jedenfalls, so die wichtigste Überlieferung, als vermeintlicher Überläufer in das Lager der Osmanen begeben haben. Dort sei er mit Murad zusammengetroffen und habe ihn dann in einem günstigen Augenblick erdolcht.

Murads Tod hatte jedoch weder den Serben noch den anderen Völkern des Balkans Vorteile gebracht. Denn auf ihn folgte sein Sohn, Bayezid I. (1389-1402), dessen Talent für Eroberungen das des Vaters sogar noch übertraf. „Bayezid“, „der Blitz“, schlug tatsächlich wie ein Blitz unter die noch unabhängigen Turkstämme Zentralanatoliens ein, die er mit harter Hand zu einem einzigen türkischen Reich unterwarf. Skrupellos hatte er seinen Bruder Jakub ermordet. Damit begründete er die bis weit in das 16. Jh. hinein reichende Praxis, dass Sultane ihre potentiellen Konkurrenten aus dem Weg räumten, selbst wenn diese nächste Familienangehörige waren. Bayezid erweiterte aber nicht nur das Reich seines Vaters auf beinahe die dreifache Größe; er wurde auch zum großen Organisator dieses Machtgebildes. Gerade weil er nicht einseitig auf das Militär setzte, sondern sein Reich trotz seiner verhältnismäßig kurzen Regierungszeit auch wirtschaftlich entwickelte, legte er den Grundstein für eine dauerhafte, von den Mongolen nur kurzzeitig unterbrochenen, osmanische Hegemonie. Nunmehr fanden die reichen Bodenschätze des Balkans ihre Verwendung in osmanischen Waffenschmieden, und das mazedonische Skopje (Üsküb) fasste die nach Westen gerichtete expansive Kraft dieses Reiches in einem gewaltigen Militär- und Verwaltungszentrum zusammen.

Die Niederlage der Serben und Bosnier auf dem Amselfeld und die Erfolge Bayezids weckten endlich die Ungarn auf. Sie erkannten, dass ihre Politik, die Türken auf Distanz zu halten, scheitern musste. König Sigismund (1368-1437; seit 1387 König von Ungarn und Kroatien, ab 1411 deutscher König und ab 1419 Kaiser des Heiligen Römischen Reiches) schenkte dem Hilferuf des byzantinischen Kaisers Manuel II., der seinem Vater Johannes V. auf den Thron gefolgt war, Gehör. Er rief die Fürsten Europas zum Kreuzzug gegen die Osmanen auf. Mit wirksamer päpstlicher Unterstützung konnte er nicht rechnen, Die konkurrierenden Päpste in Rom und Avignon waren mit der eigenen Legitimierung beschäftigt. Sie hatten kein Interesse daran, dass der jeweilige Gegenpapst die Mächtigen Europas hinter sich sammelt und vielleicht gar als Retter der Christenheit angesehen wurde. So war es schon ein Erfolg, dass Bonifaz IX. (Rom) und Benedikt XIII. (Avignon) wenigstens formell ihre Unterstützung bekundeten und eine multinationale Truppe, deren Löwenanteil (neben den Ungarn) Franzosen und Burgunder ausmachten, aufgestellt werden konnte. Im christlichen Feldlager fanden sich aber auch Ritter aus Deutschland, Spanien, Navarra, Johanniter von Rhodos und Söldner der Republik Venedig ein. So trafen in den letzten Septembertagen 1396 zwei annähernd gleich starke Heere bei Nikopolis im heutigen Bulgarien aufeinander.

Doch das Unternehmen stand von Anfang an unter einem schlechten Stern: Während Bayezid unangefochten auch die Führung über serbische Panzerreiter des Fürsten Stephan hatte, der nach der Niederlage auf dem Amselfeld zur Heeresfolge gezwungen war, gab es auf der Seite der christlichen Koalition keine einheitliche Führung. Neben König Sigismund standen an der Spitze der Burgunder-Erbprinz Johann Ohnefurcht (Sohn Philipps des Kühnen), der im Kampf gegen die Engländer erprobte Marschall von Frankreich, Jean II. Le Maingre, genannt

Boucicaut, der Picarde Enguerrand VII. de Coucy, ein alter Haudegen, der nach dem Willen des Herzogs von Burgund seinem noch unerfahrenen Sohn Johann Ohnefurcht als militärischer Ratgeber dienen sollte, und der Connétable von Frankreich, Philipp von Artois, Graf von Eu, der nicht nur im Kampf gegen die Engländer sich bereits Verdienste erworben, sondern auch an militärischen Unternehmungen gegen die Muslime in Nordafrika teilgenommen hatte. Schon bald kam es unter den christlichen Anführern zum Streit über die rechte Vorgehensweise, ob man defensiv bleiben oder sogleich in die Offensive gehen solle. Als man sich für Letzteres entschied, setzte sich dieser Streit fort über die Frage, welche Nation zuerst gegen die Osmanen anstürmen dürfe – ein Vorrecht, das die Franzosen keinem anderen überlassen wollten. Es waren Kontroversen aus einer vergangenen Zeit, als der Ritter nicht so sehr den Sieg, sondern vor allem durch Kühnheit und Mut seine Ehre suchte und sich nicht taktischen Überlegungen unterordnete. Der blinde Wagemut der Christen traf auf die Klugheit der Osmanen, lief ins Leere und unterlag. Die Schlacht wurde zum Debakel: Nur mit Mühe konnte sich König Sigismund retten; Johann Ohnefurcht, Boucicaut und Enguerrand mussten ein hohes Lösegeld aufbringen, um nicht wie der schon genannte Hans Schildberger in die Sklaverei zu gehen oder wie Tausende anderer hingerichtet zu werden. Auch für Philipp von Artois wurde Lösegeld bezahlt, doch wenige Wochen vor seiner Freilassung kam er in seinem Gefängnis auf mysteriöse Weise ums Leben.

Allerdings hatte auch den Osmanen dieser Kreuzzug, trotz ihres Sieges, Kraft gekostet; Kraft, die ihnen fehlte, als der Mongole Tamerlan, provoziert durch die osmanische Expansion in Mittelasien, zum Schlag gegen das Osmanische Reich ansetzte, seinen Sultan in demütigender Weise gefangen nahm und hinrichtete. Tamerlan bedeutete eine letzte Gnadenfrist für die verbliebenen christlichen Territorien in der Levante und vor allem für Konstantinopel selbst. Denn bis etwa 1425 war das

Osmanische Reich nach dem Mongolensturm politisch so instabil und militärisch so geschwächt, dass es zu keinen entscheidenden Aktionen auf dem Balkan oder gegen das Byzantinische Reich in der Lage war. So musste Sultan Mehmed I. sich erst gegen seine Brüder durchsetzen, um ab 1413 die Alleinherrschaft über das Reich zu erlangen. Danach hatte er es mit einem Aufstand der Derwische (1416-1420) zu tun. Die christlichen Staaten freilich ließen diese günstige Zeit verstreichen. Boucicaut gelang es zwar, den Belagerungsring um Konstantinopel mit einer kleinen Flotte kurzfristig zu durchbrechen, doch die besonders an Frankreich und England ergangenen Aufrufe Kaiser Manuels II. blieben ungehört, so dass dieser kleine Erfolg sogleich verpuffte. Denn beide christlichen Mächte hatten den Kampf gegeneinander mit aller Härte wieder aufgenommen – Boucicaut sollte er das Leben kosten. Sigismund richtete als deutscher König seinen Blick mehr und mehr auf die Belange des Reiches, das mit den Hussitenaufständen in Böhmen zu kämpfen hatte. Die Kirche hingegen sah sich inzwischen mit drei Päpsten konfrontiert und rang um ihre Einheit. Allen aber stand noch immer die furchtbare Niederlage von Nikepolis vor Augen. Man war bestenfalls bereit defensiv zu agieren. Allein den Venezianern gelang ein Sieg zur See (1416 nahe Gallipoli) gegen die noch immer unzureichende osmanische Flotte. Doch ohne massive Unterstützung durch die anderen christlichen Mächte war es Venedig nicht möglich, diesen Sieg strategisch auszunutzen. So begnügte sich die Seerepublik damit, sich auf ihre wirtschaftlichen Interessen zu konzentrieren. Sie zwang den Osmanen einige Handelsniederlassungen im östlichen Mittelmeer und ein günstiges Handelsabkommen ab.

Wer im Westen allerdings gehofft hatte, die Schwächephase des Osmanischen Reiches würde die Sultane zur Aufgabe ihres Expansionsdranges und ihres aggressiven Verhaltens bringen, sah sich sehr bald eines Besseren belehrt. Schon 1422 unternahm Sultan Murad II. (1421-1451) einen neuen Angriff auf

Konstantinopel. Der Eroberungsversuch misslang zwar, weil die Osmanen ihre massiven Angriffe einstellten und sich darauf beschränkten, die Belagerungswerke wieder in Stand zu setzen. Doch Konstantinopel war gezwungen, erneut Tribute zu zahlen und sein Getreide wieder von den Osmanen zu beziehen.

Ein weitaus schwereres Los traf 1430 Thessaloniki, einst nach Konstantinopel die bedeutendste Stadt des Byzantinischen Reiches. In den neunziger Jahren des 14. Jh. stand sie bereits unter osmanischer Herrschaft, konnte sich dank der Mongolen 1403 daraus lösen und gehörte wieder zu Rest-Byzanz. Weil die Stadtväter erkannten, dass Konstantinopel Thessaloniki nicht gegen die Osmanen zu schützen vermochte, übereigneten sie ihre Stadt der Republik Venedig (1420). Die Seerepublik betrieb sofort die Zwangsbekehrung zum katholischen Glauben und vergiftete damit das Verhältnis zur Mehrheit der Bevölkerung dauerhaft. Im Frühjahr 1430 fiel Thessaloniki nach zweimonatiger Belagerung in die Hände Murads II. Der Abfall von der früheren Osmanenherrschaft wurde grausam bestraft: Bürger jeden Alters und jeden Geschlechts wurden hingerichtet, viele auch versklavt oder deportiert; die Söhne wurden den Eltern durch die Knabenlese genommen, die Kirchen entweder, wie viele Paläste und Häuser, zerstört oder in Moscheen umgewandelt, wobei die prachtvollen Mosaike mit den Darstellungen Jesu, Mariens oder der Heiligen und Engel übertüncht wurden. Die ganze Stadt wurde der Plünderung preisgegeben. Murad verfügte, dass die nunmehr nahezu entvölkerte Metropole durch türkische Siedler wieder aufgefüllt werde. So war aus der altehrwürdigen byzantinischen Metropole eine osmanische geworden, in der sich als Grieche nur der noch zu behaupten vermochte, der zum Islam konvertierte. Das ehemals so mächtige Byzantinische Reich aber war nach dem Fall Thessalonikis auf die Hauptstadt Konstantinopel und dessen nähere Umgebung sowie einige unbedeutende Inseln in der Ägäis zusammengeschrumpft. Die letzte Phase von Konstantinopels Todeskampf begann.

Papst Eugen IV. und die Kirchenunion

Dabei gab es für die so bedrängte Hauptstadt wie für die Christen des Balkans durchaus Grund zur Hoffnung, doch einmalige historische Chancen wurden zunichte gemacht.

Die westliche Christenheit hatte die Spaltung des Abendländischen Schismas endlich überwunden, litt allerdings noch immer unter dem Gegensatz zwischen jenen, die eine Höchstgewalt des Allgemeinen Konzils („Konziliaristen") behaupteten, und den Verfechtern der Höchstgewalt des Papstes. Eskaliert war dieser Gegensatz auf dem Konzil von Basel (ab 1431), das ganz in der Hand der Konziliaristen war und deshalb von Papst Eugen IV. nach langen Wirren 1438 nach Ferrara und im Januar 1439 nach Florenz verlegt wurde. Die Mehrheit der Basler Konzilsteilnehmer verweigerte dem Papst die Gefolgschaft und setzte das Basler Konzil fort. Die Baseler erklärten Eugen für abgesetzt und wählten einen eigenen Papst – den letzten Gegenpapst in der Kirchengeschichte. Der allein rechtmäßige Papst Eugen IV. hatte in diesem Ringen jedoch einen Trumpf auf seiner Seite, den Basel nicht ausstechen konnte: 1438 traf eine hochrangige Delegation aus Konstantinopel ein, um Verhandlungen über eine Kirchenunion – nicht mit dem Konzil von Basel, sondern mit Eugen IV. – aufzunehmen. Es waren Kaiser Johannes VIII. Palaiologus (1425-1448) und der Patriarch von Konstantinopel, Joseph II., die sich zusammen mit den Metropoliten von Nizäa und Kiew sowie zahlreichen Theologen – insgesamt etwa 700 Personen – auf päpstlichen Schiffen nach Italien aufgemacht hatten. Kaiser und Patriarch verbanden mit der Union zweifellos den Hintergedanken, die müde Solidarität unter den westlichen Fürsten anzuregen. Der Papst war als Venezianer bestens mit den Problemen des Balkans und des östlichen Mittelmeers vertraut. Wahrscheinlich hätte er das Hilfeersuchen der byzantinischen Delegation auch ohne eine Union unterstützt. Ebenso schickte er an die koptische, armenische, chaldäische und maronitische Kirche Einladungen zu Unionsverhandlungen, die – wenn auch einige Jahre später – zu einem glücklichen Ende gelangten. Jedenfalls kam es bereits am 6. Juli 1439 zur feierlichen Unterzeichnung eines Unionsdekrets (*„Laetentur coeli"*), nachdem die dogmatischen und liturgischen Streitfragen ausgeräumt worden waren. Doch zeigte sich bereits hier eine tiefe Spaltung der byzantinischen Delegation: Auf der einen Seite standen der Kaiser, der Patriarch, Erzbischof Isidor von Kiew und 43 weitere Kirchenvertreter; auf der anderen die Mehrheit der Delegation, angeführt von dem radikalen Unionsgegner Marcus Eugenicus, dem Erzbischof von Ephesus. Dieser stand nicht davon ab, die Lateiner weiterhin als Häretiker zu bezeichnen, und versuchte bereits in Florenz, möglichst viele Mitglieder der griechischen Delegation auf seine Seite zu ziehen. Fürs erste aber hatten die Unionsbefürworter durch das Votum von Kaiser und Patriarch den Sieg errungen.

Papst Eugen IV. ergriff sofort die Initiative, um den Griechen zu helfen. Er verkündete unverzüglich die Union allen christlichen Fürsten. Dadurch nahm er ihnen die Ausrede, Schismatikern müsse, ja dürfe man nicht helfen. Daneben gab der Papst der heimkehrenden Gesandtschaft eine hohe Geldsumme mit auf den Weg. Damit konnten die westlichen Söldner und Schiffsbesatzungen weiter bezahlt werden. Zudem sagte er ein Fünftel der Einkünfte der Apostolischen Kammer für einen neuen Kreuzzug zu und forderte zu Beginn des Jahres 1443 alle Bischöfe und Äbte der lateinischen Kirche auf, einen Kreuzzugszehnten zu entrichten. Doch so sehr der Papst mit gutem Beispiel voranging, so drängend er auch an die Fürsten und Prälaten appellierte – die Reaktion blieb aus. Daher versuchte der Papst seinen Handlungsspielraum im Osten Europas und im Orient zu nutzen: Die Union mit den kleineren orientalischen Kirchen sollte sich auch im Bewusstsein einer engen Zusammengehörigkeit niederschlagen; darum verbot der Papst strengstens jede weitere Diskriminierung der Orientalen als Häretiker oder Schismatiker. Die Christenheit sollte durch Einigkeit ihre Stärke wiedererlangen. Diesem Zweck diente auch ein Verteidigungsbündnis mit der Republik Ragusa (heute Dubrovnik). Seine vielleicht stärkste Waffe aber fand der Papst in Kardinal Giuliano Cesarini, der sich im diplomatischen Dienst des Hl. Stuhles schon mehrfach ausgezeichnet hatte. Ihn schickte der Papst als Legaten nach Ungarn zu König Wladislaw III., der zu dieser Zeit als polnischer König auch Ungarn und Kroatien regierte. Dieser war jedoch mit einer gegen ihn gerichteten Rebellion ungarischer Fürsten beschäftigt, die seine Herrschaft nicht anerkannten. Es gelang Cesarini, Frieden in Ungarn zu schaffen und den so gestärkten Wladislaw zu einem Kreuzzug (1443/1444) zu bewegen. So entstand eine Koalition aus Polen, Ungarn und Kroaten, der sich die von den Osmanen stark bedrängte Walachei wie auch der serbische Rebellenführer Georg Brankovic anschlossen. Es war ein einmaliger Glücksfall, dass König Wladislaw und Brankovic durch Johannes Hunyadi unterstützt wurden. Hunyadi war ein walachischer Adeliger, der nicht nur in den Hussitenkriegen und als Söldnerführer militärische Erfahrung gesammelt, sondern auch in verschiedenen Kämpfen die Osmanen aus Südungarn abgedrängt hatte. Damit hatte er sich den Nimbus eines Türkenbezwingers erworben, der seinen Gefolgsleuten Mut einzuflößen vermochte. Und Hunyadi erfüllte die in ihn gesetzten Erwartungen.

An der Spitze einer Reiterei, die aus 12000 Mann bestanden haben soll, besiegte er als Vorhut des Kreuzzugsheeres mehrere türkische Verbände und eroberte die von den Osmanen gehaltene Stadt Niš in Serbien. Danach vereinigte er sich mit dem nachfolgenden Hauptheer des polnisch-ungarischen Königs und eroberte Sofia. Doch mittlerweile war es November geworden, und die christlichen Truppen waren von den Strapazen des Feldzugs – er sollte als der „Lange Feldzug" in die Geschichtsbücher eingehen –, geschwächt. Die Eroberung der von den Osmanen gesicherten Balkanpässe schien nicht aussichtsreich, daher wurde der Rückzug befohlen. Es war wiederum Hunyadi zu verdanken, dass die sofort nachsetzenden Osmanen entdeckt und geschlagen werden konnten. Dabei wurde sogar Kassim Pascha, ihr Oberbefehlshaber und zugleich Schwager des Sultans, gefangen genommen. Alles in allem war der „Lange Feldzug" ein Erfolg für die Christen, sodass man aus voller Inbrunst im Winterquartier zu Ofen einen Dankgottesdienst feiern konnte. Dennoch war es zu keiner Entscheidungsschlacht gekommen, und die errungenen Siege hatten nur eine provisorische Bedeutung.

Murad II., der die Stabilisierung und Restitution seines Reiches in Anatolien noch nicht abgeschlossen hatte, war eher auf Defensive eingestellt. Auch unter den Christen machte sich die Meinung breit, man solle keine weiteren Risiken mehr eingehen, sondern sich mit dem Erreichten begnügen. So kam es – vielleicht vermittelt durch Georg Brankovic, der seine serbischen Besitztümer wieder zurückerhalten hatte und lieber auf dieser Basis ein Auskommen mit dem Gegner suchte – zu einem Friedensabkommen mit den Osmanen, das auf zehn Jahre geschlossen und mit einer Eidesleistung der christlichen Heerführer bekräftigt wurde. Dieser „Friede von Szegedin" sprach zwar die Walachei den Ungarn zu, überließ aber Bulgarien der Hand der Osmanen. Der Papst und Cesarini hielten diesen Friede für einen gravierenden Fehler. Sie hatten nicht nur Bulgarien und das weiterhin bedrängte Konstantinopel im Blick, sondern auch den Freiheitskampf Skanderbegs in Albanien, der dringend der Unterstützung bedurfte. Und sie sahen klar, dass der Friede langfristig mehr den Osmanen als den Christen nutzen würde. Vor allem aber konterkarierte der Friedensschluss die Bemühung des Papstes. Diesem war es gelungen, eine Flotte zum Entsatz Konstantinopels zusammenzustellen, die bereits Kurs auf das östliche Mittelmeer genommen hatte. Erneut setzte Cesarini all sein diplomatisches Geschick ein, um Wladislaw und dessen

Verbündete zum Feldzug zu drängen, nicht ohne sie zuvor ihres Eides entbunden zu haben. Die Wiederaufnahme des Krieges fand in der gelehrten Welt der Humanisten durchaus lebhaften Zuspruch: Francesco Filelfo etwa, der mit einer Tochter des Griechen Johannes Chrysolaras verheiratet war, schrieb noch am 5. November 1444 einen Brief an König Wladislaw, worin er ihm von einem Traum Mitteilung machte: Wladislaw sei ihm als ein leuchtender Stern über dem Balkan, ja über ganz Asien erschienen. Filelfo sah darin ein Vorzeichen, dass Wladislaw selbst Alexander den Großen noch übertreffen, Ägypten, Syrien und das Hl. Land befreien und einst ganz Asien beherrschen werde. Als Wladislaw diesen Brief empfing, stand das Koalitionsheer schon nahe Varna, an den Küsten des Schwarzen Meeres, und unmittelbar vor einer verheerenden Niederlage, die auch das Schicksal Konstantinopels endgültig besiegelte. Vielleicht waren es Genueser Schiffe, die dafür sorgten, dass Sultan Murads gewaltiges Heer, das noch zur Niederschlagung von Aufständen in Kleinasien stand, schneller über den Hellespont setzen konnte, als die Kreuzfahrer Rumelien, also das osmanisch besetzte Europa, befreien konnten. Als am 10. November 1444 der Schlachtenlärm verklungen war, lagen Tausende christlicher Streiter in ihrem Blut, darunter auch König Wladislaw. Kardinal Cesarini war so schwer verletzt, dass er seine Flucht nicht lange überlebte; nur Hunyadi war mit einigen seiner Ungarn entkommen.

Als das christliche Europa von der Niederlage erfuhr, war es wie gelähmt. Gerüchte von einem Verrat des Brankovic machten die Runde. Aenea Sylvio Piccolomini, der spätere Papst Pius II., der Wladislaws Herrschaft über Ungarn für unrechtmäßig hielt, erblickte in der Niederlage – so sein Brief an Bischof Leonard von Passau (13.12.1444) – eine Strafe Gottes und mochte nur Hunyadi Anerkennung zu zollen. Erzbischof Zbigniew von Krakau hingegen machte in einem Schreiben an Aenea Sylvio noch 1453, also kurz nach dem Fall Konstantinopels,

Hunyadi dafür verantwortlich; habe dieser doch den noch jungen und unerfahrenen Wladislaw im Stich gelassen. Heute gilt als gesichert, dass das christliche Heer den Osmanen in der Zahl weit unterlegen war und seine Anführer sich nicht auf eine gemeinsame Taktik einigen konnten. Hunyadi operierte defensiv, Wladislaw ging durch eine vorschnelle Offensive den Osmanen in die Falle. Möglicherweise war der polnisch-ungarische König nicht nur das Opfer seiner Unerfahrenheit, sondern auch seiner Ruhmsucht und seiner falschen Selbsteinschätzung. Ein tragischer Held zwar, aber dabei doch vorausweisend auf die künftige Rolle Polens als des Schutzschildes Europas vor der türkischen Bedrohung.

Als Wladislaw und Hunyadi ihrem Schicksal in Varna entgegenzogen, kämpfte in den Bergen Albaniens ein Mann um die Freiheit seines Landes, den man mit Recht als Gründervater der albanischen Nation bezeichnen kann: Georg Kastriota (1405-1468), so sein Name in deutscher Diktion, bekannt und bis auf den heutigen Tag in Albanien tief verehrt unter dem Namen „Skanderbeg". Seine Biografie zeigt auf weite Strecken viel von dem charakteristischen Schicksal Adeliger in den osmanischen Expansionsgebieten: Sein Vater, der seinen Stammsitz im mittelalbanischen Kruja hatte, versuchte sich seit Beginn des 15. Jhs. der osmanischen Übermacht zu erwehren, musste aber schließlich kapitulieren und seinen Sohn Georg nach einer Knabenlese als Geisel in die Hände des Sultans geben. So wuchs Skanderbeg in Adrianopel auf, musste zum Islam konvertieren und wurde in die Elitetruppe der Janitscharen aufgenommen. Hier machte er Karriere als Offizier. Seine militärischen Fähigkeiten, seine Tapferkeit und sein Mut müssen einen solchen Eindruck gemacht haben, dass ihn die Osmanen „Alexander", türkisch „Iskender" nannten. Während er also für den Sultan in Kleinasien kämpfte, wurde seine Familie in Albanien in Aufstände verwickelt und sein Vater nach deren Niederschlagung hingerichtet. Nun beging Murad II. einen schweren Fehler: Er schickte Iskender, vermutlich mit einem Gouverneurspatent für Albanien in der Tasche (daher der spätere Namenszusatz „beg"), 1443 nach Niš, um dort Hunyadis „Langen Feldzug" zum Stehen zu bringen. Wie es zu Skanderbegs Frontwechsel gekommen ist, ist nicht zweifelsfrei geklärt. Eine Version erzählt, er habe sich in Niš mit seiner überwiegend aus Albanern bestehenden Truppe kurz vor oder während der Schlacht auf die Seite der Ungarn geschlagen. Nach einer anderen sei er dort mit seinen Albanern desertiert, nach Albanien gegangen, habe dann als Gouverneur („beg") die Macht in seiner Heimatstadt übernommen und dem Sultan seinen Gehorsam aufgekündigt. Diese Unabhängigkeitserklärung war verbunden mit einer Rückkehr zum Katholizismus. Sein militärisches Talent brachte ihm so manchen Sieg über die osmanischen Besatzungstruppen Albaniens, doch seine größte politische Leistung war ein 1444 geschlossenes Bündnis (Liga von Lezha/Alessio) des albanischen und montenegrinischen Adels unter seiner Führung, dem auch Venedig beitrat. Dieses Bündnis beendete die osmanische Herrschaft über den größten Teil Albaniens und zwang Sultan Mehmed II. 1461 und 1464 nach langen Kämpfen zu kurzzeitigen Waffenstillstandsvereinbarungen. In dieser Zeit versuchte Skanderbeg persönlich von Neapel, das formell Lehensherr war, Unterstützung zu erlangen. Er brachte aber nur päpstliche Ehrungen, Geldgeschenke und die Übereignung von Landgütern in Süditalien nach Hause. Bis zum Tode Skanderbegs 1468 blieben dennoch alle Versuche der Osmanen, Albanien wieder unter ihre Gewalt zu bringen, erfolglos. Erst zehn Jahre nach Skanderbegs Tod konnten die Albaner dem Druck der Türken nicht mehr standhalten, und Skanderbegs Familie emigrierte, nachdem sie einen erheblichen Blutzoll entrichten musste, nach Süditalien.

Niemand im Westen konnte sich damit entschuldigen, dass er das Menetekel, das mit der Schlacht von Varna an die Wand gemalt worden war, nicht verstanden hätte. Europa blickte wie gebannt nach Osten. Dass sich die Schlinge um den Hals der Griechen immer enger zuzog, fand dabei weniger Beachtung; es war das Schicksal der Ungarn und der Balkanvölker, das interessierte und Sympathie erregte. Den Griechen indes nahm man übel, dass sie durch keinen noch so kleinen Beitrag das gescheiterte Koalitionsheer unterstützt hatten.

Papst Nikolaus V.

In Rom hatte 1447 ein Mann des Ausgleichs, großer Bildung und Kunstverstandes den Stuhl Petri bestiegen, der die Kirche Roms zum Träger und Promotor der Frührenaissance machte und sie damit auf die Höhe der Zeit führte: Nikolaus V. Seine kulturellen Interessen brachten ihm später den Vorwurf ein, nicht genügend gegen das Vordringen der Osmanen getan zu haben, obwohl gerade in seiner Amtszeit die lähmende Spaltung zwischen Papalisten und Konziliaristen, zwischen dem Papsttum und dem im Sinkflug begriffenen Stern der Basler Kirchenvertreter überwunden worden sei. Haltbar ist dieser Vorwurf allerdings nicht. Dass Nikolaus keineswegs der weltfremde Schöngeist war, als den man ihn noch heute hinstellt, zeigt sich schon daran, dass er den Ungarn, die aufgrund der schwierigen Lage ihres Landes nicht an den vom Papst angeordneten Jubiläumsfeierlichkeiten des Jahres 1450 teilnehmen konnten, einen Ablass gewährte, vorausgesetzt sie besuchten über drei Tage die Kathedrale von Wardein (und einige andere eigens aufgeführte Kirchen) und spendeten die Hälfte der Kosten für eine vierzehntägige Romreise zugunsten der Befreiung des Ostens. Vor allem versuchte der Papst zu verhindern, dass eine Welle der Emigration Ungarn zusätzlich schwächte, und mahnte daher die Ungarn, in ihrem Lande zu bleiben, wenn nicht der Kriegsdienst gegen die Osmanen anderes erfordere.

Ein besonderes Augenmerk richtete Nikolaus auf den Balkan, und dort vor allem auf Bosnien: Denn Bosniens nicht unumstrittener König Stjepan (Stefan) Tomaš, welcher der häretischen Bosnischen Kirche angehörte, sympathisierte seit etwa 1446 mit der Katholischen Kirche. Wenige Jahre später empfing er als Katholik die Taufe durch den eigens nach Bosnien entsandten spanischen Kardinal Juan Carvajal.

Die so genannte Bosnische Kirche war eine sehr stark monastisch geprägte Glaubensgemeinschaft, die sowohl von der Orthodoxie als auch vom Katholizismus unabhängig war. Wo sie ihre Ursprünge hat, ist noch immer nicht zweifelsfrei geklärt, da die historischen Quellen – serbische, bosnische und kroatische – in der Beantwortung dieser Frage stets ganz eigene, nationale Interessen verfolgen. Bosnien war Heimat verschiedener Sektierergemeinschaften. Neben der Bosnischen Kirche hatten die manichäischen Bogomilen dort eine lange Tradition. Das Land war religiös tief gespalten, da auch die Orthodoxie und (von der dalmatinischen Küste her) der Katholizismus um Einfluss rangen. Dies hatte natürlich zuerst einmal für die Politik und speziell für den Abwehrkampf gegen die Osmanen weitreichende Folgen: Der vom Westen ausgehende Kreuzzugsgedanke konnte für einen der Bosnischen Kirche angehörenden König keine attraktive Lösung sein; denn spätestens seit der Eroberung Konstantinopels durch die Kreuzfahrer musste jedem klar sein, dass ein Kreuzzug, wenn er denn überhaupt zugunsten eines häretischen Fürsten zustande kam, die eigene Königsherrschaft in Gefahr brachte oder gar das Risiko einer Fremdherrschaft in sich barg. Das Sektierertum machte die Menschen aber auch anfällig für die Botschaft des Islam, besonders dann, als es politisch und kulturell im Niedergang begriffen war. Dann zeigte sich auch die innere Instabilität, die Häresien eigen ist, und das ganze Defizit an christlicher Prägung offenbarte sich in einer Hinwendung an die neue Religion.

Nikolaus V., wie seine Nachfolger Calixt III. und Pius II., waren hellsichtig genug, den Kampf gegen die Osmanen nicht mehr nur als ein militärisch-politisches Projekt zu verstehen, sondern dieses in eine Stärkung des katholischen Glaubens einzubinden. König Stefan zerstörte nach seiner Konversion die Strukturen der Bosnischen Kirche mit Gewalt und verwies deren Amtsträger des Landes. Andere bosnische Fürsten folgten seinem Vorbild. Bezeichnenderweise wandten sich daraufhin viele der Vertriebenen, soweit sie sich nicht der Orthodoxie anschlossen, dem Sultan und dem Islam zu. Der für die Türkenabwehr so dringend gebotenen Einheit des Landes dienten solche staatlich verordneten Zwangsmaßnahmen jedenfalls nicht, ja sie konterkarierten sogar die Bemühungen der Päpste um eine Verbreitung des katholischen Glaubens.

Der Missionsorden schlechthin waren zu dieser Zeit vorrangig die Franziskaner. In der Region Bosnien und Herzegowina waren die Jünger des hl. Franziskus jedoch kaum vertreten. Während der Wende vom 14. zum 15. Jh. gab es hier nur vier Franziskanerklöster, von denen jedes kaum eine Handvoll Ordensmitglieder zählte. Die Schwäche der Franziskaner war aber zugleich eine Schwäche des Papsttums in dieser Region, denn die Bettelorden galten als Speerspitze des Papstes und als die besten Propagatoren seiner Politik und seiner Interessen. Dem versuchte Nikolaus V. entgegenzusteuern: Er förderte den Bau katholischer Kirchen und schickte Franziskaner ins Land; zugleich stellte er Bosnien und seinen König wie auch alle Fürsten, die sich zum Katholizismus bekehrt hatten, unter den Schutz des Heiligen Stuhls – eine ziemlich hilflose Geste, da keine der christlichen Mächte bereit war, dafür einzustehen. Schließlich ernannte er Thomas, den Bischof des dalmatinischen Lesina, zu seinem Legaten und gab ihm weitreichende Vollmachten, die Kirche in Bosnien neu zu ordnen. Thomas von Lesina sollte sich auch um Unterstützung für den Freiheitskampf Skanderbegs bemühen; vor allem aber sollte er jene, besonders im Benediktinerorden beheimateten Kleriker zur Solidarität ermahnen, die sich opportunistisch bereits mit den Türken eingelassen hatten.

Weder Nikolaus noch seine Nachfolger hatten mit dieser Politik nachhaltigen Erfolg, denn sie kam schlicht zu spät und fand in den westlichen Nationen nicht die nötige Unterstützung. Stefan Tomaš war der vorletzte Herrscher Bosniens; sein Sohn Stefan Tomaševic wurde, nachdem er vergeblich Venedig um Hilfe angerufen hatte, kurz nach 1463 von osmanischen Truppen in seinem letzten Zufluchtsort Kljuc gestellt und wenig später hingerichtet. Gerade die Katholiken Bosniens hatten in der Folge mehr noch als die Orthodoxen schwer unter der Osmanenherrschaft zu leiden.

Bosnien war nicht das einzige Krisengebiet, um das sich Nikolaus zu kümmern hatte. Das von den Johannitern gehaltene Rhodos war 1440 und 1444 bereits ins Visier der ägyptischen Mameluken geraten, deren Angriffe allerdings abgeschmettert werden konnten. Nikolaus erkannte die Gefahr für die Insel und unterstützte die Johanniter nach Kräften. So trug er dazu bei, dass der massive Angriff der Türken von 1480, also lange nach seinem Tod, ebenfalls abgewehrt werden konnte.

Dem seit 1451 stark bedrohten Zypern ließ er die Hälfte eines für Frankreich gewährten Ablasses zugute kommen, damit die Kreuzfahrerinsel ihre Festungsmauern wiederherstellen konnte.

Der Fall von Konstantinopel

Die vielleicht schwersten Stunden seines Pontifikates erlebte der Papst, als ihm die Nachricht vom Fall Konstantinopels überbracht wurde. Noch am 11. Oktober 1451 hatte er einen Brandbrief an Kaiser Konstantin XI. (seit 1448 Kaiser) geschickt und darin die Griechen zur Anerkennung der Union von Florenz aufgefordert. Er erinnerte an die Rettung der Menschheit zur Zeit Noahs in einer einzigen Arche und stellte dem Kaiser lebhaft vor Augen, dass jedes Schisma das Werk Satans sei und in der ganzen Geschichte stets strenger bestraft wurde als jedes andere

Vergehen. So sei das einst so herrliche Byzantinische Reich in die Hand der Feinde des Kreuzes geraten, mit der Folge eines unvorstellbaren Niedergangs an Glaube und Kultur. Der Kaiser möge das Schicksal Israels bedenken, das dem göttlichen Strafgericht verfallen sei.

Tatsächlich war in Konstantinopel die in Florenz vereinbarte Union so aufgenommen worden, als hätte sie nie stattgefunden, und schon längst hatten die Unionsgegner dort die Oberhand, so dass man nicht einmal bereit war, als Geste der Einheit für den Papst zu beten. Der Brief des Papstes zeigte bei dem gutwilligen Konstantin dennoch Wirkung, denn am 12. Dezember 1452 verkündete er in der Hagia Sophia in Anwesenheit des päpstlichen Legaten, Kardinal Isidor von Kiew, die Union – doch er stieß damit auf keinerlei Resonanz in Klerus und Volk. Im Gegenteil, ein hoher griechischer Würdenträger gab wieder, was die meisten dachten: „Lieber wollen wir die Macht des türkischen Turbans als diejenige der lateinischen Tiara in der Stadt sehen". Gründe für diese Blindheit und Halsstarrigkeit waren die Erinnerung an die Eroberung Konstantinopels durch die Kreuzfahrer sowie die über Jahrhunderte verlaufene unterschiedliche theologische und geistliche Entwicklung beider Kirchen, die durch theologische Konsenspapiere nicht so einfach aus der Welt zu schaffen war. Hinzu kam die Erfahrung, dass der orthodoxe Glaube wie auch der orthodoxe Ritus dort, wo Katholizismus und Orthodoxie geographisch aufeinander stießen, durch den Katholizismus verdrängt wurden, während in den vom Islam eroberten Gebieten orthodoxes Leben, wenn auch unter schweren Einschränkungen, weiterhin geduldet wurde. So waren viele der orientalischen Kirchen der Union feindlich gesinnt, und das Patriarchat in Konstantinopel fürchtete, seinen Einfluss auf diese Kirchen wie auch auf die Kirche in Russland zu verlieren. Dessen Großfürst Wassili II. hatte den unionstreuen Metropoliten von ganz Russland, Isidor von Kiew, für abgesetzt erklärt und aus dem Lande vertrieben.

Wie einst den Pharao so schien Gott auch die Byzantiner mit Blindheit zu schlagen. Denn es war eine ganz sinnlose Provokation des Sultans, womit sie ihren eigenen Untergang heraufführten. Rest-Byzanz stand in einem Vasallenverhältnis zum Osmanischen Reich. Sultan Mehmed II. hatte im Bewusstsein seiner drückenden Überlegenheit einen seiner Söhne (Orhan) zur Erziehung nach Konstantinopel geschickt, wofür er auch bezahlte. Die Byzantiner hielten nun diese Summe für zu gering und forderten mehr. Darauf hatte Mehmed II., der noch viel härter war als sein Vater Murad II., nur gewartet. Konstantinopel, das von Genueser und Venezianischen Handelsschiffen angelaufen wurde, war ihm schon aus wirtschaftlichen Gründen ein Dorn im Auge.

Das militärische Ungleichgewicht zwischen Angreifern und Verteidigern braucht nicht eigens thematisiert zu werden. Die Osmanen brachten zudem ein so schweres Geschütz in Stellung, wie es die Welt noch nicht gesehen hatte – gebaut von einem Ungarn in den Diensten der Osmanen. Die Mauern Konstantinopels, in den letzten Jahrzehnten vernachlässigt, weil der Sultan jede Verstärkung und Verbesserung verboten hatte, boten keinen Schutz mehr. Osmanische Schiffe wurden über Land in den von einer Sperrkette abgeriegelten inneren Hafen der Stadt gezogen, die Außenposten der Byzantiner im Sturm eingenommen. Obwohl im Frühjahr 1453 die Verteidigungsmauern durch intensiven Beschuss schon schwer beschädigt und die Byzantiner durch die Blockade ihrer Zufahrtswege zu Wasser und zu Land unsäglich zu leiden hatten, wies der Kaiser die Aufforderung zur Kapitulation ab. Dabei hatte niemand noch einen Zweifel, dass dies das Todesurteil für die Stadt und ihre Verteidiger bedeutete. Am 29. und 30. Mai warf der Sultan alle seine Kräfte gegen die bereits sturmreif geschossene Stadt. Die Byzantiner und ein paar tausend Verteidiger aus dem Westen kämpften, nachdem sie in der Hagia Sophia ihr letztes Gebet verrichtet hatten, heldenmütig, die meisten bis in den Tod. Kaiser Konstantin XI. focht wie ein Löwe, wurde tödlich verletzt, dann schlug ihm ein Janitschare den Kopf ab und brachte ihn zu Mehmed, der ihn als Trophäe seines Sieges ausstellte. Kardinal Isidor von Kiew konnte in den Wirrnissen, die auf die Eroberung folgten, verkleidet entkommen.

Mehmed II. kannte keine Gnade. Stolz ritt er in das Heiligtum der Hagia Sophia, wo sich viele seiner Kämpfer bereits versammelt hatten, um ihr Gebet zu Allah zu verrichten. Auf die Leiden der christlichen Soldaten folgten noch größere der Zivilbevölkerung: Eine Vielzahl von Frauen wurde vergewaltigt, die jungen Mädchen den osmanischen Kriegern zur Beute gegeben; es wurde auf bestialische Weise gemordet, geplündert und gebrandschatzt; Tausende, gleich welchen Alters oder Geschlechts, wurden in die Sklaverei geführt (man schätzt ihre Zahl auf 40000 – 50000), so dass in den etwa drei Tage dauernden Schrecknissen manche der Überlebenden die Toten beneideten und Mehmed II., als die Nachricht von den Gräueltaten in den Westen gelangt war, für den Antichristen selbst gehalten wurde.

Eine neue Ordnung stellte sich ein; freilich eine, die die Hagia Sophia und viele andere Kirchen nunmehr zu den Moscheen zählte und der Stadt den Namen „Istanbul" verlieh. Die überlebenden und nicht deportierten Griechen hatten ihre staatliche Führung verloren, durften aber ihr geistliches Oberhaupt, den Patriarchen, behalten. Der Sultan bestimmte Gennadios Scholarios an die Spitze der orthodoxen Kirche und überreichte ihm auch die Amtsinsignien. Er verpflichtete ihn darauf, als Oberhaupt der orthodoxen Kirche unter türkischer Herrschaft der osmanischen Obrigkeit den Gehorsam zu leisten. Der besonders in der aristotelischen Philosophie bewanderte und auch in der lateinischen Theologie sehr kenntnisreiche Gennadios hatte noch am Konzil von Florenz teilgenommen und galt damals sogar als Verfechter der Union; nach seiner Rückkehr hatte er jedoch seine Position radikal geändert. Er wurde zu einem der entschiedensten Gegner der Union und der lateinischen Kirche überhaupt. Dass Mehmed ihn zum Patriarchen ernannte, war nicht nur ein gravierender Eingriff in die inneren Belange der orthodoxen Kirche Konstantinopels; es wurde damit auch rücksichtslos über die autonomen Kirchen des Ostens verfügt, die bereits unter türkischer Herrschaft standen oder in Zukunft noch geraten sollten. Von nun an unterstanden sie alle dem Patriarchat des früheren Konstantinopel. Die Amtsverleihung an den Patriarchen durch die Sultane aber wurde auch nach Gennadios beibehalten, allerdings in späterer Zeit von den Wesiren vorgenommen. Dass sich unter diesen Voraussetzungen die unter den Christen als schwerste Sünde empfundene Simonie (Ämterkauf) sogar für den höchsten Repräsentanten der orthodoxen Kirche einschlich, stellte eine Demütigung wie auch massive Schwächung der Ostkirche dar.

Reaktion des Westens auf den Fall von Konstantinopel

Der Westen reagierte mit Entsetzen auf die seit dem 8. Juli 1453 sich verbreitende Nachricht vom Ende des Byzantinischen Reiches. Man empfand es nicht nur als eine schwere Niederlage, sondern geradezu als einen Wendepunkt in der Weltgeschichte. Apokalyptische Visionen machten die Runde: Mehmed II. als der Antichrist in Person, der seine Herrschaft über die ganze Christenheit ausbreiten wird. Im Horizont einer solchen Apokalyptik stand es für die meisten Zeitgenossen fest, dass Mehmet, der in der Tat die maritimen Defizite der Osmanen auszugleichen suchte, alles unternehmen würde, um nun auch Rom anzugreifen.

Nikolaus V. reagierte umgehend. Er ließ in Venedig fünf Kriegsschiffe auf eigene Kosten ausrüsten und entfaltete nahezu ein Feuerwerk diplomatischer Aktivitäten, um zumindest in Italien ein Abwehrbündnis gegen die Türkengefahr zustande zu bringen: Kardinal Domenico Capranica wird nach Neapel zu

König Alfons geschickt; Kardinal Carvajal bereist Florenz, Venedig und Mailand. In Rom setzt Nikolaus V. eine Kardinalskommission ein, die konkrete Vorschläge zur Türkenabwehr liefern soll. Am 30. September 1453 erlässt der Papst eine Kreuzzugsbulle, worin er alle Fürsten an ihre Krönungseide erinnert, unter anderem die Kirche mit Gut und Blut zu verteidigen. Der Papst mahnt die Machthaber zu Frieden untereinander, um gemeinsam gegen den Antichristen Mehmed vorgehen zu können. Im Februar des Folgejahres wird ein vollkommener Ablass all jenen zugesagt, die persönlich mindestens sechs Monate an einem Krieg gegen die Osmanen teilnehmen oder einen Mann an ihrer Stelle ausrüsten und ins Feld schicken. Nochmals fordert der Papst den Frieden innerhalb der Christenheit ein – wo dies nicht möglich sei, zumindest einen Waffenstillstand – und droht allen, die diesen Frieden brechen, mit der Exkommunikation. Die allerhärtesten Strafen aber sollten jene treffen, die die christliche Sache verrieten und mit den Türken gemeinsame Sache machten.

Natürlich wurde auch ein Zehnt verlangt, um neue Truppen und Schiffe zu beschaffen; wer sich hier weigerte, sollte ebenfalls mit der Exkommunikation belegt werden. Der Papst ging mit gutem Beispiel voran und stellte die Kassen des Heiligen Stuhls spürbar belastende Finanzmittel zur Verfügung. Dennoch wurde ihm der Vorwurf gemacht, er unternehme zu wenig. Diese Behauptung ist aber vor dem Hintergrund der allgemeinen Stimmungslage damals zu sehen: Das Gefühl der völligen Hilflosigkeit, das sich in Europa breit machte; die durch unzählige „Türkenreden" der Humanisten – sie zeigten sich als Freunde griechischer Kultur besonders erschüttert – geschürten Emotionen. So wurden große Worte gemacht, die von den darauf folgenden Taten gar nicht eingeholt werden konnten. Denn die Reaktion der europäischen Mächte auf die Initiativen des Papstes war enttäuschend: Englands innere Verfassung war am Ende des Hundertjährigen Kriegs desolat; Frankreich war von dem langen Ringen erschöpft und kriegsmüde. In Venedig war der Doge Francesco Foscari zwar nach intensivem Zureden Kardinal Bessarions – auch er war ja ein Grieche – zur Hilfe bereit. Die Mehrheit der Räte jedoch dachte an die vielen venezianischen Kriegsgefangenen in türkischen Lagern und sicherlich noch mehr an die durch die Kämpfe mit Mailand leere Staatskasse sowie an die Handelsinteressen Venedigs im östlichen Mittelmeer. Daher schloss Venedig am 18.4.1454 einen Friedensvertrag mit dem Sultan. Er brachte den Venezianern weit reichende Handelsprivilegien im osmanischen Reich ein. Nicht minder passiv verhielt sich Genua, obwohl es am Schwarzen Meer durch Kolonien und Handelsniederlassungen gewichtige Interessen hatte. Verwickelt jedoch in die inneritalienischen Konflikte – vor allem mit Neapel –, war es innerlich so geschwächt, dass es seine Schwarzmeer-Besitzungen an die Bank von San Giorgio abtrat, bis sie schließlich dem Sultan tributpflichtig wurden. Mailand indes nutzte die Schwäche der Venezianer aus und setzte seine Truppen lieber gegen Brescia ein. König Alfons von Neapel erklärte sich zwar zu einem Kreuzzug bereit, pflegte dabei aber nur die in der italienischen Politik so häufige Phrasendrescherei.

Daran änderte sich auch nichts, als Boten von Zypern und Rhodos kamen, die nicht nur auf die Bedrängnis ihrer Inseln hinwiesen, sondern auch sehr realistische Einschätzungen der osmanischen Kriegsziele abgaben und die Illusion zerstörten, mit dem Fall Konstantinopels könnte das östliche Weltreich saturiert sein. Der totgeglaubte Isidor von Kiew hingegen brachte sehr erschütternde Schilderungen vom Ablauf der Eroberung und von den Exzessen der Sieger nach Italien. Der Kardinal machte deutlich, dass nur der Friede unter den italienischen Mächten den Sultan davon abhalten könne, über Kalabrien in Italien einzufallen. Papst Nikolaus griff dies sofort auf und berief für Oktober 1453 eine Friedenskonferenz in Rom ein. Doch waren die Streitigkeiten unter den italienischen Staaten so dominierend, dass außer gegenseitigen Vorwürfen und der Formulierung von Friedensbedingungen nichts dabei heraus kam. Auch der Papst selbst, der sich eigentlich als Moderator des Friedens betätigen wollte, war weit davon entfernt, eine aktive Rolle im Friedensprozess zu übernehmen; eine ernste Krankheit hatte ihn so sehr geschwächt, dass er nur vom Bett aus mitwirken konnte.

Dass wider alle Erwartung am 9.4.1454 in Lodi dennoch ein relativ stabiler Friede geschlossen werden konnte, verdankte Italien dem Augustinermönch Simone da Camerino. Er ging wesentlich geschickter vor als die Kurie; statt eine große Friedenskonferenz zu veranstalten, die wieder im Getöse gegenseitiger Anklagen und Ansprüche versanden würde, vermittelte er zwischen Francesco Sforza von Mailand und Venedig einen separaten Ausgleich, dem sehr bald schon auch Cosimo de Medici, der in Florenz eine Rebellion zu fürchten hatte, beitrat. Damit war Spannung aus den italienischen Wirren genommen, und die übrigen Staaten konnten – meist mit Erfolg – eingeladen werden, sich dem Frieden von Lodi anzuschließen. König Alfonso von Neapel sperrte sich zwar ein Jahr lang gegen den Friedensschluss, konnte aber durch den Papst, der anfänglich verärgert war, weil dieses neue Friedensprojekt so gänzlich ohne ihn zustande gekommen war, zur Annahme überredet werden. Aus dem Friedensvertrag erwuchs bereits 1455 die „große italienische Liga", ein Schutz- und Trutzbündnis der beteiligten Staaten. Dieses mochte zwar den großen Feind im Osten von der allgemein befürchteten Expansion nach Italien abgehalten haben, doch eine Offensivkraft im Sinne einer Reconquista des Balkans oder gar des Vorderen Orients entwickelte das Bündnis nicht. Die italienischen Staaten wollten die Friedensdividende genießen, und die Handelsmächte unter ihnen waren eher darauf bedacht, mit den Osmanen ins Geschäft zu kommen und die Interessen ihrer Kaufleute zu schützen. So wich man dem moralischen Druck des Papstes wie auch der aus Konstantinopel

Geflohenen und Vertriebenen dadurch aus, dass man das eigene Engagement an das der großen europäischen Mächte band.

Wie aber reagierte das Reich, dessen Kaiser sich noch immer als der Schutzherr der Kirche und der Christenheit betrachtete? Kaiser Friedrich III. lud für den 23. April 1454 zu einem Reichstag nach Regensburg, der sogar zu einer internationalen Konferenz erweitert werden sollte. Der Kaiser erschien aber entgegen seiner Zusage nicht einmal persönlich, sondern ließ sich durch Gesandte vertreten. Ähnlich hielten es die meisten Fürsten Deutschlands und Europas, wenn sie es überhaupt für nötig erachteten, in Regensburg in irgendeiner Weise präsent zu sein. Hochrangig vertreten war – abgesehen von Brandenburg und Bayern, deren Fürsten ebenso persönlich zugegen waren wie die Herzöge von Savoyen und Burgund – der Heilige Stuhl. Der Papst hatte nicht nur Bischof Giovanni Castiglione von Pavia als Legaten geschickt, sondern war auch durch Kardinal Nikolaus von Kues und Enea Silvio Piccolomini, der über Jahre schon die allgemeine Legation in ganz Deutschland inne hatte, präsent. Der humanistisch gebildete Enea Silvio Piccolomini, der spätere Papst Pius II., hatte sich schon lange vorher für einen Kreuzzug stark gemacht und war ein ebenso begnadeter Redner wie ein geschickter Vermittler. Doch selbst ihm gelang es nicht, die Lethargie der Anwesenden zu durchbrechen. So endete dieser Reichstag wie alle misslungenen Konferenzen in der Geschichte: Es fielen wohlfeile Absichtsbekundungen, deren Einlösung von einer internationalen Übereinkunft abhängig gemacht wurden, und man beschloss die Vertagung auf einen späteren Reichstag. Der fand im Oktober 1454 in Frankfurt – diesmal mit größerer Beteiligung – statt. Wieder hielt Piccolomini eine seiner langen, rhetorisch exzellenten Brandreden und erhielt Unterstützung von einem Mann, dem, wo immer er auftrat, ein nahezu sagenhafter Ruf vorauseilte: Johannes von Capestrano.

Auch wenn Jahrhunderte vergangen waren, so hatte man in Rom nicht vergessen, dass der erste Kreuzzug, zu dem Papst

Urban II. aufgerufen hatte, nur durch die Unterstützung eines Bernhard von Clairvaux zum Erfolg gebracht worden war. Solch einen zweiten Bernhard suchte man, um die schlafende Christenheit aufzuwecken. Die Wahl fiel auf Johannes von Capestrano (1386-1456). Capestrano war von Beruf ursprünglich ein gut ausgebildeter Jurist, der, bereits verlobt, in Perugia die Tätigkeit eines Richters ausübte. Die Kehrtwende in seinem Leben kam, als er im Zuge von Parteienkämpfen in der Stadt gefangen gesetzt wurde. In der Haft soll ihm der hl. Franziskus erschienen sein. Johannes, den die politischen Zwistigkeiten, die mit weltlichen Karrieren unweigerlich verbunden waren, anwiderten, löste nach seiner Freilassung seine Verlobung und trat den Franziskanern der strengeren Obedienz bei. Ab 1420 hielt er Bußpredigten, die vom Volk mit so großer Begeisterung aufgenommen wurden, dass auch der Papst auf ihn aufmerksam wurde. Unter Eugen IV. führten ihn Gesandtschaften im päpstlichen Auftrag nach Mailand und Burgund und schließlich auch nach Sizilien. Capestrano war eine leidenschaftliche Kämpfernatur, die sich nicht nur durch die Waffen der täglichen Predigt, sondern auch durch die Überzeugungskraft eines asketischen Lebens und vieler karitativer Werke in den Auseinandersetzungen mit den Hussiten ebenso bewährt hatte wie im Eintreten für ein starkes Papsttum und für eine Reform seines eigenen Ordens. Er kannte also auch die politischen Verhältnisse in Mitteleuropa und hatte im Laufe der Jahre zahlreiche Kontakte zu dessen Fürsten gewonnen. So war es eine sehr glückliche Wahl, ihn nach dem Fall Konstantinopels mit der Kreuzzugspredigt im Reich und seinen gegen Osten hin angrenzenden Staaten zu beauftragen.

Doch selbst Capestranos Überzeugungskraft auf den Reichstagen zu Frankfurt a. M. und Wiener Neustadt, an denen er 1454 teilnahm, waren enge Grenzen gesetzt. Die Fürsten vermochte auch er nicht zu einem entschlossenen Handeln zu bewegen. Viel mehr Gehör, auch wenn wir nicht mehr die Berichte von seiner Massenwirksamkeit verifizieren können, fand er im einfachen Volk, das aber, wenn es führerlos war, keine entscheidende Größe im Kampf gegen die Türken darstellte.

Der Kampf um Ungarn

Allein König Ladislaus V. von Ungarn, der sich leicht ausrechnen konnte, dass der nächste große Stoß der Osmanen in Richtung auf sein Reich zielen würde, zeigte sich zum Kreuzzug bereit und fand dazu auch Gefolgschaft nicht nur im niederen Adel, sondern auch bei den ungarischen Fürstengeschlechtern und im Klerus. Auf dem Reichstag zu Ofen (1454) wählten die Versammelten den einzigen zum Feldherrn, der aufgrund seiner Kriegserfahrung Hoffnung auf Erfolg versprach: Hunyadi.

Die Angst der Ungarn war keineswegs unbegründet. Mehmed II. hatte sich mit einem gewaltigen Heer in Richtung Belgrad aufgemacht. Verstärkt wurde die osmanische Kampfkraft durch riesige Geschütze und eine Flotte schneller, wendiger Schiffe, die Belgrads Festung auch von der Donauseite her absperrten. Die Verteidiger Belgrads hatten angesichts dieser Übermacht keine Chance. Tag und Nacht beschossen die großen Mörser die Festung, und schon die unvorstellbare Zahl der Belagerer – die Schätzung von 100000 bis 150000 Mann ist durchaus realistisch – löste lähmendes Entsetzen aus.

Doch nun kam es auf Seiten der Christen zu einem glücklichen Zusammenspiel von päpstlicher Diplomatie, rhetorisch-spiritueller Überzeugungskraft und militärischem Können. Dieses personifizierte sich in dem päpstlichen Gesandten Kardinal Juan Carvajal, in dem Kreuzzugsprediger Johannes von Capestrano und in Johannes Hunyadi.

Kardinal Carvajal trug wesentlich dazu bei, den in politische Händel mit dem Reich verstrickten ungarischen König ganz auf die Aufgabe der Verteidigung der abendländischen Christenheit zu konzentrieren und den mutlos gewordenen ungarischen Edlen wieder Hoffnung auf die Hilfe des Westens einzuflößen. Er konnte dazu auf seinen neuen Herrn, Papst Calixt III. verweisen. Dieser zeigte keinerlei schöngeistige Ambitionen, sondern verkaufte Nikolaus' V. Sammlung wertvoller Bücher und Kunstwerke, um mit dem Erlös eine kleine Flotte auszurüsten. Sie konnte tatsächlich im östlichen Mittelmeer bescheidene Erfolge gegen die Türken erzielen.

Carvajal unterrichtete die Ungarn auch von den unablässigen, besonders auf Neapel und Burgund gerichteten Bemühungen des Papstes um Hilfe der europäischen Staaten. Freilich waren der päpstlichen Diplomatie hier kaum nennenswerte Erfolge beschieden: Nachdem sich Karl VII. von Frankreich endlich dazu bereit erklärt hatte, den Türkenzehnten einzusammeln, verbot er die Ausfuhr der Gelder; der Herzog von Burgund tat es ihm darin gleich, und auch in Deutschland wurde heftig gegen diese päpstliche Anmaßung protestiert. Die hartnäckige Entschlossenheit des Papstes täuschte also über die Misserfolge hinweg, aber selbst die bloße Suggestion von europäischer Solidarität stärkte den Verteidigungswillen der Ungarn. Weit mehr fielen ins Gewicht der durch den Kardinal versprochene vollkommene Ablass für die Kämpfer und die flammenden Predigten, die Capestrano in Ungarn und Siebenbürgen hielt. So waren es zwar nicht die großen Fürsten Europas, die den Ungarn zu Hilfe eilten, sondern einfache Ritter, ja sogar Bauern, die oft nur ganz unzureichend bewaffnet und ausgebildet waren. Aber sie hatten, auch wenn sie der Zahl nach den Türken weit unterlegen waren, Kampfesgeist, den Hunyadi nur noch richtig kanalisieren und einem strategischen Konzept unterordnen musste. Während Capestrano ein vom Papst geweihtes Bildnis des Gekreuzigten über das militärische Unternehmen hielt, durchbrach Hunyadi mit wenigen Schiffen den Belagerungsring auf der Donau, lockte die inzwischen in die Festung eingedrungenen Janitscharen in einen Hinterhalt und trieb schließlich das osmanische Hauptheer in panische Flucht, nachdem der Oberbefehlshaber von Rumelien, der die Belagerungstruppen befehligte, gefallen und auch der Sultan selbst verwundet worden war. Es war der 22. Juli 1456, der Festtag der Maria von Magdala, als der Sieg der Christen feststand. Johannes von Capestrano und Hunyadi beanspruchten eifersüchtig den größeren Anteil an diesem Sieg jeweils für sich; keiner von beiden aber sollte die Frucht dieses Sieges genießen können, denn beide zusammen fielen einer im Christenlager ausgebrochenen Seuche zum Opfer.

Der Triumph der Christen war so unerwartet, so wider alle militärische Logik, dass er nicht den menschlichen Akteuren zugeschrieben wurde, sondern dem Beistand Gottes. Schon Nikolaus von Kues hatte von einem Sieg des Kreuzes Christi über die Feinde des Kreuzes gesprochen. Als Calixt III. von dem glücklichen Ausgang der Schlacht im Verlauf des August erfuhr, da bestand auch für ihn kein Zweifel, dass Gott selbst eingegriffen hatte. Tatsächlich hatte der Papst mehr getan, als nur verzweifelt Hilfe organisiert. Bereits im Frühsommer war die Pest in Rom ausgebrochen, und der Papst hatte sich geweigert, die Stadt zu verlassen. Er wollte sein eigenes Leben für die Sache der Christenheit dahingeben. Nicht minder intensiv als sein Hilferuf an die Fürsten war seine am Festtag der Apostel Petrus und Paulus ergangene Aufforderung an alle Prälaten der Christenheit, durch Gebet, Fasten und Buße den Beistand Gottes herabzuflehen. Prozessionen und eigens verfasste Gebete zur Abwendung der Türkengefahr sollten im ganzen Abendland abgehalten werden. Schließlich wurde auch ein tägliches Glockenläuten zu Mittag befohlen – es hat sich im Zuge der späteren Türkenexpansion so eingebürgert, dass es sich bis auf den heutigen Tag erhalten hat –, verbunden mit drei Vaterunser und drei Ave Maria. So war auch das einfache Volk, das an den großen Entscheidungen der Weltgeschichte nicht teilnehmen konnte, darin eingebunden. Nach dem Eintreffen der Siegesnachricht am 6.

August wurden in Rom alle Glocken geläutet, Dankprozessionen veranstaltet und Freudenfeuer entzündet. Nicht minder groß war der Jubel auch dort, wo dem Hilfeersuchen des Papstes eine kalte Abfuhr erteilt geworden war. Das nährte im Papst die Hoffnung, die Fürsten der Christenheit könnten – durch diesen Triumph beschämt – nun doch noch für viel weitergehende Aktionen gewonnen werden. Auch Capestrano hatte noch kurz vor seinem Tod Calixt darin bestärkt, weitreichende Offensivpläne zu entwickeln, den Türken Schritt für Schritt die Beute wieder abzujagen und aus den dadurch gewonnenen Finanzmitteln den großen Vernichtungsschlag gegen die osmanische Macht zu finanzieren. So phantasierte sich der Papst in völliger Verkennung der tatsächlichen politischen Lage in die Wiederherstellung des Byzantinischen Reiches, ja sogar in die Wiedergewinnung des Heiligen Landes hinein. Die christlichen Herrscher sind ihm darin natürlich nicht gefolgt, und der Tod Hunyadis und Capestranos beraubte den Papst jeder Hoffnung auf eine Gesinnungsänderung der Fürsten. Es folgten sehr hilflose Bemühungen, in Armenien und sogar Äthiopien Verbündete zu gewinnen. Um wenigstens die Erinnerung an den glorreichen Sieg wachzuhalten (und damit wohl auch Ansporn zu geben), führte Calixt III. das bereits im Osten seit dem 4. Jh., in Spanien seit dem 9. Jh. gefeierte Fest der Verklärung Christi für die ganze Kirche ein und legte es auf den 6. August.

So schnell unter den Fürsten der Entsatz Belgrads zur bloßen historischen Erinnerung verkam, so nachhaltig war dessen Eindruck im einfachen Volk. Vor allem im süddeutschen Raum, aber auch in England und Frankreich legte so mancher Bauer den Pflug aus der Hand, um in den ungarischen Grenzprovinzen Kriegsdienst zu leisten. Hervorgetan haben sich hier vor allem die Nürnberger, deren Rat die Freiwilligen gut mit Waffen ausrüstete und die sich mit Passauern und Salzburgern zu einem respektablen Heereszug vereinten. Dieser Heldenmut verdankte sich vor allem den Kreuzzugspredigten des Dominikaners Heinrich Kalteisen.

In Belgrad angekommen gerieten diese Freiwilligenverbände jedoch in politische Händel, so dass sie sehr bald wieder heimgeschickt wurden. Der Sieg war somit schnell verspielt. Die Osmanen jedoch waren nach Belgrad so geschwächt, dass sie an der Ungarn-Front während der Regierung Mehmeds II. nur mehr kleinere Scharmützel und militärische Unternehmungen zustande brachten; denn in Matthias Corvinus (1443-1490), dem Sohn Hunyadis und ab 1458 König von Ungarn und Kroatien, hatte Mehmet einen mehr als ebenbürtigen Gegner gefunden. Dafür gelang es den Osmanen bis in die achtziger Jahre des 15. Jhs. ihre Herrschaft auf dem Balkan auszudehnen und zu konsolidieren. Dass ihnen hierzu ein weiter Spielraum gegeben war, ist nicht zuletzt auf Matthias Corvinus selbst zurückzuführen. Denn anstatt sich in Kaiser Friedrich III. einen schon aufgrund der geographischen Nähe der Habsburger Lande natürlichen Verbündeten zu suchen, betrieb er aus der nicht unbegründeten Angst, die Habsburger könnten Ansprüche auf den ungarischen Thron stellen, eine gegen Friedrich gerichtete Politik. So war der Blick des ungarischen Königs nicht so sehr auf die aus dem Osten und Süden aufsteigende Gefahr, sondern vor allem auf den Westen und das Reich gerichtet. Die Donauregion aber wurde durch diese politische Fehlsichtigkeit so geschwächt, dass es den Osmanen wiederholt möglich wurde, mordend und brennend bis weit in die österreichischen Lande hinein einzufallen.

Für die Nachfolger von Papst Calixt III. blieb die Abwehr der Türken weiterhin das zentrale außenpolitische Programm schlechthin. Wenngleich der Erfolg dieser Bemühungen aus den schon genannten Gründen und vor allem wegen der zunehmenden Aversion der Deutschen gegen die päpstliche Politik sehr bescheiden blieb, so gab es doch von Seiten Roms einige bemerkenswerte Initiativen.

Ein besonderes Engagement zeigte darin Papst Pius II. (1458-1464). Der als Enea Silvio Piccolomini geborene spätere Bischof von Triest und Kardinal war lange Zeit in den Diensten

Kaiser Friedrichs III. gestanden, hatte damit also nicht nur einen rein klerikalen oder gar kurialen Blick auf die Dinge, sondern war in diesen Jahren ebenso realpolitisch geprägt wie er auch die alte Kaiseridee in sich aufgenommen haben dürfte. So war für ihn der Untergang Konstantinopels nicht allein Resultat osmanischer Übermacht oder einer göttlichen Prüfung, sondern Folge fehlender Reformen in der Kirche ebenso wie in den Staaten. Piccolomini war überzeugt, dass nur eine innere Bekehrung die Türkengefahr eindämmen könne; eine Bekehrung, die auf allen Ebenen, im weltlichen wie im kirchlichen Bereich unumgänglich sei. Das Konzil von Basel und der Konziliarismus waren, so sah er es jedenfalls später, seine ganz persönlichen Verfehlungen, die er durch eine radikale Umkehr zu korrigieren hatte. Dass ein ehemaliger, bekehrter Konziliarist Papst wurde, konnte dann auch als ein großes Zeichen der Versöhnung gesehen werden, als ein Schritt hin zur Einheit der Kirche, die Piccolomini als das sicherste Bollwerk gegen die Türken verstand. Einheit und Versöhnung waren aber nicht nur die großen Themen seiner Ekklesiologie; sie beeinflussten auch schon vor der Übernahme des Papstamtes sein politisches Denken. So verteidigt er in seiner „*Historia austrialis*" („Österreichische Geschichte") Kaiser Friedrich III. gegen seine Feinde aus dem Adel, deren Rebellion Frucht einer bösen Gesinnung sei, die das Werk Satans vollführe, indem sie Unordnung und Spaltung in die christlichen Völker eintrage. Dies gelte vor allem für das Sacrum imperium Romanum mit dem Kaiser an seiner Spitze. Piccolomini macht keinen Hehl daraus, dass das Heilige Römische Reich die von Gott vorgesehene und auch in der Geschichte legitimierte Ordnungsmacht der Christenheit sei. Obwohl Piccolomini zur Avantgarde des Humanismus gehörte und insofern höchst „modern" dachte, griff er also auf geschichtliche Modelle zur Neuordnung der Christenheit zurück und empfahl seinen Lesern, aus der Geschichte zu lernen. Deshalb erlaubte er sich auch, mahnende Worte selbst an Kaiser Friedrich III. zu richten: Gerade der Blick in die Geschichte sollte ihm die Würde seines Amtes und seine hohe Aufgabe wieder ins Bewusstsein bringen. Wider alle Realität wurde Friedrich aufgefordert, zu einem zweiten Augustus zu werden, während an die Völker Europas der Anspruch gerichtet wurde, Friedrich als einen solchen anzuerkennen und sich einer künftigen Friedensordnung zu unterwerfen.

Um diesem Programm eine Chance für die Zukunft zu geben, entwickelte Piccolomini pädagogische Grundsätze für die Erziehung von Fürstenkindern. Eine Erziehung zur Weisheit und zur Tugend solle man dem angehenden Fürsten angedeihen lassen. Solche geistigen und charakterlichen Vorzüge möchte Piccolomini eingebettet wissen in eine körperliche Tüchtigkeit, die in der Lage ist, auch höchsten Anforderungen zu entsprechen und das Kriegshandwerk vortrefflich auszuüben. Es ist nicht falsch zu sagen, Piccolomini habe damit den Adel der Geburt und des Standes zwar nicht abgeschafft, aber doch den Blick auf einen Geistes- und Charakteradel gelenkt, der gleichsam den inneren Kern und das Wesen des Standesadels zu bilden habe. Dass dieses ausdrücklich auf die Herausforderung der kommenden Kämpfe mit den Türken bezogene pädagogische Programm ebenso für die übrigen Gesellschaftsschichten gedacht ist, zeigt sich daran, dass sein Verfasser von der Vorbild-Wirkung des Adels überzeugt war. Im Übrigen war und blieb Piccolomini auch in seinen späteren Jahren Humanist genug, um all seine Pläne und Ideen unter einen umfassenden Menschheitsaspekt zu stellen.

Was war damit also erreicht? Der Kampf gegen die Feinde des Christentums war zu einer Sache geworden, die den ganzen Menschen einforderte, den Geist ebenso wie die Disziplin des Leibes; er beruhte damit nicht mehr nur auf kulturellen Unterschieden oder einer kaum reflektierten Tradition. Der Christ, das steckt in diesem Ansatz, sollte sich im vollen Bewusstsein seines Christseins gegen die Osmanen verteidigen, und er sollte dies tun in der Weisheit eines Menschen, dem die Geschichte der Kirche und des Christentums vor Augen steht und der aus dieser Geschichte ihre vielfältigen Lehren zieht.

Als Papst nahm Pius II. dieses Programm mit angesichts seines Alters und seiner zunehmenden Gebrechlichkeit ungeahnter Tatkraft wieder auf. Dabei gehört es zur Tragik seiner Person, dass die Kreuzzugsidee zu einer solchen Verengung seines Blickfeldes führte, dass die in seinem ureigenen Reformprogramm angelegte und durch Nikolaus von Kues bereits vorbereitete Kirchenreform nicht wesentlich vorangebracht werden konnte. Die Widerstände gegen diesen Kreuzzug waren nämlich so groß, dass auch der persönliche Einsatz des Papstes – seine ganze Überzeugungskraft lag in der Macht seines Wortes, die er auch als Papst in flammenden Predigten und Ansprachen ausspielte – bestenfalls nur einen kurzfristigen Gesinnungswandel unter den christlichen Regenten herbeiführte.

Ein Fürstenkongress zu Mantua, für den Pius die Annehmlichkeiten seiner römischen Residenz verließ und entgegen dem Rat vieler seiner Kardinäle alle erdenklichen Beschwerlichkeiten auf sich nahm, sollte das Feuer entzünden. Doch obwohl der Kongress bereits für den 1. Juni 1457 anberaumt war, dauerte es bis September, bis endlich – nach den um Beistand rufenden Delegationen aus dem Osten – auch die Fürsten des Westens und Italiens ihre Gesandten nach Mantua schickten. In der Zwischenzeit drohte der Papst eine lächerliche Figur zu werden, vor leeren Bänken wartend und im Schussfeld einer scharfen Kritik aus dem Kardinalskollegium an seinen Plänen. Der Papst musste bereits während des Kongresses erkennen, dass seine Sache verloren war: Die italienischen Staaten feilschten um einen finanziellen Beitrag, wobei sich Venedig dagegen sperrte, und waren nicht bereit, Truppen zu stellen. Deutschland war gänzlich uneinig, immer stärker antipäpstlich gestimmt, und der Kaiser zu schwach. Zwar erklärten sich die deutschen Gesandten bereit, einen Kreuzzug mitzutragen, doch machten sie eine verbindliche Zusage von der Zustimmung des Reichstages abhängig, die niemals zustande kam. Und Frankreich lag ohnehin im Dissens mit Rom, weil es gegen die Politik des Papstes darauf bestand, dass bei der Neubesetzung des Königsthrons von Neapel die Wahl auf ein Mitglied des Hauses Anjou falle.

Der Kongress war also gescheitert; und doch ist er nicht nur ein Zeugnis päpstlichen Handlungswillens, sondern offenbart das geschärfte und umfassende Problembewusstsein des Apostolischen Stuhls in der Türkenfrage.

In seiner Eröffnungsrede am 26. September schlug der Papst einen weiten Bogen zurück zu den Anfängen der Kreuzzugsbewegung; er erinnerte zuerst an die Bedeutung der heiligen Stätten – wir würden sie heute als zentrale „Erinnerungsorte" bezeichnen – und stellte fest, dass es nunmehr ganz von den Muslimen abhänge, ob Christen diese Stätten „schauen" dürften. Dem Papst geht es hier natürlich nicht um einen religiösen Tourismus oder um bloße Wallfahrtsaktivitäten; das „Schauen" ist ein theologisch zu verstehender Begriff, der bereits das Johannesevangelium prägt und mit dem Offenbarwerden Christi in der Welt zu tun hat. Das Schauen der heiligen Stätten gehört also hinein in das umfassende Sichtbarwerden Gottes in der Menschwerdung des göttlichen Wortes und ist keine bloße Zutat zu ihr. Diese Rückschau des Papstes stellt mehr dar als nur einen Ausdruck von Gelehrsamkeit und des historischen Wissens, wie er bei den Rednern jener Zeit im Schwange war; der Papst lenkte damit seine Zuhörer implizit auf die Tatsache, dass das Vordringen der Muslime geschichtstheologisch nichts anderes sei als der Versuch der widergöttlichen Mächte, die Sichtbarkeit Christi in der Welt auszulöschen. Darum gipfelt seine Schilderung der von den Türken bei der Eroberung Konstantinopels ausgeübten Schreckenstaten auch nicht in der Ermordung unzähliger Christen oder in deren Versklavung, sondern in der Schändung und Verspottung des Kreuzes. Der Kampf gegen die Muslime ist damit zu einem Existenzkampf der Christenheit geworden, weil der Islam sich gegen die Menschwerdung Gottes selbst richtet; er ist keineswegs ein bloß politisches Ringen, das nur religiös verbrämt wäre. Schon in seiner Einladungsbulle hatte Pius Mohammed einen „falschen Propheten" genannt und seine Anhänger „blutdürstige Scharen des giftigen Drachen", die das Christentum auszulöschen versuchten. Das Auftreten dieses seit der Christenverfolgung unter den römischen Kaisern mächtigsten Feindes ist also in seiner ganzen Tiefe als ein Werk des Widersachers zu verstehen. Das bedeutet eine Kompromisslosigkeit des Angriffs wie auch der notwendigen Verteidigung. Deshalb warnt Pius die Fürsten davor, nach dem Fall Konstantinopels auf eine Ermüdung oder Beruhigung des Gegners zu setzen, und prognostiziert in heller Voraussicht den Angriff auf Ungarn: Jeder Sieg Mehmeds, so der Papst, werde für ihn nur die Stufe zu einem zweiten sein, „bis er nach Bezwingung aller Könige des Abendlandes das Evangelium Christi gestürzt und aller Welt das Gesetz seines falschen Propheten auferlegt haben wird".

Welche Rolle aber spielt dann die Sünde der Christen, die die meisten Zeitdeutungen als Ursache für derartige Übel annahmen? Die Sünde setzt das Böse in seiner Dynamik zwar nicht in die Welt – ist damit auch nicht dessen eigentliche Ursache –, ermöglicht aber, dass es übermächtig wird. Dem Papst lag natürlich nichts daran, mit einer solchen geschichtstheologischen Interpretation die Angst der Menschen vor der Gefahr aus dem Osten noch ins Unermessliche zu steigern; darum versuchte er noch einmal durch einen Rückgriff auf die Geschichte, auf die heldenhaften und tapferen Anführer der ersten Kreuzzüge, den Nimbus der Unbesiegbarkeit der Muslime zu zerstören.

Um seinen Gegnern das Argument vorsorglich aus der Hand zu schlagen, er, der Papst, würde mit dem Kreuzzugsaufruf nur das Leben der Christen riskieren, selbst aber keine Gefahr für Leib und Leben auf sich nehmen, versprach Pius, trotz Alter und Krankheit persönlich den Kreuzzug anzuführen. Da die zugesagte Unterstützung der Fürsten jedoch ausblieb, schien die Verwirklichung dieses Vorsatzes in weite Ferne gerückt. Doch dann übernahm der „Zufall" die Regie der Ereignisse: Bei Tolfa, also auf päpstlichem Territorium, wurden reiche Vorkommen von Alaun entdeckt, das als Färbemittel hohe Erträge erzielte. Der Papst verpachtete die Mine an die Medici und rüstete mit den Geldern eine eigene Flotte und eigene Truppen aus, in der Hoffnung durch sein Vorbild unter den europäischen Staaten zu wirken. Doch wieder erwiesen sich alle Verhandlungen als erfolglos. Die italienischen Mittelmächte wollten nicht durch militärische Unternehmungen auf dem Balkan ihre Stellung in Italien schwächen; Burgund, das anfangs Zusagen gegeben hatte, wurde von Frankreich abgeworben. Man weiß nicht, ob Pius das eigene Martyrium im Auge hatte, um die christlichen Mächte zu beschämen und aufzurütteln, als er sich im Juni 1464 schwerkrank nach Ancona aufmachte, wo der Treffpunkt aller Kreuzzugswilligen sein sollte. Wäre der Papst nicht vor der Abfahrt der Schiffe verstorben und das ganze Kreuzzugsunternehmen in der Folge zusammengebrochen, so hätte der ganze Zug ein desaströses Ende genommen; denn mit unzureichenden finanziellen Mitteln ausgerüstet und ohne eine auch nur halbwegs hinreichende Zahl an Truppen und Schiffen, wäre dieser Heeresverband zum leichten Opfer der Türken geworden.

Pius' II. Türkenpolitik wartet noch mit einer Überraschung auf, die heute meist als historisches Kuriosum gewertet wird: Im Sommer 1461, in einer Phase tiefster politischer Depression, als nicht nur keine Hoffnung mehr auf einen Kreuzzug bestand, sondern die päpstlichen Territorien auch unter den Einfällen des Sismondo Malatesta, des Tyrannen von Rimini, zu leiden hatten, da entschloss sich Pius zu einem Schreiben an Sultan Mehmed. Darin fordert er diesen auf, sich der Wahrheit zu öffnen und sich zu Christus zu bekehren. Dabei stellte er ihm in Aussicht, von Rom als Kaiser der Griechen und des Orients anerkannt zu werden und damit auch seine Eroberungen als rechtmäßig zugesprochen zu erhalten. Das Schreiben entwickelt knapp eine Vision vom Triumph des Christentums und einer weltweiten Friedensordnung, ähnlich der Pax Augusta und verheißt dem Sultan nicht nur nahezu unbeschränkte Macht, sondern auch die Rolle eines künftigen Schutzherren der römischen Kirche. Wieder greift der Papst auf die Geschichte zurück, indem er historische Vorbilder für eine solche Bekehrung nennt: Konstantin den Großen, den Frankenkönig Chlodwig, Stephan von Ungarn oder auch den Westgoten Rekkared. Sie werden sicherlich nicht nur deshalb erwähnt, um dem Sultan die Angst vor einem solchen Schritt zu nehmen oder um zu zeigen, dass die Hinwendung zu Christus nicht notwendig irdische Herrschaft zerstört; vielmehr belegen diese Namen den Glauben, dass der Christengott in der Geschichte seiner Kirche unerwartet Neues wirkt, das keine widergöttliche Macht außer Kraft setzen kann. So erhält die ebenfalls in diesem Brief geäußerte Behauptung des Papstes, dass der Koran die christliche Kultur nicht überwinden werde, gerade durch die Geschichte her eine Bestätigung.

Das Schreiben erzielte natürlich nicht den erhofften Erfolg, ja es ist fraglich, ob es den Sultan überhaupt erreicht hat. Doch das Dokument stellt einen wesentlichen Schritt zu einem neuen Umgang mit dem Gegner dar, der umso bedeutender ist, als er in einer Zeit des furchtsamen Rückzugs auf die militärischen Möglichkeiten getan wird: Die Osmanen werden hier nicht mehr nur als Feinde gesehen, die es mit militärischen Mitteln abzuwehren gilt; man möchte – in der glaubenden und hoffenden Gewissheit auf den eigenen Sieg – die Muslime bekehren, sie für die Wahrheit öffnen. Darum enthält das Schreiben des Papstes auch eine Apologie des Christentums, also ein Glaubenszeugnis. Pius mochte dazu ermutigt worden sein durch die Nachricht aus Konstantinopel, Mehmed habe sich von Patriarch Gennadius über die wesentlichen Inhalte des christlichen Glaubens unterrichten lassen.

Die theologisch-argumentativen Teile des Papstbriefes nehmen inhaltlich Anleihen bei einer Schrift, die Nikolaus von Kues während des Fürstenkongresses in Mantua veröffentlicht hatte. In seinem Werk „De pace fidei", einem fiktiven Traumgespräch weiser Männer aus verschiedenen Religionen und Nationen, das den Religionsfrieden fördern will, um damit auch den Frieden in der Welt zu erreichen, legt der Cusaner die Grundlehren des Christentums so dar, dass die Nichtchristen zum Verstehen geführt werden. Umgekehrt zeigt Nikolaus von Kues in seiner Schrift „Kritik des Alchoran" („*De cribratione Alchorani*") ein vertieftes Verständnis des Islam; er benennt darin klar die Irrtümer des Koran, widerspricht auch der muslimischen These einer Offenbarung Gottes im Koran, formuliert aber doch die erstaunliche, die Ansicht des Zweiten Vatikanischen Konzils vorwegnehmende These, dass die „Sonne des Evangeliums" aus dem Koran „herausleuchte", selbst gegen die Absicht seines Verfassers und daher das Evangelium das „Licht der Wahrheit" des Koran sei. Dieser Ansatz zu einer auf dem Dialog beruhenden Mission ist umso bemerkenswerter, als zur Zeit Mehmeds II. die Angst vor einer Invasion Italiens durch die Osmanen ihren Höhepunkt erreicht hatte.

Der Versuch Pius II., den Sultan zu bekehren, stellt also auf diesem Hintergrund keine bloße Verzweiflungstat dar; er ist sicherlich auch nicht, wie manche glauben, ein Weckruf an die europäischen Fürsten, dass Rom seine bisherige Ausrichtung diametral verändern könnte, wenn sie sich nicht mehr als Schutzmächte des Glaubens zeigten. Pius und Nikolaus belegen vielmehr, dass die militärische Abwehr der Türken nicht mehr als eine von außen, also durch die türkische Invasion erzwungene Reaktion ist; dass man darüber hinaus eine tiefergehende, intellektuelle Auseinandersetzung mit dem Gegner suchte. Dabei griff man auf Erfahrungen zurück, die die Kirche mit den heidnischen Völkern früherer Zeiten gemacht hatte, dem römischen Reich etwa oder den Germanen. Diese weite historische Perspektive führte in der Folge dazu, den Islam nicht mehr als

Ganzes als eine Verkörperung des Bösen zu behandeln, sondern auch das anzuerkennen, was dem Evangelium entspricht und damit einen Anknüpfungspunkt für einen Dialog darstellen könnte.

Eine Ermutigung zum Kampf ebenso wie zu einer intellektuellen Offensive des Christentums mochten das geistliche Rom und darüber hinaus viele Pilger aus allen Ländern Europas erfahren haben, als am 12. April 1462 das Haupt des Apostels Andreas in einer feierlichen Prozession – eine der prächtigsten, die Rom bis dahin gesehen hatte – von Amalfi nach St. Peter in Rom gebracht wurde. Der hl. Andreas, der Schutzpatron Griechenlands, Konstantinopels, Russlands und Rumäniens, wurde um Hilfe gegen die Türken angefleht und seine Ehrung im Zentrum der Christenheit als ein Unterpfand für den kommenden Sieg des Christentums verstanden.

Paul II., Nachfolger von Papst Pius II. (1464-1471), war anders als sein Vorgänger Realist genug, um das Scheitern seiner Bemühungen um eine einheitliche Front der christlichen Staaten zu registrieren; und so verfolgte er den Kreuzzugsgedanken nicht weiter, sondern beschränkte sich darauf, erhebliche Geldbeträge – vor allem auch aus seinem eigenen Vermögen – Skanderbeg bis zu dessen Tod zukommen zu lassen. Auch Sixtus IV. vermochte lediglich, kleinere Flottenunternehmungen zu organisieren, die Entlastung für die von den Osmanen arg bedrängten Verteidiger von Rhodos brachten und – im Verbund mit Hilfstruppen, die König Matthias Corvinus von Ungarn gesandt hatte, die Invasoren aus Otranto vertrieben und damit den geängstigten Italienern wieder ruhigere Nächte bescherten.

Mit Sixtus IV. verfing sich das Papsttum immer mehr in den inneritalienischen Wirren, wozu vor allem ein ausufernder Nepotismus beitrug, der die Päpste zu Sachwaltern von Familieninteressen werden ließ und ihnen damit zunehmend die moralische Autorität nahm, Europa zu einem einheitlichen Handeln gegen die Türken zu bewegen.

2. Teil:
Der Kampf gegen das Osmanische Reich

bis zum Ende des 16. Jahrhunderts

Die Affäre Dschem

Als die Nachricht vom Tode Mehmeds II. im Verlauf des Jahres 1481 Rom und die Fürstenhöfe der westlichen Welt erreichte, herrschte großes Aufatmen. Den man für den Antichristen persönlich, in jedem Fall aber für die Geißel Gottes gehalten hatte, hatte Gott in seiner unermesslichen Barmherzigkeit von der Erde getilgt; und das veranlasste optimistische Gemüter sogar zu Spekulationen, das Reich des Bösen werde nun zerfallen und die alten Verhältnisse würden sich wieder einstellen. Die Lage an den Fronten im östlichen Mittelmeer, auf dem Balkan und in Südosteuropa schien solchen Hoffnungen eher Recht zu geben. Bis ins erste Jahrzehnt des 16. Jhs. Gab es nur kleinere Scharmützel an der Grenze zu Ungarn, die im übrigen keineswegs immer zu Gunsten der Osmanen ausgingen. Raubzüge führten sie bis in die Region des südpolnischen Lemberg und zogen die Polen immer stärker in den Konflikt mit den Türken hinein. Doch es waren keine Eroberungszüge. Kleinere osmanische Eroberungen gab es in Bosnien, die allerdings die türkische Herrschaft dort nur abrundeten und konsolidierten. In späteren Jahren, als das Friedens- und Stillhalteabkommen zwischen Venedig und der Hohen Pforte nicht mehr hielt, waren auch venezianische Besitzungen in der Levante Ziele. Freilich hatte der ungarische König Matthias Corvinus vor Illusionen über den inneren Zustand des osmanischen Reiches stets gewarnt; hatte er doch erkannt, dass die Ruhe nach dem Sturm in Wahrheit auch eine Ruhe vor dem Sturm sein konnte.

Tatsächlich war das Osmanische Reich weit von einem Zerfall entfernt; den weitgehenden Verlust expansiver Kraft verdankte es zum einen dem Charakter des neuen Sultans, zum anderen Thronstreitigkeiten zwischen den Söhnen Mehmeds. Im Osmanischen Reich war die Thronfolge nicht geregelt, sondern Ergebnis der jeweils herrschenden Machtverhältnisse im Staat. Der Wille des Großwesirs und das Votum der Janitscharen spielten eine entscheidende Rolle. Als Mehmed II. verstarb, waren seine beiden Söhne Bayezid und Dschem (Cem, Djem) in verschiedenen Provinzen des Reiches als Statthalter eingesetzt. Der Großwesir, der Dschem als Nachfolger favorisierte und damit vermutlich dem Willen Mehmeds entsprach, hielt den Tod des Sultans längere Zeit geheim, um Dschem die Möglichkeit zu geben, noch vor seinem Bruder aus der Provinz in die Hauptstadt heimzukehren und dort durch eine schnelle Machtübernahme Fakten zu schaffen. Die Janitscharen indes wollten den älteren Bayezid als Sultan, empörten sich über den inzwischen an Bayezid verratenen Betrug, eilten nach Istanbul, köpften den Großwesir und verhalfen somit dem mittlerweile in die Hauptstadt geeilten Bayezid zur Thronfolge.

Dschem mochte sich lange nicht damit abfinden; er organisierte zuerst Aufstände in Anatolien, wurde aber von seinem Bruder geschlagen. Auch der Versuch, über die in Ägypten herrschenden Mameluken an die Macht zu kommen, scheiterte kläglich, so dass ihm bereits 1482 seine Lage aussichtslos erschien und er sich zu den Johannitern auf Rhodos ins Exil begab. Bayezid (II.) erkannte sofort die Chance, die Dschems Exil auf Rhodos bot: Wenn er ihm schon nicht ans Leben konnte, dann sollten ihn die Johanniter wenigstens zeitlebens bei sich behalten und seine Rückkehr ins Osmanische Reich unterbinden.

Dies ließ sich Bayezid II. einiges kosten: 45000 Dukaten im Jahr bezahlte er fortan den Johannitern als „Alimente". Noch wichtiger als dieses Jahrgeld war den Ordensrittern allerdings ein Friedensvertrag, den sie mit dem neuen Sultan schließen konnten und der das arg bedrängte Rhodos vom Druck der Türken befreite. Um die Johanniter bei Laune zu halten, schenkte ihnen der Sultan noch eine Hand-Reliquie Johannes des Täufers hinzu. Dschem aber führte im milden Gewahrsam der Christen ein durchaus bequemes, ja luxuriöses Leben.

Doch damit war seine Geschichte nicht zu Ende. Er erlangte noch weltgeschichtliche Bedeutung. Die Johanniter, vielleicht in der Angst, ihr Unterpfand für die Sicherheit von Rhodos könnte dort einem Anschlag zum Opfer fallen, transferierten den prominenten „Gast" nach Südfrankreich in eine ihrer Ordensniederlassungen. Spätestens von da an richteten sich viele Augen begehrlich auf Dschem: die Franzosen natürlich, das Königreich Neapel, die Venezianer…; sie alle erhofften sich vom „Besitz" dieses „Großtürken", wie er genannt wurde, Vorteile. In diesem Patt der Begehrlichkeiten machte der Papst das Rennen. Innozenz VIII. (1484-1492) ließ seine „Beute" in einem Triumphzug nach Rom bringen und wies ihm dort nach einem Zwischenaufenthalt in der Engelsburg Gemächer im Vatikanischen Palast zu, wo Dschem sein Luxusleben ungehindert fortsetzen konnte.

Das alles wäre eine Anekdote der Geschichte geblieben, hätte Innozenz nicht daraus einen weittragenden Plan zur Wiedereroberung der christlichen Gebiete entwickelt. Der Papst dachte daran, mit Hilfe eines Kreuzzuges Dschem als neuen Sultan zu etablieren. Schließlich hatte ihm dieser doch weitgehende Zugeständnisse gemacht und für den Fall seiner Machtübernahme versprochen, die ehemals christlichen Gebiete wieder zu räumen, ja sogar das eroberte Konstantinopel zurückzugeben.

Schon kurz nach seiner Wahl zum Papst hatte Innozenz eine Enzyklika an die Fürsten und Staatenlenker Europas gerichtet mit dem Ziel, bei einem erneuten Türkenkongress einen Kreuzzug vorzubereiten. Doch ebenso wie seine Vorgänger stieß er auf taube Ohren und erntete bestenfalls Lippenbekenntnisse. Selbst der rastlose Einsatz des als sittenstreng bekannten und vorbildlichen Raimund Peraudi, der als päpstlicher Legat zu Kaiser Friedrich III. geschickt worden war, hatte nichts daran geändert, dass der Papst auf intensives Drängen der deutschen Fürsten hin sogar den Türkenzehnten für Deutschland widerrufen musste. Auch Frankreich war voll von romfeindlichen Parolen, so dass nicht einmal die Angst des Papstes vor einem Einfall der Osmanen in den Kirchenstaat die französische Politik zu ändern vermochte. Erfolgreicher war die päpstliche Diplomatie in ihren Bemühungen um einen Frieden zwischen dem ungarischen König Matthias Corvinus und Kaiser Friedrich III., ein Friede freilich, der eher ein Waffenstillstand war, fragil und den Launen der Geschichte ausgeliefert.

Waren diese Bemühungen noch von der Angst diktiert, so ließ der Besitz des wertvollen Gefangenen den Papst in die Offensive gehen. Und diesmal konnten auch die Fürsten sich nicht mehr versagen. Selbst in Konstantinopel hatte man diese Veränderung der Lage bemerkt: Der Sultan, der durch die Venezianer über seine christlichen Gegner immer bestens unterrichtet war, dingte sich einen etwas heruntergekommenen Adeligen aus der Mark Ancona namens Cristofano di Castrona, um einen Brunnen beim Belvedere zu vergiften, aus dem das Trinkwasser für Dschem entnommen wurde. Der geschwätzige Attentäter verriet sich allerdings selbst, wurde verhaftet und hingerichtet. So konnte der Fürstenkongress Pfingsten 1490 doch noch unter denselben günstigen Voraussetzungen in Rom beginnen, unter denen er einberufen worden war. Doch trotz dieses hoffnungsvollen Anfanges, trotz beschwörender Reden des Papstes und Raimund Peraudis, diese einmalige Chance nicht verstreichen zu lassen, scheiterte auch dieser Kongress: Venedig hatte seine Teilnahme verweigert, um seine guten Beziehungen zum Sultan nicht zu gefährden; Neapel unter seinem König Ferrante blockierte schon aus Gegnerschaft zum Papst – sie wurde erst 1492 durch einen Friedensschluss beendet – alle päpstlichen Initiativen. Darüber hinaus hatte der Papst die unzureichende Entscheidungsvollmacht der Gesandten zu beklagen, aber auch Spannungen zwischen den deutschen Teilnehmern und jenen aus den südlichen Ländern, den „Welschen", die den Kongress zu spalten drohten. Als dann auch noch Matthias Corvinus starb, brachen die Streitigkeiten zwischen den Habsburgern und den Ungarn mit ihrem neuen König Wladislaw II. wieder mit aller Schärfe aus – hielten doch die Ungarn habsburgisches Land bis einschließlich Wien besetzt. Erst 1491 wurde dieser Konflikt im Frieden von Preßburg gelöst, und die Habsburger erhielten Wien zurück. So blieb dem greisen und von Alter und Krankheit bereits gezeichneten Pontifex nur die Freude über die Eroberung Granadas (1492) durch Ferdinand von Aragón; eine Freude, die allerdings getrübt wurde durch die intrigante Politik Ferrantes von Neapel, der trotz seiner Verwandtschaft mit dem Spanier die Muslime Granadas unterstützte – was hätte die Uneinigkeit und politische Kurzsichtigkeit der Christenstaaten besser demonstrieren können!

Die Ängste des Sultans vor einer Kooperation der christlichen Länder und einer von außen unterstützten Revolte in seinem Reich verflogen. Um sicher zu gehen, schickte er aber eine Gesandtschaft nach Rom, die das Osmanische Reich gegenüber den christlichen Territorien als saturiert erklärte und als Zeichen des guten Willens als Geschenk die hl. Lanze überbrachte. Auch sollten die Jahrgelder, die bisher an die Johanniter gezahlt wurden, nunmehr dem Papst überwiesen werden. Dass Innozenz dieses Angebot annahm, wurde ihm schon damals als Verrat an der Sache des Kreuzzuges ausgelegt.

Wir sind bislang immer wieder auf die Rolle der Nationalismen, der politischen wie der kirchlichen, für das Scheitern der Kreuzzugsidee und einer überzeugenden Antwort der Christenheit auf die Expansion der Osmanen gestoßen; Nationalismen, die an den Universitäten ebenso verankert waren wie an den Fürstenhöfen und in den Residenzen der Prälaten. Wir haben aber auch auf die Auswirkungen einer von den Päpsten der Renaissance immer extensiver betriebenen Praxis zu achten, deren Verurteilung für uns heute selbstverständlich ist, die zu jener Zeit aber als ein Mittel gegen Verrat oder auch nur als eine, einen guten Charakter auszeichnende Fürsorge für die eigene Familie toleriert und oft sogar geachtet wurde: der Nepotismus. Er war bereits unter Papst Sixtus IV. zum Markenzeichen päpstlicher Personalpolitik geworden. Unter Innozenz' Nachfolger, dem berüchtigten Papst Alexander VI. sprengte der Nepotismus alle noch geltenden Grenzen, da nunmehr die Interessen der eigenen Familie, der Borgia (span.: Borja), selbst über die Lebensinteressen der Kirche gestellt wurden. Der exzessive Nepotismus verwickelte das Papsttum noch stärker in die politischen Händel der Zeit, als es die (für damals unumgängliche) weltliche Herrschaft der Päpste über den Kirchenstaat ohnehin tat; und dies alles zu einer Zeit als der Friede von Lodi unter den italienischen Staaten seine Kraft immer mehr zu verlieren begann und Frankreich unter seinem König Karl VIII. und dessen Nachfolger Ludwig XII. Italien zum Kampffeld seiner nationalen Interessen machte. Mochte der Papstsohn Cesare Borgia als der militärische Arm seines Vaters noch so sehr gefürchtet sein, so stand das Machtgebäude der Borgias doch auf sehr tönernen Füßen, wobei die Bruchlinie nicht nur zwischen der Kirche und den Staaten verlief, sondern vor allem innerhalb der Kirche selbst. Der Chronist Sigismondo de' Conti hat die Lage treffend beschrieben: „Der Papst hat den Feind im eigenen Haus". Das Schwergewicht päpstlichen Interesses lag daher auf dem Machterhalt, wenngleich nicht gesagt werden kann, Alexander hätte an dem Schicksal der Christen im Osten keinen Anteil mehr genommen; im Gegenteil, wenn es darum ging, Flüchtlinge zu unterstützen, zeigte sich der Papst durchaus großzügig. Aber seine Politik gegenüber den Türken war eher ein beschämendes Lavieren, das nicht davor zurückschreckte, die Türken den eigenen Machtspielen dienstbar zu machen. So wurde etwa das Jahrgeld für Dschem dazu verwendet, Truppen für die Kämpfe innerhalb Italiens anzuwerben und auszurüsten; und mit einem Mal finden wir im Sultan einen diplomatischen Verbündeten des Papstes, der die Venezianer dazu überreden soll, die päpstliche Politik zu unterstützen. Sultan Bayezid kann es deshalb sogar wagen, von Alexander die Ermordung Dschems zu erbitten. Es gibt keinen Hinweis darauf, dass der Papst dieser Bitte nachgekommen wäre; doch geriet Dschem in die Hände der Franzosen, als Karl VIII. gegen Neapel zog – der König hatte zuerst die Herausgabe erzwingen wollen, dann aber das Versprechen eines Kreuzzuges, aus dem allerdings nichts wurde, gegen den Gefangenen eingetauscht –, und wenig später war Dschem tot. Kein Wunder, dass manche den Papst verdächtigten, seine Ermordung betrieben zu haben; aber vermutlich war er nur ein Opfer der Cholera oder einer anderen Seuche, die ihm sein ausschweifender Lebenswandel eingebracht hatte.

Für Bayezid II. ging damit ein langgehegter Wunsch in Erfüllung. Rücksichten auf die mit den Christen getroffenen Vereinbarungen brauchte er nun nicht mehr zu nehmen, und das begann man an den Fronten sehr bald zu spüren. Freilich, der Sultan hatte nicht die Kriegslüsternheit seines Vaters, war ein eher beschaulich-besinnlicher Charakter, der sich mehr in Frömmigkeitsübungen als im Kriegshandwerk auszeichnete. Doch die Belagerung und Eroberung bosnischer Festungen, die Einfälle in Polen (1498) gehen auf sein Konto und zeigen eine allmähliche Wendung in der Politik der Osmanen an.

Osmanischer Druck auf Venedig

Vor allem Venedig bekam diese Veränderung zu spüren. Bayezid II. hatte nämlich die Defizite seiner Armee klar erkannt: die im Vergleich zum Heer noch schwache Seemacht der Osmanen. Der „friedliche" Sultan hatte deshalb die Aufrüstung zur See massiv vorangetrieben und erprobte die neue Flotte gegen die Venezianer. Es begann mit einem Akt der Verstellung, wie ihn der Koran erlaubt, wenn es darum geht, Glaubensfeinde zu bekämpfen. Die Venezianer wurden in Sicherheit gewiegt, und die Türken signalisierten eine Fortführung der Politik wechselseitigen Einvernehmens. Doch dann verhaftet man ohne jede Kriegserklärung die in Konstantinopel befindlichen venezianischen Gesandten und Kaufleute. Die Venezianer entsandten auf diese Provokation hin eine Flotte, die im August 1499 zuerst bei Sapienza, dann bei Navarino von den Türken geschlagen wurde. Noch im selben Monat fielen Lepanto, dessen Name noch eine große Bedeutung erlangen, unter osmanischer Herrschaft aber der wohl größte Umschlagsplatz für europäische Sklaven werden sollte, und die auf dem südlichen Peloponnes gelegene Festung Modon (Methoni). Um 1500 musste die ebenfalls messenische Festung Korone von den Venezianern aufgegeben werden. Auch auf dem Landweg drangen türkische Truppen in militärischen Expeditionen bis auf venezianisches Festlandsgebiet vor, allerdings nicht mit der nötigen Entschlossenheit, um hier dauerhafte Gebietsgewinne zu erzielen.

Diese Aktionen riefen die alten Ängste vor einer türkischen Eroberung Italiens wieder hervor und führten bei Alexander VI. zu einer Neuausrichtung seiner Türken-Politik. Den türkischen Sultan, wie von Alexander immer unverhohlener betrieben, in das westliche Ränkespiel gar als Verbündeten einzubeziehen, hatte keinen Sinn mehr. Stattdessen rückte nun die alte Kreuzzugsidee wieder in den Mittelpunkt. Dem kam zugute, dass sich die Beziehungen des Hl. Stuhls zu Frankreich wieder wesentlich verbessert hatten. Der Papst lud zu einem Kongress (August 1500) nach Rom ein und unternahm die übliche Überzeugungsarbeit: Er appellierte an alle Fürsten, die bedrohte Christenheit zu verteidigen, analysierte die militärische Lage und erlegte ihnen die Verpflichtung zu einem Türkenzehnten auf mit der Androhung von Strafen für den Fall, dass dieser Zehnt verweigert oder nicht eingefordert wird. Gleichzeitig versprach der Papst, mit eigenem guten Beispiel voranzugehen. Alexander VI. forderte diesen Zehnten seinem Kirchenstaat und seinen Kardinälen ab. Außerdem soll er versprochen haben, höchstpersönlich am Kreuzzug teilzunehmen. Und natürlich wurde ein Ablass für alle verkündet, die der Kreuzzugsaufforderung folgen. Eingebettet wurde dies in den Versuch der päpstlichen Diplomatie, die Streitigkeiten unter den christlichen Fürsten beizulegen. Es bedarf fast keiner Erwähnung mehr, dass auch dieses Unternehmen scheiterte. Weder waren die Fürsten und italienischen Städte bereit, ihre vielfältigen Differenzen untereinander hintanzustellen und sich solidarisch zu erklären, noch war das Vertrauen der Staaten gegenüber dem Hl. Stuhl groß genug, um Gelder für den Türkenkrieg zu überweisen. Man fürchtete die Türken nur so lange und in dem Maße, als sie eine unmittelbare Bedrohung für die eigene Herrschaft darstellten, wollte aber für keinen anderen in die Bresche springen. Den Klagen, dass die römischen Forderungen die Länder finanziell ausbluten ließen, gesellte sich der besonders in Deutschland auch laut vorgetragene Verdacht hinzu, der Papst werde diese Gelder gar nicht zur Bekämpfung der Türken verwenden, sondern damit seine Italienpolitik finanzieren – ein Misstrauen, das durchaus verständlich war. Dem päpstlichen Gesandten Peraudi wurde anfänglich sogar die Predigt in den Territorien des Reiches untersagt. Nachdem er endlich doch die Erlaubnis dazu erhalten und bis zur Erschöpfung seiner Kräfte im süddeutschen Raum den Kreuzzug gepredigt hatte, musste er resigniert die geringe Anteilnahme der Fürsten und Prälaten feststellen. Ähnlich ging es den päpstlichen Legaten in England und Frankreich, wobei gerade die Franzosen schon die Initiative des Papstes zur Einziehung des Zehnten als einen Affront betrachteten und die Universität von Paris die päpstlichen Strafen bei Verweigerung der Zahlung außer Kraft setzte. Selbst Ungarn, das doch am meisten von der türkischen Expansion bedroht war, zeigte sich zurückhaltend, feilschte mit den Venezianern um eine größere finanzielle Unterstützung. Dennoch kam eine kleine Koalition der christlichen Mächte doch noch zustande. Die Ungarn setzten gegen die Türken militärische Nadelstiche zu Land, die Venezianer und die Spanier starteten unter dem venezianischen Oberbefehlshaber Benedetto Pesaro ein Flottenunternehmen, dem es sogar gelang, die Insel Kephalonia im Ionischen Meer von den Türken zurückzuerobern; auch die Insel Santa Maura konnte noch gewonnen werden. Doch dann trat auch schon die Kriegsmüdigkeit bei den Verbündeten ein; die Kassen waren erschöpft, die Erfolge zu gering, als dass sie die Begeisterung für weitertragende Unternehmungen hätten anfeuern können. Auch der Sultan hatte kein Interesse mehr an der Fortführung des Krieges, musste er doch sein Hauptaugenmerk auf die Grenze zu Persien hin richten. Hier und in Nordafrika lagen – vorerst – neue Möglichkeiten und Chancen für das Osmanische Reich.

So schloss 1502 Venedig seinen Frieden mit dem Großreich, und im August 1503 folgte Wladislaw von Ungarn. Bayezid aber legte nicht nur die Fundamente für eine Ausdehnung des Reiches in den mittleren Orient und nach Afrika, sondern schmückte seine Herrschaft mit prächtigen Bauten, vor allem Moscheen, in Istanbul, Edirne und Bursa.

Diese Politik setzte sein Sohn und Nachfolger Selim I. (1512-1520), nachdem er seine Brüder (und wohl auch seinen Vater) gemeuchelt hatte, weitaus aggressiver fort. Die Mamelukenstaaten Syrien und Ägypten fanden ein gewaltsames Ende, aber auch dem persischen Reich wurden wichtige Territorien entrissen. Diese Eroberungen brachten nicht nur fremde Länder und neue Menschenmassen unter türkische Herrschaft, sondern auch wichtige geostrategische Positionen: Über Ägypten hatten die Türken nunmehr das für den Osthandel bis nach Indien so wichtige Rote Meer in ihren Händen; Ägypten war zugleich der Ausgangspunkt für eine weitere Expansion des Osmanischen Reiches in Richtung Maghreb. Durch Deportationen wurden neue Handwerker in die Hauptstadt gebracht, die nicht nur einen wirtschaftlichen Aufschwung bewirkten, sondern ebenso ihre Fähigkeiten für den Ausbau des Militärwesens einbrachten. So war die relativ ruhige Phase, die der Westen erlebte, alles in allem eine sehr trügerische Ruhe, nur ein Kräftesammeln des türkischen Reiches vor einem neuen Ansturm.

Mit der Eroberung Ägyptens war dem Sultan noch eine weitere Machtposition zugefallen, die alle militärischen Möglichkeiten noch übertraf: das in Kairo ansässige Amt des Kalifen. Nun war der Sultan nicht mehr nur der Nachkomme mittelasiatischer Nomadenvölker, denen die Launen der Geschichte zu einem großen Reich verholfen hatten, sondern auch ein Nachfahre Mohammeds, die religiöse Führerpersönlichkeit des Islams schlechthin und dessen höchste Autorität, deren oberste Pflicht es war, die Vorherrschaft des Islam in alle Länder zu tragen. Seine Kriege waren damit nicht nur machtpolitisch, sondern auch religiös legitimiert.

Der Kampf um das Mittelmeer

Selim I. verstarb jedoch bereits mit 46 Jahren, so dass es ihm selbst nicht mehr vergönnt war, diese Verbindung von geistlicher und weltlicher Macht gegen Europa auszuspielen. Vermutlich weil Selim alle anderen männlichen Erben frühzeitig hatte ermorden lassen, konnte sein Sohn Suleiman I. (1520-1566) völlig unangefochten das immer weiter aufblühende Reich übernehmen.

Aus türkischer Sicht war Suleiman ein absoluter Glücksfall: eine beeindruckend disziplinierte und charaktervolle Persönlichkeit, die weder der Vielweiberei anhing, noch – wie z.B. sein Vater – sich mit homosexuellen Handlungen vergnügte oder sich sonstige Skandalgeschichten leistete; hochgebildet, ja weise – schon sein Name rief den jüdischen König Salomon in Erinnerung –, seinen Reichtum zwar nicht verbergend, aber doch nicht aufprotzend, vor allem aber auch mit persönlichem Mut, der ihn als Anführer seiner Truppen immer wieder gefährliche Situationen durchstehen ließ – kurz, das völlige Gegenbild zu jenen verweichlichten Sultansgestalten, die sich später gegen Ende des Osmanischen Reiches zu gefährlich häuften.

Seine Intelligenz, seine Weisheit und seine oft gerühmte Gerechtigkeit machten ihn jedoch nicht zu einem Friedensfürsten; im Gegenteil, Suleiman erkannte die verbliebenen strategischen Schwachstellen seines Reiches und wusste wie ein erfahrener Schachspieler, wo er seine Kräfte zum Einsatz bringen musste. Es waren zwei Herausforderungen, denen er sich stellen wollte: Zum einen der Vorstoß nach Ungarn, das sich wiederholt nicht nur als ein Bollwerk gegen die Ausbreitung des Islam erwiesen hatte, sondern zugleich möglicher Ausgangspunkt für eine christliche Rückeroberung des Balkans war; zum anderen aber die totale Beherrschung des Mittelmeeres, das trotz der Entdeckung der „Neuen Welt" und neuer Seewege um das Kap der Guten Hoffnung noch immer die Lebensader Europas darstellte.

Der Angriff auf Rhodos

Die Stacheln im türkischen Fleisch waren im Mittelmeer die Inseln Rhodos und später Malta. Die auf Rhodos ansässigen Ritter des Johanniterordens hatten durch Dschem zunächst ihr Überleben sichern können. Doch nach Dschems Tod und nach der Herrschaftserweiterung der Osmanen in Nordafrika und im Mittleren Orient war die Schonfrist für Rhodos abgelaufen. Zu nahe am kleinasiatischen Festland gelegen, erschien die Eroberung der Insel ein Leichtes zu sein. In den letzten Juli-Tagen 1522 errichtete ein gewaltiges Expeditionsheer unter dem Wesir Mustafa Pascha zunächst einen Brückenkopf auf Rhodos und schließlich folgte eine mit schwerster Artillerie ausgerüstete Hauptstreitmacht, der Suleiman persönlich vorstand. Die Festungen der Johanniter gerieten unter massivsten Beschuss, doch die tapferen und todesmutigen Ritter unter ihrem Großmeister Villiers de l'Isle d'Adam leisteten unerwarteten Widerstand und fügten den Türken hohe Verluste bei. Dabei kam ihnen zugute, dass auch sie mittlerweile über schwere Artillerie verfügten und ihnen in der Person des Gabriele Tardini ein genialer Militärtechniker zur Seite stand. Der triumphale Sieg der Türken blieb aus; stattdessen entwickelte sich ein Abnützungskampf, in dem die Türken nur kleine und kleinste Erfolge erzielen konnten. In der Regel hätte dies ein Scheitern der türkischen Mission und den Abzug der Osmanen bedeutet und den Verteidigern zumindest eine Verschnaufpause bis in den Frühling des nächsten Jahres gebracht; denn die Osmanen scheuten, wie alle Seefahrer, die Tücken des Mittelmeers im Spätherbst und im Winter. Doch Rhodos lag zu nahe an der Küste, und auch die Fähigkeiten der Osmanen zur See hatten sich derart verbessert, dass sie sogar im Spätherbst ihre Truppen noch über See versorgen und verstärken konnten. So arbeitete die Zeit in diesem Fall nicht für, sondern gegen die Christen. Die Johanniter mussten noch vor Jahresende ihr Inselreich aufgeben. Der Sultan aber zeigte sich, beeindruckt von so viel Kampfesgeist, großmütig und gewährte den Rittern nach der Kapitulation freien Abzug.

Der Orden, dessen bewegte Geschichte ihn vom Gründungsort Jerusalem über Zypern nach Rhodos geführt hatte, wurde erneut heimatlos, bis ihm Kaiser Karl V. Malta als Besitz zueignete (1530). Seitdem bürgerte sich der Name „Malteserorden" ein.

Malta war für den „Orden vom Spital des hl. Johannes zu

Jerusalem" eine Überlebensgarantie, denn ohne diese feste Basis wären seine Ritter in alle Welt zerstreut, sein Vermögen wohl zerschlagen und seine politische Rolle bedeutungslos geworden. Schon der Großmeister Villiers de l'Isle d'Adam hatte die strategische Bedeutung der im Vergleich zu Rhodos keinesfalls sehr attraktiven maltesischen Inseln (Malta und Gozo) erkannt, Doch vor allem seinem Nachfolger Jean Parisot de La Valette, nach dem heute die Hauptstadt Maltas benannt ist, war es zu verdanken, dass die Inseln stark befestigt wurden.

Osmanische Seeräuber im westlichen Mittelmeer

Die Johanniter verhielten sich auf ihren Inseln keineswegs passiv. Von hier aus störten sie durch schnelle, piratenartige Angriffe zur See die türkische Handelsschifffahrt ganz empfindlich; vor allem aber trennte die geographische Lage Maltas das östliche vom westlichen Mittelmeer ab. Es konnte deshalb nicht „mare nostrum" der Türken werden. Entscheidende synergetische Effekte zwischen der aufstrebenden türkischen Flotte im Osten und den muslimischen Seeräubern, die im westlichen Teil des Mittelmeeres vor allem unter dem berüchtigten Korsarenkapitän Khizir, wegen seines roten Bartes kurz „Barbarossa" genannt, Furcht und Schrecken erregten, kamen nicht zustande. Khizir erhielt später vom Sultan den Ehrentitel „Haireddin" (Kheir-ed-din, d.h. „Vertreter der besten Religion"). Er brachte es zum Großadmiral der osmanischen Flotte und zum Gouverneur für das heutige Algerien und verdient in mehrfacher Hinsicht Beachtung: Da ist zuerst einmal seine Herkunft aus einer ehemals christlichen Familie, die unter dem Druck der Türken vom Christentum abgefallen war; weiterhin seine mit großem nautischen Sachverstand zusammen mit seinem Bruder Oruç ausgeführte Korsarentätigkeit, die „Barbarossa" mit Handelsunternehmungen zu verbinden wusste. Dabei machte er sein Vermögen nicht allein mit herkömmlichem Kapergut, sondern vor allem mit christlichen Frauen und Mädchen, die er auf dem Sklavenmarkt verkaufte. Drittens findet sich bei ihm neben persönlicher Gewinnsucht auch ein missionarisches Bewusstsein für die Ausbreitung des Islam – sowie der Wille, sich der Politik des Sultans einzufügen und dessen Absichten zu den seinen zu machen. Schließlich darf man ihn keinesfalls für einen eher einfältigen Haudegen halten. Haireddin besaß einen strategischen Verstand, der sich nicht alleine auf das Militärische, sondern auch auf das Feld der Politik erstreckte; und gerade das machte ihn für die Christen so gefährlich, nachdem er in den Diensten Suleimans zum Großadmiral aufgestiegen war.

Den muslimischen Korsarenbrüdern war ab den späten zwanziger Jahren des 16. Jhs. ein Gegner erstanden, der nicht nur ihre eigenen Pläne zu durchkreuzen drohte, sondern auch ansetzte, zum ebenbürtigen Widerpart Suleimans zu werden: Kaiser Karl V. Der Habsburger konnte eine starke Hausmacht im Reich mit der Macht Spaniens verbinden. Er sah es als seine vordringlichste Aufgabe an, Spaniens Küsten vor den Korsaren zu schützen und den christlichen Glauben gegen den Islam zu verteidigen. Tatsächlich gelangen seinen Admiralen erste spektakuläre Erfolge im westlichen Mittelmeer. Sie kosteten Oruç das Leben, hielten dessen jüngeren Bruder Khizir/Haireddin jedoch nicht davon ab, mit seiner Piratenflotte von seinem Hauptstützpunkt Algier aus weitere Überfälle auszuüben. Mit vielen Problemen belastet (der Reformation im Reich, der Rivalität des französischen Königs), konnte Karl V. diese Erfolge nicht langfristig sichern oder gar in eine Eroberung Nordafrikas umsetzen.

Auf die anfänglichen Siege der spanischen Flotte folgten empfindliche Niederlagen (1529 vor der Insel Formentera), die zur Folge hatten, dass die muslimischen Korsaren das westliche Mittelmeer unter türkische Vorherrschaft brachten und zudem den östlichen Maghreb dem Herrschaftsbereich der Türken einfügten. Erst als es Karl V. gelang, den seekundigen Genueser

Dogen Andrea Doria, der bislang in französischen Diensten gestanden hatte, als Großadmiral der spanischen Flotte zu gewinnen, war es möglich, die Macht der muslimischen Freibeuter zwischen Sizilien und Gibraltar zu brechen. Damit nicht genug: Die christliche Flotte wagte – mit intensiver Unterstützung durch Papst Clemens VII. – einen Angriff (1532) auf den südlichen Peloponnes, nahm dort die osmanische Festung Coron ein, eroberte Patras und plünderte die Küstenregion von Korinth. Doch für eine weitergehende Expedition fühlte sich auch Andrea Doria nicht stark genug, und so blieb dies nur ein Zwischenspiel, das freilich am Hofe des Sultans mit Erschrecken aufgenommen wurde.

Man darf diese Ereignisse nicht nur als eine Abfolge wechselseitiger Siege und Niederlagen betrachten. Für die Menschen damals – Regierende wie Regierte, Christen ebenso wie Osmanen – hatten sie eine viel weiterreichende Bedeutung: In den christlichen Reichen, wie bei den Türken, erschienen die Auseinandersetzungen immer deutlicher als ein Ringen um die Weltherrschaft, wenngleich es eher der kaiserliche Hofstaat als Karl V. selbst war, der solche Ideen entwickelte. Der Kaiser dachte eher an ein Bündnis aller christlichen Mächte gegen die Osmanen, was sich freilich als Wunschvorstellung erwies. Frankreichs „allerchristlichster König" stellte sich in perfider Weise – er hielt die weltumspannende Herrschaft des Habsburgers für eine Bedrohung – sogar auf die Seite der Türken und konspirierte mit ihnen.

Auch auf osmanischer Seite verführte die unvorstellbare territoriale Ausdehnung der vorangegangenen Jahrzehnte (und wohl auch das Bewusstsein vom türkischen Kalifat) dazu, sich islamische Weltherrschaft in Form eines türkischen Weltreiches vorzustellen. Dass auch Suleiman diesen Ideen nicht abgeneigt war, lässt sich schon daran festmachen, dass er Karl in dessen universalen Titel, dem des Kaisers, nicht anerkannte. „Weltherrschaft" war für beide Seiten darüber hinaus nie allein eine politische Idee, sondern verband sich immer auch mit theologischen, ja mit eschatologisch-apokalyptischen Inhalten. Im christlichen Abendland wurde mitbedacht, dass sich nach alter Überlieferung Tod und Auferstehung Jesu bald zum tausendfünfhundertsten Mal jähren würden. Für die Türken hatte das Jahr 1532 eine besondere theologische Bedeutung, weil 900 Jahre zuvor Mohammed verstorben war. So waren auf beiden Seiten Ängste und Hoffnungen ins schier Unermessliche gewachsen, und der Krieg hatte eine globale Dimension bekommen. Mehr noch als der bloße Landgewinn zählte daher für die Weltgeltung der Gegner die umfassende, weit ausholende Operation auf dem Meer. Der Kaiser und Suleiman hatten erkannt, dass der Sieg zur See eine Vorentscheidung darüber sein würde, wer den globalen Herausforderungen dieses Ringens gewachsen war. Die Strategen des Ersten wie des Zweiten Weltkrieges mussten ähnliche Erfahrungen machen.

Haireddin Barbarossa konnte nach dem Verlust Corons Suleiman jedenfalls davon überzeugen, alles in die Verbesserung und den Ausbau der Seestreitkräfte zu setzen und Karl V. mit allen Mitteln zu bekämpfen.

Wie gefährlich der Habsburger für die türkischen Weltmachtträume war, zeigte sich 1536, als der Kaiser die Pläne für eine gegen Tunis gerichtete gemeinsame Operation von Flotte – es waren spanische und portugiesische Schiffe – und Heer entwarf. Damit wollte er eine der Hauptbasen Haireddins treffen und somit dem Korsarenunwesen einen Riegel vorschieben. Karl scheute sich nicht, persönlich daran teilzunehmen, übertrug jedoch das Kommando erfahrenen Seeleuten und Befehlshabern. Der Feldzug, es sollte das letzte Unternehmen sein, das den Namen „Kreuzzug" verdiente, brachte nicht den totalen Triumph. Zwar wurde nach der Küstenfestung Goletta auch Tunis mit Hilfe der vielen dort gefangenen christlichen Sklaven und sogar muslimischer Araber, die sich gegen die türkische Vorherrschaft gestellt hatten, eingenommen, doch konnte Haireddin

Barbarossa entkommen. Karl, der sich bei diesen Kämpfen auch durch seinen persönlichen Einsatz in höchster Gefahr als heldenmütiger Kriegsherr gezeigt hatte, war klug genug, die Nachschublinien seiner Truppen nicht zu überfordern. Nachdem er ca. 70000 christliche Sklaven befreit und einen lokalen muslimischen Herrscher über Tunis eingesetzt hatte, trat er den Rückzug an. Seine Finanzen waren durch dieses höchst kostspielige Unternehmen erschöpft. Die Ruhr hatte die Reihen der christlichen Soldaten beträchtlich gelichtet. Zu den unrühmlichen Seiten dieses Kreuzzuges gehört, dass Karl seinen Soldaten Tunis zur Plünderung preisgab und diese unter der Bevölkerung ein Blutbad anrichteten. Bedenklich stimmen musste den Kaiser, dass viele der eroberten Geschütze aus französischer Produktion stammten und noch das Lilienwappen trugen. Von einer Geschlossenheit des Abendlandes wie bei den Kreuzzügen des Hochmittelalters konnte also keine Rede mehr sein.

Die Rache der Türken für diese Niederlage war schrecklich. Schnell hatten sie durch den Einsatz gewaltiger finanzieller Mittel – ihr Reich stand auf solider finanzieller Basis – neue Schiffe gebaut; und während auf den europäischen Galeeren nur Strafgefangene Dienst leisteten, standen den Türken, da sie dazu vor allem christliche Sklaven verwendeten, noch immer genügend Ruderer zur Verfügung, um die erlittenen Verluste auszugleichen. Aus dem bloßen Ersatz des Verlorenen wurde eine maritime Aufrüstung, wie sie die Welt noch nicht gesehen hatte. Karl hingegen konnte sich zwar noch immer auf Andrea Doria verlassen, war jedoch selbst durch den Krieg gegen Frankreich stark in Beschlag genommen. Und dieses Frankreich steuerte einen Kurs, der geradezu auf ein Bündnis mit den Türken hinauslief. So konnte Suleiman mit Hilfe der Franzosen einen umfassenden Zangenangriff auf Italien planen, mit dem Endziel, Rom zu erobern. Der venezianische Stützpunkt auf Korfu sollte nach dem Willen Suleimans der Ausgangspunkt für diese Unternehmung werden. Doch die Venezianer waren gegenüber der

türkischen Politik misstrauischer geworden, nachdem der Großwesir Ibrahim Pascha, der Venedig sehr gewogen war, auf Ge-
heiß des Sultans bestialisch ermordet worden war. Sie lehnten
das Ansinnen Suleimans ab, versuchten aber ihre Handelsinteressen durch ein Lavieren zwischen den Fronten zu wahren und
verstärkten zugleich ihre Verteidigung. Die neue Venedig-Poli-
tik der Türken ließ solche Spiele nicht mehr zu; der Sultan
befahl die Einnahme Korfus. Die dortige venezianische Zitadelle hielt jedoch stand, bis die ungünstiger werdende Witterung
einen Abbruch des Angriffes erzwang. Auch hatte sich Frankreich zu einer direkten Unterstützung seines Bündnispartners
dann doch nicht entschließen können. Doch die Venezianer hatten verstanden, dass eine Koexistenz mit der östlichen Großmacht fortan nicht mehr funktionieren würde. Sie gesellten sich
den Verteidigern Europas bei – eine Richtungsentscheidung, die
Venedig mit dem Verlust der meisten kleinen Inseln und Besitztümer im östlichen Mittelmeer bezahlen musste, die es durch
seine Appeasement-Politik bislang noch gerettet hatte.

Papst Paul III. (1534-1549), der wie seine Vorgänger vergeblich versucht hatte, die Konflikte innerhalb der christlichen
Staatenwelt zu bereinigen, um ein einheitliches Vorgehen gegen
die Osmanen zustande zu bringen, nutzte diesen Kurswechsel
zur Gründung einer Heiligen Liga (1538), der neben Venedig
auch Karl V. und der Johanniterorden beitraten. Frankreich
indes, das der Papst mit größten Anstrengungen ins gemeinsame
Boot zu holen versucht hatte, verweigerte die Teilnahme am
Bündnis und war nur zu einem zehnjährigen Waffenstillstand
mit Karl V. bereit.

Was so hoffnungsvoll begonnen hatte, endete in einem Fias-
ko: Eine christliche Flotte, zu der auch der Papst einige Schiffe
beigesteuert hatte, wurde von den Türken im September 1538
vor Prevesa geschlagen. Die Niederlage war umso schwerer zu
verkraften, als auch an der ungarischen Front und auf dem Balkan türkische Siege zu vermelden waren. Venedig sprang durch

einen Sonderfrieden (1540) von der Heiligen Liga ab, der Papst aber wandte sich enttäuscht den Vorbereitungen einer umfassenden Kirchenreform und eines Konzils zu. Karl V. versuchte im Herbst 1541 einen Entlastungsangriff auf Algier, der aber viel zu spät begonnen wurde und deshalb an der schlechten Witterung scheiterte. So war das Mittelmeer – vor allem in seinem östlichen Teil – doch noch zu einem „mare nostrum" der Türken geworden, und den Christen war nicht mehr von ihren Erfolgen geblieben als die Zuversicht, dass die Türken auf See nicht unbesiegbar seien.

Der Angriff auf Malta und Zypern

Das strategisch bedeutende Malta sollte die türkische Siegesserie krönen. Die Johanniter hatten die Insel als Stützpunkt betrachtet, um eine Wiedereroberung der ehemals christlichen Länder einzuleiten. Darum hatten die Ordensritter aktiv an der Eroberung von Tunis teilgenommen und waren der Heiligen Liga von 1538 beigetreten. Dass sie dies nach dem Verlust von Rhodos überhaupt konnten, dass sie wieder Mut fanden, verdankten sie nicht zuletzt ihren Großmeistern d'Isle d'Adam und vor allem La Valette, der als früherer Sklave der Türken in seinem Leben Zähigkeit, Duldsamkeit und Überlebenswillen bewiesen hatte. Beide hatten nicht nur die Festungswerke der maltesischen Inseln ausgebaut, sondern auch den Orden einer inneren Reform unterzogen, die die Moral und Disziplin der Ritter, Soldaten und Seeleute stärkte.

Im März 1565 verließ eine Flotte von etwa 130 türkischen Kriegsschiffen mit einer Invasionsarmee von mehr als 40000 Mann an Bord Istanbul in Richtung Malta, dessen Eroberung trotz der kampferprobten Verteidiger aufgrund der osmanischen Übermacht ein Kinderspiel zu werden versprach. Die Kommandogewalt über dieses Unternehmen lief bei dem früheren Korsaren Dragut zusammen, der die Strategie Haireddins – dieser war

1546 verstorben – weiterverfolgte. Die unmittelbare Befehlsgewalt vor Ort lag indes bei Mustafa Pascha.

Die Johanniter auf Malta verfügten nur über etwa 600 Mann Ritter und Kriegsleute, dazu kamen weniger als 5000 Söldner aus Spanien, Italien und von den Maltesischen Inseln selbst. Alles in allem waren die Türken den Verteidigern haushoch überlegen. Dass die Johanniter selbst nur relativ wenige Männer aufbringen konnten, obwohl sie doch bei einiger Klarsicht mit einem Angriff auf Malta zu rechnen hatten, lag an der inzwischen grundlegend veränderten Situation des Ordens in Europa: England war unter Heinrich VIII. von der katholischen Kirche abgefallen, ihre Orden waren verboten worden. Auch im Reich hatte die Reformation zu einem personellen wie ökonomischen und finanziellen Einbruch bei den Johannitern geführt. Da war es nur ein schwacher Trost, dass später noch Papst Pius IV. einige hundert Soldaten zur Unterstützung schickte.

Ganze 105 Tage dauerten die Kämpfe, die von beiden Seiten mit einer unvorstellbaren Zähigkeit, ja Verbissenheit geführt wurden. Es war mehr als nur blanker Überlebenswille – jeder der Verteidiger wusste, was ihn erwartete, wenn ihnen nicht ein gnädiger Tod in der Schlacht zuteil wurde –, der den Christen Heldenmut verlieh. Vielmehr waren sie von ihrem Großmeister eingeschworen auf einen Kampf um das Überleben des Christentums und des Evangeliums. Dass dies keineswegs nur Propaganda war, führten ihnen die Geschehnisse fast täglich vor Augen: Wer in türkische Hand geriet, wurde auf bestialische Weise bis zum Tode gefoltert. Selbst die gefallenen Christen wurden noch an Holzkreuze genagelt und aufs Meer hinausgeschickt. Obwohl diese Brutalität von den Osmanen ausging, fokussiert sich der Blick heute meist einseitig auf die Reaktion der christlichen Verteidiger, die im Gegenzug die Köpfe gefallener Osmanen ins Lager der Gegner schleuderten.

Die Verluste auf beiden Seiten waren enorm. Die Türken, in ihrem Siegeswillen, scheuten vor großen Menschenverlusten nicht zurück. Die türkische Artillerie entfaltete ihre schreckliche Wirkung auf die christlichen Festungen. Doch nun erwies sich das felsige Malta, auf dem die Johanniter so lange ihrem lieblichen Rhodos nachgetrauert hatten, als ein ungeahnter Glücksfall: Die Felsen widerstanden dem Beschuss. Der Zeitplan der türkischen Eroberung geriet völlig durcheinander. Als dann noch die Angreifer die Kunde vom Anrücken eines 8000 Mann starken spanischen Heeres vernahmen, das Spaniens König Philipp II. zum Entsatz schickte, da brachen sie die Belagerung mit Blick auf die fortgeschrittene Jahreszeit ab und zogen sich übers Meer zurück. Die Malteser aber konnten den Festtag Mariae Geburt am 8. September aus dankbarem Herzen feiern.

Es gab noch ein Nachgefecht: Ein christlicher Überläufer, vermutlich ein zum Christentum gezwungener Moriske, hatte Mustafa Pascha berichtet, das spanische Entsatzheer sei kleiner als gemeldet und überdies durch die lange, durch Stürme erschwerte Seereise ermattet. Mustafa Pascha, der den Zorn seines Herrn im fernen Istanbul wegen des verschenkten Sieges fürchtete, wollte noch einen letzten Triumph heimholen und griff mit seiner Infanterie die anlandenden Spanier an. Doch mochte deren Müdigkeit noch so groß sein, mit einem Mal brachen sich alle Gefühle der Rache und des Hasses bei den christlichen Soldaten Bahn: Sie mochten sich an die Vielzahl der verschleppten, gemarterten und gemeuchelten Glaubensbrüder erinnert haben, die gerade an Spaniens Küsten zu beklagen waren, an die gekaperten Handelsschiffe und Fischerboote, die nie wieder in ihre Häfen zurückfanden, an die Schändungen der Kirchen und Klöster, an alle Demütigungen, die die Christen Europas durch die Türken erfahren hatten – die Spanier rangen sich die letzten Kräfte ab und trieben die Türken schließlich in panische Flucht. So färbte sich selbst das Wasser der Meeresbucht, in der die Fliehenden Zuflucht suchten, um von den Beibooten ihrer Flotte aufgenommen zu werden, blutrot. Der Ort des Geschehens war die heutige St. Pauls Bay.

Suleiman aber, der wutentbrannt die Niederlage vernahm

und seinen erschreckten Untergebenen für das folgende Frühjahr einen neuen Kriegszug gegen Malta ankündigte, den er höchstpersönlich anführen wollte, fand dazu keine Gelegenheit mehr. Er verstarb 1566, ohne auch nur halbwegs ebenbürtige Nachfolger zu hinterlassen, die ein solches Unternehmen mit Aussicht auf Erfolg hätten wagen können.

Obwohl Selim II. (1566-1574), den die undurchsichtige türkische Thronfolgeregelung zuungunsten eines viel begabteren Bruders an die Macht brachte, ein haltloser Alkoholiker war, gab es für die Christen im Mittelmeerraum auch nach dem Sieg von Malta keine Entwarnung. Der von Karl V. in Tunis eingesetzte osmanenfeindliche Herrscher war von Algier aus gestürzt worden. Und nun wandte sich Selim II. der – neben Kreta – letzten größeren Besitzung der Venezianer im östlichen Mittelmeer zu: Zypern.

Am Sultanshof ging die Rede, es sei vor allem deshalb Zielpunkt einer Eroberung, weil Selim die vortrefflichen Weine der Insel schätze. Viel wahrscheinlicher ist freilich, dass der Reichtum der Insel und vor allem ihre strategische Lage so nahe an der klein- und vorderasiatischen Küste Selims Begehrlichkeit weckte. Venedig, das die Teilnahme an der Heiligen Liga zum Schutz Maltas mit der Erwartung eines offensiven Vorgehens der Christen gegen die Osmanen beschlossen hatte, war nach dem schnellen, durch Uneinigkeit hervorgerufenen Zerfall dieser Liga zu einem demütigenden Sonderfrieden mit den Osmanen gezwungen. Um die verbliebenen Kolonien zu schützen, musste es hohe Tributzahlungen entrichten. Diese Regelung schien Selim nun nicht mehr genug. Damit waren die getroffenen Abkommen auf einen Schlag nicht mehr das Papier wert, auf dem sie geschrieben standen.

In der falschen Sicherheit dieser noch recht neuen Verträge, vielleicht aber auch nur, um die Türken nicht zu provozieren, hatten die Venezianer auf Zypern trotz der Größe und Bedeutung der Insel keine größeren Truppenverbände zur Verteidigung gegen die Türken stationiert, die mit etwa 50000 Mann die Insel überfielen. Dass die Eroberung gelang, lag aber nicht nur an der zahlenmäßigen Überlegenheit der Angreifer. Die Zyprioten waren der venezianischen Herrschaft überdrüssig. Noch kurz vor der Eroberung hatte sich die einheimische Bevölkerung erhoben. Doch die Venezianer hatten die Aufstände blutig niedergeschlagen. Es ist zwar nicht nachzuweisen, dass sich die Zyprioten militärisch an der Invasion der Türken beteiligten, die ihnen faire Behandlung und Steuerermäßigung versprochen hatten, doch sie halfen auch nicht bei der Verteidigung der Insel. Manche spionierten sogar für den Angreifer oder leisteten Unterstützerdienste. Die Türken honorierten dies keineswegs, sondern töteten oder versklavten nach der sechswöchigen Belagerung Nikosias (9.11.1570) unzählige Zivilisten – meist Frauen und Kinder, die Männer wurden größtenteils liquidiert –, zerstörten die Stadt und machten die Kathedrale zur Moschee.

Viel schwerer taten sich die Muslime mit Famagusta, wo wie in Nikosia eine venezianische Garnison lag. Die Stadt war mit hohen Mauern und Wällen umgeben, die in der ersten Hälfte des 16. Jhs. noch wesentlich verstärkt worden waren. Außerdem verfügten die Verteidiger über schwere Artillerie. Als die Osmanen im Frühjahr 1571 unter ihrem Oberbefehlshaber Lala Kara Mustafa Pascha zum Angriff übergingen, da empfing sie ein völlig unerwarteter Widerstand. Immer wieder wurden die Angreifer mit schwerem Geschützfeuer eingedeckt. Unter ihrem tüchtigen Kommandanten Marc'Antonio Bragadino ließen sich die Venezianer von den mit massiver Kraft vorgetragenen Angriffen ebenso wenig beeindrucken wie von der psychologischen Kriegsführung im Vorfeld der Angriffe, als die Türken bald mit den abgeschlagenen Köpfen bald mit verführerischen Zugeständnissen im Falle einer Kapitulation die Verteidiger zu verwirren suchten. Den Kampfeswillen der Christen konnten sie damit nicht schwächen, denn in Famagusta herrschten andere Verhältnisse als in Nikosia und anderen Teilen des Landes. Hier wurden die Soldaten für ihren Dienst gerecht entlohnt, die Bewohner orthodoxen Glaubens fair behandelt. So herrschte ein tiefes Einvernehmen mit den Katholiken darüber, dass eine türkische Herrschaft für alle ein Übel sei. Mehrere Monate lang also zog sich die Belagerung dahin, und den Christen gelang mancher Ausfall, manch gewagter Vorstoß, der die Muslime am Gelingen ihres Kriegszuges sogar zweifeln ließ. Freilich war die in etwa zehnfache Überlegenheit der Osmanen dann doch nicht auszugleichen. Anders als das felsige Malta konnte Famagusta untergraben, unterminiert werden, so dass erste Breschen in die Verteidigungsanlagen geschlagen wurden. Große personelle Verluste sowie der immer bedrohlicher werdende Mangel an Nahrungsmitteln und Munition taten ein Übriges, dass sich die Verteidiger schließlich doch zur Kapitulation gezwungen sahen. Man dachte wohl an eine Lösung ähnlich wie auf Rhodos, also mit freiem Abzug der Christen. Die Türken, die von den langen Kämpfen nicht minder erschöpft waren, stimmten dem auch zu. Doch bei den Verhandlungen kam es zum Streit zwischen Lala Mustafa und Bragadino. Der äußere Anlass war die geforderte Rückgabe osmanischer Gefangener, die die Venezianer nicht erfüllen konnten. Über die wahren Ursachen kann jedoch nur spekuliert werden. Vielleicht konnte Lala Mustafa das hochfahrende Auftreten des Venezianers nicht ertragen, der sich im Wissen darum, dass die Osmanen mehr als die Hälfte ihrer Truppen verloren hatten, wie der eigentliche Sieger aufführte. Der Türke brach schließlich alle Zusagen, ließ die militärische Elite der Venezianer köpfen, Bragadino aber nach mehreren Scheinhinrichtungen grausam foltern und schließlich unter schlimmen Demütigungen und abstoßenden Quälereien ermorden. Bragadino aber, der während dieser grauenvollen Prozedur immer wieder zur Konversion zum Islam aufgefordert wurde, erwiderte, dass er als Christ leben und sterben wolle. Als die Berichte über diese Gräuel Venedig erreichten, da bewirkten sie eine grundsätzliche Änderung der venezianischen Politik: Vene-

dig und Spanien fanden sich in einer Neuauflage der Heiligen
Liga gegen die Osmanen zusammen.

Der Sieg von Lepanto

Die Geburt dieser Heiligen Liga von 1571 war ein langwie-
riger und auch ernüchternder Prozess, der die ganze Schwäche
der europäischen Verteidigungspolitik noch einmal offenlegte.
Dass dieser Prozess schließlich doch noch ein wenigstens halbwegs glückliches Ende fand, war der Weitsicht, der Geduld und
der Tatkraft eines einzigen Mannes zu verdanken: Papst Pius V.
(1566-1572). Er lud sich neben der Herkulesaufgabe der Kirchenreform auch noch die der Verteidigung des Abendlandes
auf. Pius V., das erkannte bereits der Historiker Leopold v.
Ranke an, war zu dieser Zeit wohl der Einzige unter den Staa-
tenlenkern Europas, der das tatsächliche Ausmaß der Bedrohung
erfasste und mit einem unbeugsamen Sinn für Gerechtigkeit und
politischen Ausgleich und unter Hintanstellung sogar der Interessen des Heiligen Stuhls die arg zerstrittenen Mächte Spanien
und Venedig zu einem gemeinsamen Handeln bewegte.

Freilich, das große Ziel hat auch Pius V. verfehlt: eine Allianz aller europäischen Mächte, einschließlich Englands, Frankreichs, des Heiligen Römischen Reichs und sogar Polens und
Russlands. Das protestantisch gewordene England hatte kein
Interesse. Frankreich war so auf seine eigenen machtpolitischen
Ziele versessen, dass es nicht nur nicht der Liga beitrat, sondern
deren Zustandekommen bis zum letzten Augenblick zu hinter-
treiben versuchte. Das Reich war durch einen konfessionellen
Graben tiefer gespalten denn je. Der Kaiser zeigte anfänglich
zwar große Sympathien für eine solche Liga, rührte aber für
deren Realisierung keinen Finger und schied schließlich auch
als möglicher Teilnehmer aus. Polen und Russland in ein gemeinsames Boot zu bekommen, erwies sich als utopisch. Zwar
gab es Gespräche zwischen Vertretern des Hl. Stuhls und Russ-

lands, die eine Annäherung in kirchlichen Fragen intendierten, doch blieben diese im Unverbindlichen stecken. Noch gravierender wirkte sich allerdings die politische Rivalität zwischen Polen und Russland aus. Sie verhinderte nicht nur ein gemeinsames Vorgehen gegen die Osmanen, sondern band bei beiden Ländern auch militärische Kräfte.

So konzentrierte sich die Gründung einer Heiligen Liga auf Spanien, Venedig und den Heiligen Stuhl selbst. Doch so groß die Gefahr für Venedig auch war, erwies sich die Republik doch als ein widerstrebender und schwieriger Verhandlungspartner, der mit dazu beitrug, dass ein Vertragsabschluss bis zum letzten Moment hinausgeschoben wurde. Zum einen gab es in Venedig erhebliche Ressentiments gegen Spanien, dem man eine ebenso eigennützige Politik unterstellte, wie man sie auch selbst betrieb. Beide Länder waren Konkurrenten auf den Meeren und nicht zuletzt auf italienischem Boden, der seit dem Ende des 15. Jhs. immer mehr zum Interessensfeld auswärtiger Großmächte (neben Spanien auch Frankreich) geworden war. Die Venezianer hatten durchaus registriert, dass sie in diesem politischen Spiel zunehmend ins Hintertreffen gerieten. Schließlich war man sich in Venedig selbst nicht einig, wie man auf die türkische Aggression reagieren sollte. Die Bedrohung Zyperns und vor allem das Ultimatum der Türken zur Übergabe der Insel hatten zwar so manchem die Augen geöffnet und sprach gegen eine Fortsetzung der bisherigen Appeasement-Politik, doch die ganz auf Verhandlungen und Ausgleich setzenden Politiker hatten keineswegs ihren Einfluss verloren. Jeder noch so kleine Misserfolg der „Falken" in der venezianischen Politik und vor allem jeder scheinbare Vorteil Spaniens wurde von ihnen ausgenutzt, um ein „Weiter-so" in der Türkenpolitik einzufordern. Doch selbst jene Partei, die eine militärische Antwort befürwortete, war anfänglich nicht bereit, eine stabile „Liga" einzugehen, sondern begnügte sich mit einem Hilfeersuchen an die europäischen Mächte, bis auch bei ihr die Überzeugung wuchs, dass mehr als nur eine kurzfristige Reaktion auf die türkische Aggression erforderlich sei.

Spanien indes, so katholisch sich sein Herrscher Philipp II. auch gab, hatte näher liegende Interessen als das ferne Zypern. Es forderte von der künftigen Heiligen Liga Beistand im Kampf gegen jene Muslime, die vom Maghreb aus spanische Besitzungen, die spanische Seefahrt sowie die spanischen Küstenstädte gefährdeten. So war Spanien nicht bereit, sich zum bloßen Handlanger der Venezianer machen zu lassen, obwohl man andererseits durchaus die Gefahr, die von den Türken im östlichen Mittelmeer drohte, nicht verkannte. Überdies wirkte sich auch der spanische Stolz vor allem in der Frage nach dem Oberbefehl über eine vereinte Flotte aus. Es war zwar unbestritten, dass Spanien als der größten Macht unter den Bündnispartnern das Oberkommando zufallen sollte, doch wer die Landtruppen führen, wer die Stellvertretung des Oberkommandierenden übernehmen und ob dieser völlige Handlungsfreiheit besitzen sollte, war damit noch keineswegs vorentschieden. Schnell hatte man sich darauf geeinigt, dass das Bündnis nicht einen bloß defensiven, sondern auch einen offensiven Charakter haben sollte. Doch damit lag auch schon das Problem auf dem Tisch, wie man das Fell des Bären, den man erst noch erlegen wollte, zu verteilen gedachte. Es war die Gier – nach Macht, Reichtum und Ruhm –, die mit am Verhandlungstisch saß. Nun stelle man sich vor, wie schwierig es rein organisatorisch war, hier zu einem Konsens zu kommen. Die Republik Venedig und Spaniens König trieben ein Pokerspiel, um ihre maximalen Forderungen durchzusetzen. Und zu diesem Spiel gehörte es, ihre Gesandtschaften nicht mit Entscheidungsbefugnissen auszustatten. So wurde immer wieder wertvolle Zeit vertan, weil die Gesandten zur Rücksprache in ihre Länder zurückreisen mussten.

In dieser oft verfahrenen Situation erwies sich Papst Pius V. als genialer Vermittler, unterstützt vor allem durch Kardinal Morone, der – so Ludwig Pastor in seiner großen Papstgeschichte –

zunehmend zur „Seele der Verhandlungen" wurde.

Pius war als Landesherr mit bestem Beispiel vorangegangen. Schon kurz nach seinem Amtsantritt hatte er eine etwa 4000 Mann starke schnelle Eingreiftruppe zum Schutz der italienischen Küste aufstellen lassen. Eine päpstliche Bulle (vom 9.3.1566) stellte nicht nur allen Fürsten die drohende Gefahr vor Augen, sondern nannte die religiöse Spaltung Europas als Hauptgrund für die Schwäche des Abendlandes. Bloßes Lamentieren aber war die Sache des Papstes nicht. Ihm war klar, dass Europa und die Kirche sich selbst verändern müssten, um den Ansturm der Türken abzuwehren. Was bedeutete das konkret? Ein Ausweg aus dem Versagen der Christenheit war für ihn nur möglich, wenn es eine innere Bekehrung der Christen gab. Wie konnte Gott einer Kirche im Kampf helfen, die in ihren Lastern entstellt war? Wie konnte eine gespaltene Christenheit Kraft finden gegen einen Feind, bei dem der Wille eines Einzelnen ein ganzes Großreich zwang? Wie sollten christliche Fürsten die Sache des Glaubens und der Kirche zu ihrer eigenen machen, wenn diese Kirche zum Gespött und zum Gegenstand von Verachtung geworden war? So verwundert es nicht, dass Pius in dieser Bulle vom März 1566 ein breites Instrumentarium der geistlichen Erneuerung aufrief: einen Jubelablass, der an Gebet, Fasten und Almosen für den Türkenkrieg, vor allem aber an den Empfang des Bußsakramentes gebunden war; mehr noch an eine tiefgreifende Bußgesinnung. Vor allem die Priester wurden ermahnt, künftig sittenrein zu leben, da nur so ihre Fürbitten für die Christenheit vor Gott Wert bekämen. Die strikte Durchführung der Reformen des Trienter Konzils durch den Papst, die auch von seinen Nachfolgern fortgesetzt wurde und die Päpste zu den wichtigsten Trägern der kirchlichen Erneuerung machte, entfaltete und ergänzte das in der Bulle angelegte Programm.

Pius gab aber nicht nur die Richtung dieser geistlichen Wiedergeburt der Kirche vor; er ging diesen Weg in heiligmäßiger Weise auch selbst. Es war für ihn keine bloße Pflichtübung, in Rom an zahlreichen Bittprozessionen gegen die Türkengefahr teilzunehmen. Pius war ein Mensch des Gebets, des öffentlichen ebenso wie des privaten. Er betrachtete vor allem in der Heiligen Woche das Leiden Christi, feierte an Festtagen mehrmals die hl. Messe und machte sich zweimal im Jahr zu Fuß auf den Weg zu den sieben Hauptkirchen Roms. Stets nur mit einem kleinen Gefolge, dafür aber an die arme Bevölkerung reichlich Almosen austeilend. Eine tiefe Verehrung der hl. Eucharistie und eine strenge, aber auch nüchterne Askese brachten dem Papst schon zu Lebzeiten den Ruf der Heiligkeit ein, in den auch kühle ausländische Diplomaten und sogar innerkirchliche Gegner des Papstes einstimmten. So ist es auch durchaus glaubwürdig, was der Schatzmeister des Papstes vom 7. Oktober 1571 berichtet: Dass der Papst plötzlich aufgestanden und zum Fenster geschritten sei und ihn, den Schatzmeister, aufgefordert habe, Gott zu danken für den Sieg der Christenheit, der in diesem Augenblick vor Lepanto errungen worden sei. Dem Papst, der so sehr im Gebet darum gerungen hatte, war eine Vision des Sieges zuteil geworden.

Damit die Heilige Liga, die diesen Sieg erringen sollte, überhaupt zustande kam, bedurfte es freilich mehr als nur des Gebetes. Immer wieder drängte der Papst Venedig und Spanien zu einer Übereinkunft. Dem spanischen König sicherte er einen Zugriff auf die Einkünfte des spanischen Klerus zu, um den Kriegszug zu finanzieren. Venedig wurde dazu gebracht, den spanischen Oberbefehl über die Flotte zu akzeptieren – der Preis dafür war, dass der Papst selbst mehr Schiffe als geplant für diese Flotte auszurüsten hatte. Die Venezianer bestanden auch auf einen vom Papst gestellten stellvertretenden Flottenkommandeur, was wiederum das Misstrauen der Spanier weckte. Endlich gelang es Pius mit Marcantonio Colonna einen beiden Seiten vermittelbaren Stellvertreter zu finden, der nicht nur militärische Erfahrung mitbrachte, sondern überdies auch einen Sinn für die geistliche Dimension des kommenden Kampfes hatte: Colonna empfing aus der Hand des Papstes ein Banner, das den Gekreuzigten zwischen den beiden Apostelfürsten Petrus und Paulus zeigte, darunter das aus der Konstantins Legende bekannte Wort „*in hoc signo vinces*" – „unter diesem Zeichen wirst du siegen". Nachdem Colonna mit großer Umsicht und Klugheit den von ihm zu befehligenden Flottenteil ausgerüstet und eingerichtet hatte, begab er sich unverzüglich zum Marienheiligtum von Loreto, um Schiffe und Mannschaft, ja das Schicksal der Christenheit der Gottesmutter anzuvertrauen.

Die Verhandlungen über die Heilige Liga waren noch nicht abgeschlossen, als die gemeinsame Flotte aufgerufen wurde, unverzüglich Zypern Hilfe zu bringen. Entsprechend den Vereinbarungen erhielt Giovanni Andrea Doria den Oberbefehl. Er war der Großneffe des Andrea Doria (+1560), der in spanischen Diensten stand und bereits 1564 eine Seeschlacht vor Korsika gewonnen hatte. Doch Doria verzögerte – vielleicht auf Befehl Philipps II., vielleicht aber auch nur aus einer persönlichen Rivalität mit Colonna heraus und um die eigenen Schiffe zu schonen – das Auslaufen der Flotte, so dass sie zu spät kam, um Zypern Entlastung zu bringen. Schließlich kehrte Doria ohne Absprache mit den übrigen Kommandeuren nach Korfu zurück, während die Flotte Colonnas in einen Sturm geriet, der viele Schiffe und Mannschaften kostete. Pius V. war darüber so verärgert, dass er sich weigerte, Doria zu empfangen, bedeuteten diese Geschehnisse doch einen herben Rückschlag für die Liga-Verhandlungen. Doch der Papst ließ sich auch hiervon nicht entmutigen und arbeitete weiter mit flammenden Ansprachen, finanziellen „Zugeständnissen" des Hl. Stuhles und durch diplomatischen Druck am Zustandekommen des Bündnisses.

Am 19. Mai 1571 war es endlich so weit: Die Liga wurde auch formell beschlossen, nachdem man sich noch einmal ihres offensiven wie defensiven Charakters versichert und das Banner des Oberbefehlshabers an König Philipps Halbbruder Juan d'Austria übergeben hatte. Weitgespannte Erwartungen begleiteten das Bündnis, so etwa die Vorstellung, auch die vom Sultan abhängigen muslimischen Staaten zu bekämpfen und damit den Islam auf breiter Front zurückzudrängen. Dazu sollte die Liga als eine dauerhafte geschlossen werden, mit jährlichen gemeinsamen Unternehmungen gegen den Feind. Marcantonio Colonna behielt den Posten des Stellvertreters des Oberbefehlshabers, und der Papst war als Schiedsrichter in allen strittigen Fragen bestimmt, von denen man absehen konnte, dass sie nicht ausbleiben würden. Auf dieser Rechtsgrundlage konnte die vereinte Flotte aus Messina auslaufen mit Kurs auf den Golf von Patras, wo vor Lepanto die letzte große, mit Galeeren ausgefochtene Seeschlacht stattfinden sollte. Neben den Seeleuten und den Soldaten befanden sich auf den Schiffen Ordenspriester der Kapuziner und Jesuiten, also jener Reformorden, die mit dem Konzil von Trient erst ihren großen Aufschwung nahmen und das Programm des Konzils verwirklichten. Ihnen oblag nicht nur die Spendung der Sakramente, sondern auch die auf die gefahrenvolle Situation bezogene Predigt. So begleiteten sie die Mannschaften in ihren schwersten Stunden und stärkten ihren Kampfesmut. Noch kurz vor Beginn der Schlacht wurde – wie die Tage vorher – auf den Schiffen die hl. Messe gefeiert, die für viele zu ihrem eigenen Requiem werden sollte. Papst Pius aber hatte Don Juan und den übrigen Admiralen eigens aufgetragen, für ein tugendhaftes und christliches Leben der Besatzung zu sorgen und das Fluchen wie auch das Glücksspiel zu unterbinden. Rosenkränze wurden an die Männer verteilt – es war ja gerade Pius V., der dem Rosenkranzgebet seine endgültige Form gegeben hatte. Diese geistliche Zurüstung trug unter den hartgesottenen Seeleuten und sogar unter den Sträflingen, die die Galeeren ruderten, erstaunlicherweise Frucht. Die Soldaten und Matrosen erfasste eine Welle der Begeisterung und Zuversicht, die anwuchs, je näher der Tag der Entscheidungsschlacht heranrückte. Als Don Juan vor Beginn der Schlacht die Schiffsreihen abfuhr, um letzte Anweisungen zu geben und die

Besatzungen auf die welthistorische Bedeutung dieser Stunden hinzuweisen, die, gleich ob Tod oder Überleben, in jedem Fall aber das ewige Heil brächten, wenn man nur gut und tapfer kämpfe, da bekam er tausendfach zur Antwort: „Sieg und lang lebe Jesus Christus". Don Juans Männer hatten verstanden, dass die äußere Realität dieser Schlacht einen geistigen, ideellen Kern besaß, dass sie hier nicht allein für Sold und Beute, sondern für die Freiheit Europas, des Abendlandes, für den christlichen Glauben und die Kirche fochten. Sie waren in diesem Augenblick nicht mehr Instrumente eines „von oben" verordneten Krieges, der einer Sache diente, die nicht die ihre war; sie waren selbst Subjekte, Träger eines Freiheitskampfes geworden. Und Don Juan setzte dafür ein eindrucksvolles Zeichen: Er befahl, die Rudersklaven auf den Galeeren loszuketten – das konnte ihnen im Falle des Unterganges des Schiffes das Leben retten – und ihnen nach der Schlacht die Freiheit zu geben.

Die Flotte der Liga, der auch Genua, die Städte der Toskana, Savoyen und die Johanniter auf Malta beitraten, war trotz ihrer beachtlichen Größe der osmanischen Flotte, die von Ali Pascha geführt wurde, vor allem an Zahl der Kampftruppen weit unterlegen. Noch unheilverheißender waren indes die Streitigkeiten zwischen den Flottenadmiralen, deren fortwährende Uneinigkeit durch türkische Spione dem Gegner gemeldet wurde. Don Juan entschloss sich dennoch zu einem offensiven Vorgehen. Er wollte nicht auf einen Angriff der Türken warten, sondern ließ die gegnerische Flotte aufspüren und kämpfte sich durch die einsetzenden Winterstürme bis zu ihrem Ankerplatz bei Lepanto vor, wo die von den Exkursionen des Sommers erschöpften türkischen Besatzungen ihre Schiffe wieder seetüchtig machten.

Die Türken begingen einen ersten Fehler: Sie ließen sich zum Kampf provozieren und verließen mit ihren Schiffen den sicheren, da gut befestigten und mit Kanonen bestückten Hafen von Lepanto. Diese Fehlentscheidung, die begründet sein mochte in der Auffassung der Osmanen, leichtes Spiel mit der unterlegenen christlichen Flotte zu haben, die zudem an den Differenzen zwischen den Kommandanten (und sogar Mannschaften) leide, gehört zu den Unwägbarkeiten, dem nicht Plan- und Voraussehbaren, dem Tolstoi in seinem Roman „Krieg und Frieden" eine entscheidende Rolle zusprach. Wäre die türkische Strategie eine andere gewesen, so hätten die Christen angesichts des bevorstehenden Winters unverrichteter Dinge abziehen müssen; die große Aktion wäre verpufft und hätte als gescheitert gegolten.

Als sich die beiden Flotten zum Kampf aufstellten, waren es insgesamt etwa 600 Schiffe mit mehr als 150000 Mann Besatzung. Roger Crowley, ein Experte für frühneuzeitlichen Seekrieg, schätzt, dass mehr als 70 Prozent aller Rudergaleeren auf dem Mittelmeer an diesem Treffen beteiligt waren; eine für beide Seiten erschreckende Zahl, die eine entmutigende Wirkung gehabt haben musste. Denn wie die Christen wussten auch die Türken um ihre eigenen Schwächen, die vor allem im Ausfall einer beträchtlichen Anzahl von bewährten Ruderern bestanden, welche durch zwangsrekrutiertes Küstenpersonal nur notdürftig ersetzt wurden.

Schon in der Aufstellung der christlichen Flotte bewährten sich das strategische und taktische Genie Don Juans: Er mischte die national unterschiedlichen Flottenteile, um eine vorzeitige Flucht eines Flottenteiles zu unterbinden; und er verstand es, schnelle und wendige Galeeren mit den schweren Galeeren und den gewaltigen, damit auch trägen Galeassen so klug zu verbinden, dass sich die Schiffe nicht gegenseitig behinderten. Zugleich ordnete er die Schiffe in einer sechs Kilometer langen Reihe so an, dass jedes Schiff den Nachbarschiffen nahe genug war, um Hilfe zu leisten, zugleich aber der Abstand auch groß genug war, damit sich die Schiffe nicht gegenseitig behinderten. Diese Aufstellung hatte nicht nur eine unmittelbare taktische Bedeutung; sie symbolisierte und realisierte auch ein Erfolg versprechendes Prinzip, das die christliche Staatenwelt im Umgang mit den Osmanen bisher hatte vermissen lassen: Einigkeit, Kooperation, gegenseitige Hilfe. Freilich war es schwer und erforderte viel nautisches Geschick, eine so lange Reihe von Schiffen während ihrer Vorwärtsbewegung auf den Feind zu in Reih und Glied und im rechten Abstand zu halten. Doch noch schwerer war es für Ali Pascha, der seine Flotte wie eine Mondsichel angeordnet hatte in der Absicht, die gegnerische Flotte zu umfassen. Ali Pascha, und das war sein zweiter Fehler, setzte also auf die zahlenmäßige Überlegenheit, auf die bloße Masse, die dem Feind keinen Ausweg mehr lässt und ihn erdrückt – auch das symbolhaft für die bisherigen Auseinandersetzungen zwischen den Türken und den westlichen Staaten. Seemännisch waren seine Verbände indes mit dieser Aufstellung überfordert. Die Spitzen des Halbmondes zogen sich zu weit auseinander, so dass gefährliche Lücken entstanden. Ali Pascha musste auf die Schnelle umdisponieren und seine Schiffe in einer in drei Abteilungen gestaffelten Reihe aufstellen. Die türkischen Schiffe hatten den christlichen voraus, dass sie leichter, schneller und wendiger waren; letztere aber waren mit mehr Kanonen bestückt, hatten also eine weitaus größere Feuerkraft. Vor allem besaß die christliche Flotte in ihrem Zentrum mehrere schwere Galeassen, die ihre Kanonen nicht nur, wie bei Galeeren üblich, an dem schmalen Bug postiert hatten, sondern an den Schiffsseiten und darüber hinaus im Vergleich zu den dünnwandigen Galeeren über eine viel stärkere Panzerung verfügten. Die christliche Marine war damit technisch innovativer als die osmanische. Wie sehr die Europäer vor allem auf die Kraft der Kanonen setzten, zeigt auch, dass sie die Rammsporne ihrer Galeeren hatten abmontieren lassen, um es den am Bug befindlichen Kanonen zu ermöglichen, aus kürzerer Distanz und damit treffsicherer zu schießen.

Als sich die Flotten aufeinander zu bewegten, da machte den Christen zuerst ein Gegenwind zu schaffen, der es erschwerte, die Ordnung der Schiffe in der Vorwärtsbewegung zu wahren;

doch dann wurde es fast windstill und ein leichter Rückenwind kam zugunsten der Christen auf, der die Osmanen zum Rudern zwang, den die Christen aber als „Wind Gottes" deuteten.

Der Plan Don Juans ging auf: Das Kanonenfeuer richtete schwerste Verwüstungen unter der osmanischen Flotte an. Freilich waren damit die üblichen Galeerenkämpfe – man beschoss sich von Schiff zu Schiff mit Arkebusen und Pfeilen, rammte den Gegner und versuchte ihn zu entern – damit noch nicht entschieden. Doch auch hier steigerte sich der Mut der christlichen Truppen zur Kampfeswut und schien Rache nehmen zu wollen für alle Niederlagen und Demütigungen, die die Türken vor allem den Maltesern, Kretern und Dalmatinern unter ihnen zugefügt hatten. Vielerorts brach Panik unter den Osmanen aus, und wer von ihnen in der Nähe des festen Landes kämpfte, suchte sein Heil in der Flucht. Das Gemetzel verschonte auch nicht die Offiziere auf beiden Seiten. Der Venezianische Edelmann Agostino Barbarigo, der den linken Flügel der Flotte befehligte, wurde von einem Pfeil getroffen, als er das Visier seines Helmes hochgeklappt hatte, um seine Befehle verständlicher geben zu können. Zwei Tage später verstarb er. Sein Flottenteil aber siegte über den des Scirocco Pascha, dessen Kommandoschiff manövrierunfähig gerammt wurde und der selbst im Kampf den Tod fand.

Auch die Flaggschiffe der beiden Flotten – die „Real" und die „Sultana", auf denen Don Juan und Ali Pascha zu finden waren, wurden in das mörderische Ringen des Enterns und Gegen-Enterns miteinbezogen. Ineinander verkeilt und von weiteren Schiffen unterstützt, bildeten sie sogar das schlachtentscheidende Zentrum. Juan d'Austria erwies sich als tollkühner Streiter, der sich größten Gefahren aussetzte und dabei am Bein verwundet wurde. Auch Ali Pascha kämpfte wie ein Löwe und wohl wider alle Hoffnung, fand dabei aber den Tod. Ein spanischer Soldat hieb ihm den Kopf ab, der dann wie eine Trophäe zur Entmutigung der Feinde herumgezeigt wurde. Partielle

Erfolge der Osmanen – etwa die des Admirals Uluch Ali gegen Giovanni Andrea Dorias rechten Flügel – vermochten das Blatt nicht mehr zu wenden. Der größte Teil der osmanischen Flotte war – bei relativ geringen Schiffsverlusten der Christen – versenkt oder schwer beschädigt; etwa 12000 christliche Rudersklaven konnten befreit werden. Unter den insgesamt etwa 40000 Toten waren 25000 Osmanen. Der wohl bekannteste unter den Verwundeten aber war der spanische Dichter Cervantes, der im Gefecht seine linke Hand verlor.

In Rom wie in der ganzen christlichen Welt brandete unsäglicher Jubel auf, als man von der Siegesnachricht hörte. Freudenfeuer, fast karnevaleske Aufzüge und Dankmessen wurden allerorten veranstaltet. Der Papst führte für den 7. Oktober das Fest „Maria vom Siege" ein, das Papst Gregor XIII. zum „Rosenkranzfest" umbenannte. Juan d'Austria aber empfing der Papst mit höchsten Ehren, wobei Pius V., die Bibel zitierend, gesagt haben soll: „Und es war ein Mann von Gott gesandt, sein Name war Johannes" (Joh 1,6).

Dennoch wurden die Hoffnungen und Erwartungen, die sich mit diesem Sieg verbunden hatten, nicht erfüllt. Zum einen wurde die Niederlage der Türken in ihren unmittelbaren Auswirkungen überschätzt. Die Türken hatten einen Rückschlag erlitten, doch ihr Wille zur Aggression gegen Europa war damit nicht gebrochen. Die Schuld für die Niederlage wurde im Osmanischen Reich auf Ali Pascha abgewälzt; eine genauere Analyse oder gar eine Besinnung auf einen Richtungswechsel der ganzen Politik fand nicht statt. Vom Großwesir Sokollu Mehmed Pascha wird das Wort überliefert, dass sie, die Türken, mit der Einnahme Zyperns den Christen den Arm abgetrennt, die Christen aber den Türken bei Lepanto nur den Bart rasiert hätten; der Bart wachse umso stärker wieder nach, der Arm aber nicht. Jedenfalls unternahmen die Türken große Anstrengungen, eine neue mächtige Flotte aufzubauen, deren Schiffe sie mit mehr Kanonen besetzten. Die türkische Eroberung von Tunis, das Juan d'Austria nach Lepanto eingenommen hatte, war ein Vorzeichen der fortdauernden Gefährlichkeit der Osmanen zur See und ihrer Fähigkeit, über weite Räume hinweg zu operieren.

Viel schlimmer aber war, dass die so mühsam geschmiedete Allianz der drei europäischen Mächte schon bald wieder zerbrach. Der Tod Pius' V. bereits im Mai 1572 nahm dem Bündnis den begnadeten Vermittler und ließ die alten Differenzen zwischen Spanien und Venedig erneut zum Ausbruch kommen. Frankreich mischte sich in unheilvoller Weise wieder ein, entzweite die beiden Bündnispartner noch mehr und drängte Venedig durch seine Vermittlung zu einem Separatfrieden mit den Osmanen (1573). Die Venezianer, die erneut ihren Handelsinteressen oberste Priorität einräumten, mussten dafür allerdings einen hohen Preis bezahlen: Sie hatten die osmanische Herrschaft über Zypern anzuerkennen, die Stärke ihrer Flotte zu beschränken und sehr hohe Entschädigungszahlungen zu entrichten.

Auch Spaniens Philipp II. reduzierte das Engagement seines Landes im Kampf gegen die Osmanen wesentlich, sodass an eine Politik der Eindämmung oder gar Wiedereroberung nicht zu denken war. Der Konflikt mit Frankreich und der Abfall der Niederlande banden Spaniens Kräfte.

Diese erstaunliche und letztlich unbegreifliche Wendung gab sogar im 18. Jh. den Betrachtern noch ein Rätsel auf. Voltaire urteilte in seinem „Essai sur les moeurs", dass es scheine, als hätten die Türken die Schlacht von Lepanto gewonnen. Mehr als eine Beschränkung der osmanischen Flotte auf den östlichen Teil des Mittelmeeres – die Bedrohung des westlichen überließ man fast ausschließlich muslimischen Korsaren – war durch Lepanto kaum gewonnen.

Der Wert dieses so leichtfertig verspielten Sieges lag eher auf ideeller Ebene: Der Nimbus türkischer Unbesiegbarkeit – man muss hinzufügen: in großen und entscheidenden Schlachten – war verloren. Der Geist von Lepanto, das sollte sich im folgenden Jahrhundert zeigen, war nicht gänzlich aus der Geschichte verweht. Wenngleich Papst Gregor XIII. sich vergeblich um die Erneuerung der Heiligen Liga bemühte, so fand auch sie am Ausgang des 17. Jhs. noch einmal eine – allerdings die Türkengefahr für immer bannende – Wiedergeburt.

Der Angriff der Osmanen auf Ungarn

Die Niederlage von Lepanto hatte das Osmanische Reich am Aufstieg zur Weltmacht gehindert. Doch konnte es sich als europäische, kontinentale Macht etablieren. Im ersten Viertel des 16. Jhs. konzentrierte sich die kontinentale Expansion der Türken auf Ungarn.

In Ungarn, zu dem auch Böhmen, Kroatien und Siebenbürgen gehörten, übernahm 1522 mit erst 16 Jahren Ludwig (Lajos) II. die Herrschaft. Er war durch seine Heirat mit Maria von Kastilien, der Enkelin Kaiser Maximilians I., engstens mit dem Hause Habsburg verbunden. Doch wie sehr hatte sich sein Ungarn gegenüber dem eines Hunyadi und eines Matthias Corvinus verändert! In Johann Hunyadi und vor allem in Matthias Corvinus hatte Ungarn kraftvolle Führerpersönlichkeiten besessen, die den Osmanen erfolgreich widerstanden und sogar Gebiete von ihnen zurückgewannen. Das Land schien zu einer europäischen Macht zu werden, als Matthias Corvinus sich die böhmische Krone gewann – wenngleich er nur in den böhmischen Randgebieten wirklich Herrschaft auszuüben vermochte –, seinen Einfluss bis nach Serbien und Bulgarien ausdehnte und schließlich, Kaiser Friedrich III. trotzend, sogar österreichische Erblande eroberte und in Wien Einzug hielt. Selbst die Erlangung der Kaiserwürde schien möglich, zumindest aber hatte er so viel Bedeutung im Reich, dass dieses zur Verteidigung gegen die Türken genutzt werden konnte. Doch schon 1490 verstarb Matthias Corvinus überraschend mit noch nicht einmal 50 Jahren und hinterließ nur einen unehelichen Sohn. Böhmen und Ungarn (damit auch Kroatien und Slawonien) fielen an den polnischen Königssohn Wladislaw II. (+1516), der bereits gegen Matthias Corvinus um Böhmen gekämpft und sich dabei in den böhmischen Kernlanden behauptet hatte. Wladislaws Herrschaft war also mit schweren Hypotheken belastet: In Böhmen wie in Ungarn fand er politische Gegner vor, die zum Gefolge von Matthias Corvinus gehört hatten. In Böhmen musste Wladislaw zudem mit dem Erbe der hussitischen Religionskriege fertig werden, und konnte dies nur, indem er den Landständen und dem Adel weitgehende Autonomie einräumte („Wladislawsche Landesordnung"). Als König von Ungarn musste er seine Ansprüche gegen die Habsburger, die ihm die österreichischen Erblande wieder genommen hatten, durchsetzen und schließlich durch eine Heirat seiner Tochter Anna mit Ferdinand I. eine Verbindung mit der habsburgischen Macht eingehen. Auch diese Konstellation zwang ihn, dem Adel weitgehende Rechte und Privilegien einzuräumen. Die Landesverteidigung wurde nun ganz zur Sache des Adels. Der König verfügte nicht mehr über ein stehendes Heer. Nach dem Tod Wladislaws (1516) übernahm kurzfristig Kaiser Maximilian I. die Regentschaft in Ungarn, da Wladislaws Sohn Ludwig (Lajos) noch nicht regierungsfähig war. Nach dem Tod Maximilians wurde Georg von Brandenburg–Ansbach-Kulmbach mit der Vormundschaft für Ludwig und damit auch mit der vorübergehenden Regentschaft betraut (bis 1522); er war ein Verwandter Wladislaws. Nicht nur der relativ häufige Regentschaftswechsel wirkte sich für Ungarn negativ aus. Der innenpolitisch schwache Wladislaw ermöglichte es den Adeligen, die Bauern zu unterdrücken, die sich deshalb 1514 zu einem Aufstand erhoben. Dieser Aufstand war umso gefährlicher, als zu dieser Zeit Papst Leo X. durch seinen Aufruf zu einem Kreuzzug gegen die Türken die Bewaffnung der Bauern und einfachen Volksschichten initiiert hatte. Der ungarische Adel erhöhte noch seinen Druck auf die Bauern, um sie zur

Arbeit auf den Feldern zurück zu zwingen. Das brachte natürlich deren Wut zum Überkochen. Die rebellierenden Bauern verwüsteten weite Landstriche, wurden schließlich aber selbst vernichtend geschlagen.

Noch ein weiterer Faktor trug zur Destabilisierung Ungarns bei: die Reformation. Das Land blickte auch kulturell nach Westen, und so konnte es nicht ausbleiben, dass lutherisches Schrifttum in großer Zahl nach Ungarn gelangte. Georg von Brandenburg-Ansbach-Kulmbach erwies sich als eifriger Verfechter und Förderer des Luthertums. Vor allem in der deutschstämmigen Bevölkerung fasste die neue Lehre Fuß, doch viele Magyaren zogen bis zur Mitte des Jahrhunderts nach. Die konfessionellen Auseinandersetzungen, die bald nicht nur Ungarn selbst sowie Siebenbürgen betrafen, sondern auch auf Kroatien und Slowenien übergriffen, schwächten die Verteidigungskraft des Königreichs nachhaltig. Dies gilt in gewissem Sinn sogar noch für die Zeit, als unter Kaiser Maximilian II. Rest-Ungarn wieder unter Habsburger Herrschaft stand. Denn Maximilian II., der vor seiner Regierungszeit sogar Sympathien für die Reformation gehegt und als Kaiser Rücksicht auf die lutherischen Fürsten und Stände zu nehmen hatte, war um einen Ausgleich der Konfessionen bemüht und verweigerte deshalb für Ungarn die Durchführung der Trienter Reformbeschlüsse. Damit nahm er, obwohl er durchaus um den Erhalt der katholischen Kirchengüter besorgt war, der katholischen Kirche viel von ihrer neu gewonnen Kraft, die so dringend nötig gewesen wäre, um die Menschen Ungarns zu ermutigen, zu stärken und einen Glaubenseifer zu entfachen, der einen geistigen Widerstand gegen die Bedrohung durch die Türken hervorgebracht hätte.

Unter diesen sehr ungünstigen Voraussetzungen hatten der ungarische Kronrat, der Reichsverweser und der damals noch nicht gekrönte Ludwig II. 1520 das Angebot Suleimans II. zu prüfen, ein dauerhaftes Bündnis zwischen dem Osmanischen Reich und Ungarn einzugehen. Es fällt heute leicht, die eigentliche Absicht Suleimans dahinter zu erkennen: Der Sultan wollte freien Durchzug für seine Truppen, um die reichen österreichischen Erblande angreifen zu können. Ob Ungarn, falls es dieses Angebot angenommen hätte, seine Unabhängigkeit hätte wahren können – darüber gehen die Meinungen auseinander. Außenpolitisch hätte das Land sicherlich seine Freiheit verloren und wäre zum Vasallenstaat herabgesunken, entsprechend der bewährten osmanischen Strategie einer bedächtigen Vereinnahmung, die aus einem anfänglichen Bündnis eine wachsende Abhängigkeit werden lässt.

Die türkischen Botschafter, die dieses Angebot überbrachten, wurden eingekerkert. Dies musste Krieg bedeuten, doch Ungarn intensivierte deshalb noch lange nicht seine eigenen Verteidigungsanstrengungen. Weder wurde ein Heer aufgestellt, noch eine Burg stärker besetzt. Als die Kriegsvorbereitungen der Osmanen nicht mehr zu übersehen waren, ergriff man lediglich diplomatische Initiativen: Hilferufe an Papst Leo X., der nur den Rat gab, Ungarn solle sich selbst helfen, da seine eigenen Kassen leer seien. Ebenso ernüchternd war die Haltung der Venezianer. Sie waren nur bereit, eine Finanzierungshilfe zu leisten, die überdies noch zu spät kam. Kaiser Karl V., der auf dem Reichstag zu Worms mit dem Hilfeersuchen konfrontiert wurde, war ganz vom Konflikt mit Luther eingenommen und hatte kein Ohr für die ungarischen Bittsteller.

Suleiman antwortete auf die ungarische Provokation also mit einem Feldzug (1521), der ihn sowohl auf dem Landweg als auch über die Donau nach Belgrad führte. Dessen Zitadelle mussten die ungarischen Verteidiger nach zwanzigtägiger Belagerung aufgeben. Somit stand dem Sultan der Weg nach Mitteleuropa offen, denn Belgrad hielt eine Schlüsselposition inne. Doch überraschenderweise brach der Sultan den Feldzug ab und zog sich zurück. Die Eroberung von Rhodos hatte für ihn Priorität.

Der Vorwurf, zu wenig gegen die Bedrohung getan zu haben, trifft natürlich die Ungarn selbst, die nach dem Verlust Belgrads hätten gewarnt sein müssen, jedoch eine grundlegende Verstärkung ihrer Verteidigungsbereitschaft nicht unternahmen. Da halfen auch die Gesandtschaften des Papstes nichts, die die Ungarn in deren eigenem Interesse aufrütteln sollten, aber deprimierend desolate Zustände am Königshof antrafen. Diplomatische Initiativen des Papstes (Clemens VII.) erfolgten auch in Richtung Polen, wo ähnlich beklagenswerte Zustände herrschten wie in Ungarn.

So waren die Ungarn in einer aussichtslosen Position, als im April 1526 die Türken zu einem neuen Feldzug ansetzten. Bereits im Juli fiel Peterwardein, das der mutige Erzbischof Tomori von Kalocsa – unterstützt von Truppen, die der päpstliche Legat Kardinal Campeggio aus eigener Tasche finanziert hatte – nahezu heldenhaft verteidigt hatte. Am 29. August standen die Ungarn, verstärkt durch Truppen aus Slawonien und Siebenbürgen sowie durch etwa 4000 vom Papst geschickte Söldner – insgesamt etwa 28000 Mann –, bei Mohács einer Übermacht von 60000 bis 70000 Osmanen gegenüber. An der Spitze der Ungarn stand ihr im Krieg völlig unerfahrener König Ludwig II. Dessen erste Niederlage erfolgte bereits im Vorfeld der Schlacht, als ihm die Kroaten, die ja immerhin Teil des ungarischen Königreiches waren, die Stellung von Truppen mit der Begründung verweigerten, sie würden die Türken vor Ort, auf ihrem eigenen Territorium bekämpfen.

Der Fall Peterwardeins hatte wenigstens im letzten Moment den ungarischen Eifer wieder zum Leben erweckt. Doch dieser verband sich mit einer nur unzureichenden Führung, die auf eine schnelle Attacke gegen die Türken setzte, aber nicht die Zufälligkeiten einkalkulierte, die kühne Pläne dann doch zerbrechen lassen. In diesem Fall kam es zu Verzögerungen, die es den Türken erlaubten, sich besser aufzustellen und ihre schweren Geschütze, denen die Christen nichts Gleichwertiges entgegenzusetzen hatten, in Position zu bringen. Nach anfänglichen Erfolgen geriet das ungarische Heer so ins Feuer des Gegners, dass von den 28000 Mann etwa 20000 auf dem Schlachtfeld blieben. Zu den Gefallenen gehörten u.a. Erzbischof Tomori, dessen Kopf als Trophäe im Lager der Osmanen herumgereicht wurde, der Erzbischof von Gran und fünf weitere Bischöfe sowie die weltliche Elite Ungarns. König Ludwig, der selbst in die Schlacht eingegriffen hatte, kam auf der Flucht ums Leben, als er vermutlich in einem Nebenfluss der Donau ertrank. Seine Leiche wurde erst mehrere Monate später aufgefunden.

Auf diese Niederlage folgten furchtbare Zerstörungen, die das osmanische Heer in der ungarischen Tiefebene anrichtete. Am 10. September schließlich nahm Suleiman die ungarische Hauptstadt Ofen ein, die keine Gegenwehr geleistet hatte. Trotz Plünderungsverbot wurde sie praktisch der Willkür der türkischen Truppen überlassen, mit den üblichen Folgen. Sieben Tage dauerte dieses Inferno, dann beschloss der Sultan den Rückzug, weil er den baldigen Winter fürchtete und sicherlich auch, weil es der Vorsicht türkischer Eroberungspolitik entsprach, behutsam die eigene Einflusssphäre zu erweitern.

Mohács war ein Fanal. Dabei war es nicht allein diese militärische Niederlage, die Ungarn nun völlig paralysierte. Das durch den Tod des Königs entstandene Machtvakuum versuchten zwei Herren zu füllen: Erzherzog Ferdinand von Österreich, der mit König Ludwig verschwägert war, und Janos Zapolya von Siebenbürgen, der sich bereits am 10. November 1526 in Stuhlweißenburg zum neuen König krönen ließ. Erzherzog Ferdinand setzte mit Hilfe seiner Getreuen seine eigene Wahl zum ungarischen König im Dezember auf dem Landtag zu Preßburg dagegen und trieb Zapolya im Juli 1527 zur Flucht nach Polen. Zapolya sah seine einzige Möglichkeit darin, den Sultan um Hilfe zu bitten und schloss daher ein Militärbündnis mit den Osmanen. Suleiman erwies sich in der Tat als Retter in der Not: Er eroberte September 1529 Buda, das von den Truppen Ferdinands besetzt worden war, und übergab die Stadt Zapolya.

Die Osmanen vor Wien 1522

Doch damit gab sich Suleiman nicht zufrieden: Mit einem gewaltigen Heer von weit über 100000 Mann stand er am 22. September 1522 vor Wien. Mehrmals rannten die Türken gegen die gut befestigte und von deutschen Landsknechten und gepanzerten Reitern gehaltene Stadt an und versuchten, sie zu unterminieren – vergeblich. Die Ursachen dieses Scheiterns sind mehrere: Der schnelle (und für den Gegner damit umso weniger erwartete) Vorstoß ließ nicht zu, dass die Osmanen schwere Artillerie mit sich führten; so konnten sie gegen die starken Mauern nicht viel ausrichten. Außerdem waren die deutschen Landsknechte aus anderem Holz geschnitzt als die Kombattanten, mit denen es die Janitscharen bisher auf dem Balkan zu tun hatten. Schließlich machte unter den Angreifern sich auch die Kunde breit, dass ein sowohl aus Katholiken wie Protestanten gebildetes Entsatzheer sich nähere. Dies und die den Türken immer stärker zusetzende Kälte entmutigten die Osmanen und veranlassten den Sultan, die Belagerung abzubrechen und unter den üblichen Verwüstungen am 16. Oktober den Rückzug anzutreten. Drei Jahre später hieß es in Wien noch einmal „Die Türken kommen"; doch diesmal war es nicht mehr als der Versuch, Angst und Schrecken zu verbreiten und zugleich die Großmacht-Attitude des Osmanischen Reiches dem Abendland vor Augen zu stellen.

Ungarn aber wurde zerstückelt: Zwar kam es zwischen Ferdinand und dem bis dahin kinderlosen Zapolya im Frieden von Großwardein (1538) zur Übereinkunft, dass nach Zapolyas Tod Ferdinand die Herrschaft über ganz Ungarn übernehmen sollte; doch Zapolyas gelang es kurz vor seinem Tod (1540) doch noch, mit der Tochter des polnischen Königs Sigismund I. einen Sohn – Johann Sigismund (1540-1571) – zu zeugen. Dieser wurde zwar nicht gekrönt, jedoch zum König gewählt. Ferdinand sah darin einen Bruch des Abkommens von Großwardein und schickte Truppen, die Ofen belagerten. Es gehört zu den Peinlichkeiten der ungarischen Kirchengeschichte, dass es gerade ein Paulinermönch war, Georg Martinuzzi-Utieseni, in Ungarn besser bekannt als Fráter György, der als Vormund Johann Sigismunds und als Verteidiger der Stadt Suleiman gegen die Truppen Ferdinands zu Hilfe rief. Und tatsächlich stellte Suleiman aus seiner Sicht die Ordnung der Verhältnisse wieder her und vertrieb die Eindringlinge. Zugleich verfügte er aber einen massiven Eingriff in das ungarische Staatsgebilde: Er beschränkte Johann Sigismunds Herrschaft im Wesentlichen auf Siebenbürgen (Fürstentum Siebenbürgen) und erklärte das Land von Belgrad bis über Buda und Pest hinaus zur osmanischen Provinz. Das Territorium nördlich dieser Provinz und Siebenbürgens blieb als „Königreich Ungarn" in habsburgischem Besitz. Damit war das einst so mächtige Ungarn dreigeteilt.

Doch dann erwies sich Fráter György den Türken als ein unzuverlässiger Bündnispartner, suchte in den folgenden Jahren einen Ausgleich mit Ferdinand, der nicht anders als zu Lasten des Königssprosses und dessen Mutter gehen konnte. Der Paulinermönch stimmte der Vereinigung Siebenbürgens mit dem christlichen Königreich Ungarn zu, wofür er als Gegenleistung die Woiwodschaft Siebenbürgen und vom Papst den Kardinalshut sowie den Erzbischofssitz von Gran erhielt. Suleiman suchte bis zu seinem Tod diese Restitution Ungarns zu verhindern und eroberte eine Reihe von Festungen im ungarischen Königreich. Janos Sigismund, der sich dann doch noch kurzzeitig als Fürst von Siebenbürgen etablieren konnte, verstarb ebenfalls in jungen Jahren kinderlos. Danach machte niemand mehr den Habsburgern die ungarische Krone ernsthaft streitig. Suleimans Nachfolger, Selim II., dachte nicht daran, die Grenzen auf gewaltsamem Wege nochmals zu verändern. Der Frieden von Adrianopel/Edirne (1568) zwischen dem Habsburger Landen und den Osmanen hatte ohnehin Siebenbürgen relativ autonom gehalten und dem osmanischen Einflussbereich zugeordnet. Erst gegen Ende des 16. Jhs. wurde dieser Frieden brüchig und ging schließlich für Ungarn in einen verheerenden Krieg über, nachdem Siebenbürgen versucht hatte, wieder an das ungarische Königreich und damit an die Macht der Habsburger Anschluss zu finden.

Luther und die Türken

Wie standen Luther und der ältere Protestantismus zu den Türken? Es sei in diesem Zusammenhang daran erinnert, dass die Gleichsetzung von „katholisch" mit einer Gegnerschaft gegen die expansiven Osmanen schlichtweg nicht zutrifft. Venedig und Frankreich zeigen, dass politisches Kalkül oder simples Machtstreben die religiösen Fronten durcheinander brachten. Auch die Religion selbst war nie nur Ort abstrakter Dispute um „wahr" und „falsch"; immer ging es dabei auch um reale Möglichkeiten, seinen Glauben zu leben, um die materielle Basis dafür und damit auch um die Macht.

Luther nahm dieses komplexe Verhältnis sehr deutlich wahr und versuchte, es in klare Linien aufzulösen, was ihm allerdings nicht in befriedigender Weise gelang. Wie verwirrend Luthers Position war, zeigt die päpstliche Bannbulle vom 15. Juni 1520 „*Exsurge Domine*", die im 34. Satz folgende, Luther zugeschriebene These verurteilt: Gegen die Türken in den Krieg zu ziehen, bedeute, Gott Widerstand zu leisten, der durch die Türken unsere Ungerechtigkeit bestraft (vgl. DH 1434). Dieser Satz verbindet historisch Richtiges mit Falschem: Zuerst einmal ist festzuhalten, dass „*Exsurge Domine*" schon aufgrund ihrer Entstehungszeit die Position des reifen oder gar alten Luther nicht berücksichtigt. Luthers eigentliche „Türkenschriften" sind in die Jahre 1529 und 1530 zu datieren, stehen also unter dem Eindruck der ersten Belagerung Wiens durch die Türken. Was aber bereits die Bulle richtig gesehen hat und Luthers Vorstellung von der (heils)geschichtlichen Rolle der Türken auch in den späten Jahren prägen wird: Die osmanischen Eroberungen werden als Strafe Gottes für das Versagen der Christenheit gesehen. Dabei kann Luther sogar so weit gehen, dass er die Türken gerade für eine göttliche Bestrafung der Papstkirche hält, die nach Meinung Luthers nicht nur moralisch verfallen sei, sondern auch durch das Papsttum das Erlösungswerk Christi verdunkle. So kann er sagen, die Türken seien wie der Papst „Gottes Fasnachtsspiel"; Gott schlage einen Buben durch den anderen (WA 19, 644,1). Zwar zollt Luther dem islamischen Bilderverbot ebenso Respekt wie der tiefen Frömmigkeit der Muslime, doch erkennt er natürlich auch, dass im Islam Christus nur ein – von Mohammed überholter – Prophet ist und nicht die von der Bibel verkündete Zentralstellung als wahrer Sohn Gottes und Heiland der Welt besitzt. Mögen Frömmigkeit und Disziplin der Muslime noch so beeindruckend sein, für Luther offenbaren sie eine noch viel entscheidendere Werkgerechtigkeit, den frevelhaften Versuch also, sich durch fromme Werke (Fasten etc.) das Heil selbst zu verdienen. So nennt er die Muslime „des Teufels Heilige", die durch „eigene große Werke fromm und selig" werden wollten (WA, 30/2, 187,12-14). Damit hat Luther, der im Lauf der Jahre immer mehr die Überzeugung gewann, dass die Endzeit angebrochen und der Antichrist bereits in der Welt erschienen sei, dem Islam eine apokalyptische Rolle zugewiesen als Werkzeug des Antichristen. Dabei lässt er aber keinen Zweifel daran, dass der Antichrist selbst nur der Papst sein könne, nicht aber ein türkischer Sultan. Denn der Türke töte nur den Leib, der Papst aber die Seele. Es spricht vieles dafür, dass diese apokalyptische Deutung des Islam, die ihre Vorläufer bereits im Früh- und Hochmittelalter hat (z.B. bei Joachim von Fiore und Alvarus von Cordoba), ja sogar bis ins Frühmittelalter zurückreicht (Johannes Damascenus, der nicht nur den Islam als christliche Häresie versteht, sondern in den Muslimen auch die Vorläufer

170

des Antichristen erkennt), wesentlich gefördert wurde durch die nach Europa gemeldeten Berichte über türkische Gräueltaten und damit getragen war von einem starken Motiv der Angst. Auch bei Luther stellt man fest, dass die apokalyptische Sichtweise gerade nach Mohács und dem erstmaligen Erscheinen der Türken vor Wien die Oberhand gewinnt. Darin trifft er sich mit Melanchthon, der durch seine intensiven Beziehungen zu Ungarn mit der Türkennot dort vertraut war.

Daneben gibt es aber auch sehr nüchterne Aussagen, die fast modern anmuten: Luther beklagt die große Bereitschaft zur Gewalt, also die im Islam so wichtige Funktion des Schwertes, das zum Instrument der muslimischen Glaubensverbreitung geworden sei; ebenso auch die Vielweiberei und die Ehescheidung. Wie seine Zeitgenossen erregt sich Luther über die Ermordung und Versklavung von Christen, die sogar Kinder nicht verschont. Er hält die Rede von der Toleranz der Türken für falsch, da es den Christen im türkischen Herrschaftsbereich nicht möglich sei, öffentlich zusammen zu kommen, Christus zu bekennen oder gar an Mohammed Kritik zu üben. Diese im Gegensatz zu seinen apokalyptischen Aussagen sehr nüchterne Sicht fasst Luther in dem Gedanken zusammen, dass der Islam die Grundordnungen menschlichen Zusammenlebens zerstöre. Es gibt bei Luther also neben der religiösen Beurteilung des Islam auch eine grundsätzlich säkulare (wobei hier außer Acht bleiben kann, dass diese inhaltlich auch von religiösen Motiven und Überzeugungen geprägt ist).

Der Türke als Vollzugsorgan des Antichristen und als Störer der Weltordnung – diese Dichotomie verlangt nach Luther auch eine doppelte Strategie von Seiten der Christen. Auf der religiösen Ebene sah Luther keine Notwendigkeit, direkt gegen den Islam zu kämpfen. Eine Verführungskraft sprach er ihm nicht zu, ja er war sogar überzeugt, dass man die Lektüre des Koran sogar fördern müsse, um die inneren Widersprüche des Islam zu demonstrieren und ihn ad absurdum zu führen. Luther selbst befürwortete daher Koranübersetzungen und wollte sie den Pfarrern an die Hand gegeben wissen, damit diese die Gefahren, die vom Islam ausgingen, fortan nicht mehr unterschätzten. Dennoch, der religiöse und theologische Kampf gegen das Papsttum (und seine Handlanger, wie etwa die Mönche) war Luther weitaus wichtiger.

Stellte der Islam für Luther auch keine theologische Herausforderung dar, so mussten doch religiöse Wege gefunden werden, um mit den von den Türken ausgehenden Drangsalen fertig zu werden. Wenn der Teufel die Christenheit durch die Türken quäle, dann, so Luther, müsse zuerst der Teufel geschlagen werden (WA 30/2, 129,8f.). Das konnte nur bedeuten, die Kirche im Sinne der lutherischen Revolution zu erneuern, wozu natürlich auch Gebet – so empfahl Luther Hausandachten – und Buße gehörten. Die Heimsuchungen sollten, und das galt vor allem für jene Christen, die unmittelbar unter den Türken zu leiden hatten, ganz im Sinne der Bergpredigt ertragen werden. Diese Duldsamkeit treibt Luther auf die Spitze, wenn er jenen, die in türkische Gefangenschaft geraten sind, den Rat gibt, ihr Schicksal als von Gott gegeben anzunehmen und, falls man an einen türkischen Herren verkauft werde, diesem nicht davonzulaufen, da man sonst ihm den „Leib stehle", den er gekauft habe (WA 30/2, 175,31-176,5). Noch unrealistischer ist seine Aufforderung an gefangene Christen, sich nicht am Kampf gegen ihre christlichen Brüder zu beteiligen; als ob eine solche Option überhaupt noch bestanden hätte!

Ganz anders sind die Aussagen Luthers auf der säkularen Ebene: Es sei Aufgabe des Kaisers, das Reich zu verteidigen und dessen Bewohner zu schützen; und auch jeder christliche Soldat, der gegen die türkische Aggression kämpfe und dabei den Tod finde, sterbe einen „ehrlichen und heiligen" Tod (WA 30/2, 175,31-176,5). Der Krieg gegen einen Zerstörer der Weltordnung und der Gemeinschaft ist damit als Verteidigungskrieg gerechtfertigt. In diesem Punkt also hat die Bulle „*Exsurge*

Domine" Luthers Position falsch – zumindest aus der Sicht seiner späteren Überzeugung – interpretiert.

Was Luther allerdings ablehnt, ist die Beteiligung von Bischöfen und Klerikern an diesem Verteidigungskampf; sie hätten, so sagt er, im Heer des Kaisers nichts zu suchen (WA 30/2, 128,8-17). Der Abwehrkampf dürfe also nicht als religiöser Krieg, als Krieg des Christentums gegen den Islam geführt werden. Daraus wird auch einsichtig, dass Luther (und mit ihm die Protestanten überhaupt) weder mit dem Begriff noch mit der Idee eines Kreuzzuges etwas anfangen konnten. Die Ablehnung der Kreuzzüge war nicht nur historisch begründet – ihnen haftete ja immer etwas genuin Katholisches und gegen alle möglichen Dissidenten Gerichtetes an, wozu sich auch die Protestanten selbst rechnen mussten –, sondern zutiefst in der Sache Lutherischen Denkens verwurzelt: in der Sichtweise der Kirche als einer rein spirituellen, rein geistlichen Wirklichkeit.

Luthers Position lautete also: Türkenkrieg ja, Kreuzzug nein. Warum aber hat die katholische Seite diese Differenzierung nicht gesehen und stattdessen, wie in der Bulle „*Exsurge Domine*" Luther unterstellt, dass er den Türkenkrieg ablehne (was eine ungeheure Provokation für viele Menschen sein musste)? Man greift wohl zu kurz, wenn man dahinter nur katholische Propaganda sieht. Von päpstlicher Seite aus identifizierte man Türkenkrieg und Kreuzzug; hatte doch der Kreuzzugsbegriff in seiner Geschichte eine so große Ausweitung erfahren, dass er keineswegs nur mehr für die Rückeroberung des Heiligen Landes Anwendung fand. Diese Gleichsetzung wurzelte im Selbstverständnis des Papsttums: Das Papsttum eint zum Zweck der Verteidigung des christlichen Glaubens und Lebens alle Fürsten und Reiche unter dem Signum des Kreuzes. Dies schloss eine tiefe Bußgesinnung (und den Empfang des Bußsakramentes) ebenso ein wie den Ablass, basierte zudem auf dem Wallfahrtswesen („peregrinatio") – wobei der Kreuzzug nun als eine Wallfahrt unter Waffen verstanden wurde – und beinhaltete auch das

Motiv des (Selbst)Opfers. Kreuzzüge waren also, wenngleich sie immer wieder zu politischen Zwecken missbraucht wurden, ein religiöses Unterfangen, das allerdings in die Welt der Politik hineinwirkte und die Politik instrumentalisierte. In der Reformationszeit freilich waren sowohl die Glaubenseinheit weggebrochen als auch die Staaten so eigenständig und nationalistisch geworden, dass die Kreuzzugsidee zu einem Anachronismus geworden war. Selbst die frühneuzeitliche Bildung von Kreuzzugsligen konnte nicht darüber hinwegtäuschen: Hinter den Aufrufen der Päpste wurde kein „*deus vult*", „Gott will es", mehr vernommen, wie es noch im hohen Mittelalter als selbstverständlich galt. Nicht der autoritative Ruf des Papstes, durch den Gott selbst sprach, brachte eine Liga zusammen. Nur die mühselige diplomatische Arbeit, die an den partikularen Interessen der Staaten ansetzte, brachte eine Übereinkunft, eine Vereinbarung von Nationen zuwege. Luther hatte diesen Wandel verstanden und mit einem säkularisierten Modell eines Türkenkrieges beantwortet. Der Heilige Stuhl, das zeigt „*Exsurge Domine*" sehr deutlich, mochte sich zwar in der Praxis auf die neuen Verhältnisse eingestellt haben; die überkommenen Grundideen vom Kreuzzug waren aber noch immer lebendig, und sie beeinflussten das Urteil über Luthers Haltung gegenüber den Türken.

Säkular ist deshalb auch die Begründung der Türkenkriege bei dem Reichsritter und Humanisten Ulrich von Hutten, allerdings hier eingefärbt durch ein eminent politisches Motiv: Hutten stellt den Fürsten vor Augen, welche furchtbaren Auswirkungen das „türkische Joch" auf das Reich haben würde, und fordert sie zur Einigkeit auf. An der Spitze des Kampfes gegen die Osmanen möchte er aber den Kaiser sehen, dessen Aufgabe es sei, die Welt in ihrer Ordnung zu halten. Papst und Klerus, die Hutten verachtet, sollten sich indes heraushalten.

Luthers „moderne", ethische Konzeption einer Erhaltung der Weltordnung und der menschlichen Gemeinschaft, erst recht

Huttens politische Aufrufe zum Türkenkrieg und selbst die apokalyptischen Interpretationen, die im Verlauf der Geschichte
eine sehr unterschiedliche Konjunktur hatten, konnten freilich
nie eine solche Bindewirkung entfalten wie der alte Kreuzzugsgedanke.

3. Teil:

Die Entscheidung:

Die Türkenkriege des 17. und

frühen 18. Jahrhunderts

Türkenkriege und Volksfrömmigkeit

Die Erfindung des Buchdrucks und damit die Etablierung erster Zeitungen, die freilich am Anfang eher Flugschriften waren, machte die Welt kleiner und überschaubarer. Was bislang bestenfalls nur als eine ferne, sehr dunkle Kunde an die Ohren der Europäer drang, wurde nun zur brennenden Neuigkeit, die mühelos Gebirge, Flüsse und sogar Meere übersprang; die aber auch den Kreis ihrer Empfänger beträchtlich erweiterte, so dass das Wissen selbst von weit entfernten Geschehnissen kein Privileg höherer Stände mehr blieb. Das betraf natürlich auch die Nachrichten von den Geschehnissen an der Türkenfront, die nunmehr Menschen damit konfrontierten, die selbst noch nie einen Türken gesehen hatten. So lässt sich erklären, dass die Türkenangst („Heidenangst") nun sehr weite Kreise zog, fast ganz Europa eroberte und als Reaktion darauf ein inniges Beten und Bitten hervorbrachte, wie es eine bloße Anordnung aus Rom oder aus den Bischofsresidenzen und Fürstenhöfen nie vermocht hätte.

Spezielle „Türkendrucke" und „Türkenzeitungen" – aus dem 16. Jh. sind uns heute noch mehr als 2500 davon überliefert, darunter ungefähr 1000 in deutscher Sprache – setzten die Menschen nicht nur über das Vordringen der Türken in Kenntnis, sondern hatten vor allem auch den Zweck, die Greueltaten der Türken an den Christen bekannt zu machen, damit die Gläubigen umso intensiver beteten. Die sächsische Landesbibliothek bewahrt einen solchen Türkendruck aus dem Jahre 1594 auf (Inv. Sign. Hist. Hungar 436,40), dessen Überschrift lautet: „Wahrhafftige Nawe Zeittung. Von dem itzigen Krieg wieder den Türcken in Ungern".

Seit 1454, also ein Jahr nach dem Fall Konstantinopels, verbreiten sich auch „Türkenkalender" – sie waren überhaupt die ersten gedruckten Kalender –, darunter einer dessen Titel: „Eyn manung der cristenheit widder die durken" den Zweck unschwer erkennen lässt.

Nicht nur Schriften mahnten und riefen die Türkenkriege in Erinnerung; auf akustischem Wege waren es die Glocken, die eindringlich zur Besinnung und zum Bittgebet riefen. Papst Calixt III. hatte nach dem Verlust von Morea am 29. Juni 1456 bereits angeordnet, dass in allen Kirchen zur Mittagszeit eine oder mehrere Glocken „gegen die Türken" zu läuten hätten. Man nannte dies das sog. „Mittagsläuten" oder auch „Angstläuten". Die Gläubigen sollten während des Glockenläutens drei Vaterunser und drei Avemaria beten.

Die dazu verwendeten Glocken wurden „Türkenglocken" genannt, wobei diese Bezeichnung später, als auf dem Schlachtfeld die ersten Erfolge gegen die Türken erzielt wurden, noch eine spezielle Bedeutung erhielt: Glocken, die aus dem Erz erbeuteter türkischer Kanonen gegossen wurden. Von da an hatten die Türkenglocken auch nicht mehr die alleinige Funktion, zum Gebet um die Hilfe Gottes aufzurufen; sie wurden auch zum Dank für einen Sieg geläutet.

Hatte der Papst nur ein mittägliches Läuten befohlen, so weiteten Angst und Frömmigkeit es auch auf andere Tageszeiten aus. Einige Beispiele:

Die zwanzig Zentner schwere Türkenglocke der Pfarrkirche im oberösterreichischen Mauthausen wurde von dem aus diesem Ort stammenden Kriegskammerherren Christoph Voster 1688 gestiftet und soll aus erbeuteten türkischen Kanonen gegossen sein. Auch die Türkenglocke auf dem Grazer Schlossberg – sie wurde 1587 im Auftrag von Erzherzog Karl II. von Innerösterreich und seiner Frau Maria gegossen – soll aus 101 erbeuteten Türkenkanonen gefertigt sein. Nach 1683, also nach der für die Christen siegreichen Schlacht am Kahlenberg, läutete sie morgens, mittags und abends mit jeweils 101 Schlägen zum Dank an die Gottesmutter und als Bitte für weiteren Schutz in zukünftigen Gefahren.

Zum Dank erklangen auch die beiden Türkenglocken von 1686 in dem nahe Wien gelegenen Perchtoldsdorf, das noch 1683 von den Türken erobert und dessen Bevölkerung etwa zur Hälfte von den Osmanen niedergemetzelt worden war. Auf der einzigen von ihnen heute noch erhaltenen Glocke findet sich die Inschrift: „…rueffe ich die Christen alle zusam zu loben Gott in hoegstem Thron der uns erloest aus der Tyrgken noth".

Die Türkenglocke des nahe Villach in Kärnten gelegenen Ortes Maria Gail stammt bereits aus dem Jahre 1486 und stellt gleichsam eine Antwort auf die im Türkeneinfall von 1478 erfolgte Schändung der Kirche und Zerstörung des Ortes dar.

Nicht nur in den österreichischen Landen, die die Türkengefahr in besonderer Weise spürten, finden sich solche Türkenglocken. Auch das oberfränkische Bad Steben oder sogar das brandenburgische Rathenow besitzen Türkenglocken. Obwohl von Papst Calixt das Türkenläuten angeregt wurde, gibt es Türkenglocken auch in evangelischen Kirchen, wie etwa die 1683 gegossene große Türkenglocke der evangelisch-lutherischen Kirche St. Rochus in Zirndorf belegt. Ihre Inschrift nennt als Zweck ihres Läutens den Aufruf zur Buße in der Zeit der Türkennot: „Man haist mich ja frei die große Turckenglocken. Dieweil ich die Christen zur Buse thu locken…".

Im 18. Jh. freilich, als die Türkengefahr weitgehend vorüber war, ist das Türkenläuten zumeist verstummt und machte dem schon älteren Gebetsläuten des Angelus wieder Platz.

In den Nöten der Zeit suchten die Katholiken gerade bei der Gottesmutter Maria Hilfe. Die bereits 1531 in Loreto bezeugte, in ihren Anfängen aber noch viel älter und nach ihrem Ursprungsort benannte Lauretanische Litanei erhielt durch Papst Pius V. die Anrufung „Hilfe der Christenheit". Natürlich war auch dieser Hilferuf an Maria schon wesentlich älter; die Kreuzfahrer etwa hatten bereits ein „Maria hilf" auf den Lippen. Doch vor allem nach der Schlacht von Lepanto und dem Sieg der Christen vor Wien (1683) hatte die Maria-Hilf-Verehrung einen ungeahnten Aufschwung genommen. Dieser spiegelt sich wider in der Geschichte des Gnadenbildes der „Auxiliatrix Christianorum", das in vielen Kirchen vor allem des süddeutschen und österreichischen Raumes zu finden ist.

Lucas Cranach d. Ä. hatte nach 1537 ein Marienbild geschaffen, das die Madonna mit dem sie liebkosenden Jesuskind zeigt. Dieses Bild, das in der kurfürstlichen Gemäldesammlung zu Dresden aufbewahrt wurde, erhielt 1611 der Fürstbischof von Passau, Erzherzog Leopold, zum Geschenk, der es nach Innsbruck verbrachte. Doch der Passauer Domdekan, Marquard Freiherr von Schwendi, ein überaus frommer Mann, ließ eine Kopie für sein privates Beten anfertigen. Als er jedoch auf dem späteren Mariahilfberg – damals noch Schulerberg – von mehreren Lichtvisionen heimgesucht wurde, nahm er dies als ein Zeichen, dass die Gottesmutter auf diesem Berg über Passau die öffentliche Verehrung ihres Bildes wünsche. Er ließ dort eine Kapelle erbauen. Es waren zuerst, neben den privaten Nöten, vor allem die Bedrängnisse des Dreißigjährigen Krieges, die die Menschen in Scharen zur Wallfahrt auf den Mariahilfberg trieben. Nach der verlorenen Schlacht von St. Gotthard an der Raab (1664) aber suchte man dort bei Maria Schutz und Hilfe vor allem in den Türkenkriegen. Von beiden Orten, Passau und Innsbruck, strahlte der Ruf Mariens als Auxiliatrix Christianorum immer weiter aus. Vom Original wie von der Passauer Kopie wurden weitere Kopien erstellt. Wir finden diese Kopien – und was noch wichtiger ist, die entsprechende Marienverehrung – vielfach im bayerischen Oberland (z.B. Benediktbeuern und Berchtesgaden, Maria Eck im Chiemgau), in der Oberpfalz (Neumarkt, Amberg) und im Tirolischen (Bozen, Kufstein oder Schloss Schenna bei Meran), im Schwäbischen (Weingarten) und im Salzburger Land (Mondsee und Salzburg), selbst das Moselländische Wasserliesch wurde zu einem Ort der Verehrung. Vor allem aber im Ober- und Niederösterreichischen (Heiligenkreuz im Wienerwald, Mariahilfer Kirche in Wien, Pfarrkirche Atzgersdorf in Wien) und in Böhmen (Zedlitz bei Karlsbad) entfaltete sich der Mariahilf-Kult, der sogar in Polen und natürlich auch in Ungarn regen Anklang fand. Als die Türkengefahr vor 1683 am größten war und sogar Kaiser Leopold I. mitsamt seinem Hofstaat aus Wien nach Passau fliehen musste, da sah dieses Marienbild auch einen kaiserlichen Beter zu seinen Füßen.

Die Passauer Wallfahrt zu Maria, der Helferin der Christenheit, wurde seit 1631 von dem Orden betreut, der wie kein anderer in der Neuzeit mit dem bayerischen und österreichischen Volk verbunden war: den Kapuzinern. Pater Prokop von Templin hatte die auf dem Berg so reichlich ausgespendeten Gnadengaben der jungfräulichen Gottesmutter in einem anrührenden Gedicht gepriesen. Doch es war der als Apostolischer Missionar aus Italien gekommene Kapuziner Marco d'Aviano, der durch seine Predigten das Volk in so gewaltigen Scharen zum Gebet auf den Mariahilfberg führte, dass sogar die Brücke über den Inn ins Schwanken geriet. Der 1631 im Friaul zu Aviano geborene Bruder Marco (Geburtsname: Carlo Domenico Cristofori), der 1648 in den Kapuzinerorden eintrat, war seit seiner Jugend von der Idee beseelt, die Türken zu missionieren und dabei als Märtyrer zu sterben. Begleitet waren seine in Latein und Italienisch gehaltenen Predigten von Wunderheilungen, die Marco d'Aviano in ganz Europa bekannt machten und ihn zum Vertrauten Kaiser Leopolds I. werden ließen. Charakteristisch für seine Türkenpredigten war, dass er den Blick auch auf die Sünden der Christenheit lenkte und seine Zuhörer zur Buße aufrief.

Das wohl bekannteste Beispiel der barocken Türkenpredigt bot indes der Augustiner Abraham a Sancta Clara (Johann Ulrich Megerle). Als die Türken-Krise mit der zweiten Belagerung Wiens ihren Höhepunkt erreichte, da schmetterte er sein „Auff, Auff, ihr Christen" mittels eines Traktates ins Land. Doch darf man diesen Aufruf nicht isoliert vom Gesamtwerk des Predigers sehen: Es ist bezeichnend, dass sich auch bei Abraham a Sancta Clara die Bereitschaft zum Kampf mit dem Ruf zur inneren Umkehr und zur geistlichen Erneuerung verbindet. Man mag das Kämpferische solcher Schriften und Predigten, wie die Barockpredigt überhaupt, heute eher belächeln, doch muss man anerkennen, dass sie den Menschen in Zeiten und Situationen großer Bedrängnis Mut gemacht haben und eine Lebenskraft zum Ausdruck brachten, die dem Fatalismus, der Verzweiflung und der Resignation widerstand. Auch wäre diese barocke Kraft nicht denkbar, wenn nicht trotz der Religionskriege in Frankreich und des Dreißigjährigen Krieges auf dem Gebiet des Reiches die Nachwirkungen des großen Trienter Konzils ihre Früchte gezeigt hätten.

Ein Intermezzo des Friedens

Der 1568 geschlossene Friedensvertrag von Adrianopel/ Edirne zwischen dem Reich, repräsentiert durch Kaiser Maximilian II., und dem Osmanischen Reich war zuerst nur gedacht als ein achtjähriger Waffenstillstand, der jedoch 1574, 1583 und 1590 verlängert wurde. Das mag dazu berechtigen, von einem Frieden wenigstens auf dem Kontinent zu sprechen, dem freilich die Verlagerung des Kriegsgeschehens auf das östliche Mittelmeer – Seeschlacht von Lepanto – nicht widerspricht. Die vergebliche erste Belagerung Wiens hatte die Osmanen entmutigt, zumal die Sultane Selim II. (1566-1574) und Murad III. (1574-1595) eher schwache Persönlichkeiten waren. Die Vereinbarungen von Adrianopel/Edirne fixierten den Status quo und gaben beiden Seiten die Möglichkeit, die erschöpften Kräfte zu erholen. Osmanen wie Christen verzichteten darauf, auf Eroberung von Territorien auszugehen oder Einfälle in das Land des Gegners mit den üblichen Geiselnahmen zu unternehmen. Das Osmanische Reich erhielt zudem die Oberhoheit über die Walachei und das Moldau-Fürstentum. Außerdem wurde bestätigt, dass Siebenbürgen in die Vasallität des Sultans und damit zu dessen Einflussbereich gehören sollte. Diese Vereinbarungen zeigen, dass das Reich nicht auf Augenhöhe mit den Osmanen verhandeln konnte; und so musste der Kaiser auch dem Sultan ein „Geschenk" von 30000 Dukaten überreichen. Der Vorteil des Kaisers dabei: Die Abmachungen erlaubten beiden Seiten, an der Grenze Festungen zu bauen. Auch gaben sie den Habsburgern die Möglichkeit, Wehrbauern an der Grenze anzusiedeln und so zu verhindern, dass die Angst vor den Türken freie, weitgehend menschenleere Räume schuf, in die die Türken dann nur noch nachzurücken brauchten.

Freilich war dieser Friede (oder besser Waffenstillstand) nur ein sehr begrenzter. Er schloss lediglich größere Militäroperationen aus, während es eine schier unüberschaubare Zahl an Grenzzwischenfällen gab, bei denen türkische Verbände immer wieder auf ungarisches Gebiet vordrangen, dort plünderten und mordeten.

Gravierender, da nachhaltiger, waren jedoch die politischen Veränderungen: Siebenbürgen, das immer noch der Idee seiner Einheit mit Ungarn nachhing, suchte sich aus der osmanischen Oberhoheit zunehmend zu lösen, was nichts anderes bedeutete als eine Annäherung an die Habsburger. Dies wiederum empfanden die Osmanen als Verrat und belegten es mit Strafmaßnahmen. So leistete Stephan Báthory (1533-1586), der 1571 von den Ständen Siebenbürgens zum Fürsten gewählt worden war, Maximilian II. heimlich einen Treueeid und verzichtete, um seine enge Bindung wie seine Zugehörigkeit zum habsburgischen Ungarn zu betonen, auf den Fürstentitel. Stattdessen nannte er sich nur „Woiwode". Báthorys gefährliche Annäherung an das königliche Ungarn war im eigenen Land nicht unumstritten, zumal ohnehin seine Wahl gegen den Willen seines Vorgängers Zapolya erfolgt war und Báthory daher Gegner verschaffte, die erst noch bekämpft werden mussten. Stephan Báthory konnte sich durchsetzen, obwohl auch Maximilian II. eine andere Herrscherlösung für Siebenbürgen im Auge hatte. Durch Heirat fiel ihm überdies die Königswürde von Polen zu (1574), das mit dem Großfürstentum Litauen in Personalunion verbunden war. Damit ergaben sich ganz neue Perspektiven für Báthory, der seine Siebenbürgener Herrschaft mit der Übernahme der Königsherrschaft an seinen Bruder Christoph abtrat, um nunmehr mittels Polen und Litauen zu einem mächtigen Spieler auf der europäischen Bühne zu werden. Stephan Báthory, der sich auch als König von Polen gegen Ansprüche des Habsburgers zu wehren hatte, bestimmte zweifellos nach seinem Rücktritt als Woiwode weiterhin die Grundausrichtung der Politik Siebenbürgens mit. Dabei verfolgte er eine politische Vision, die sein plötzlicher Tod 1586 allerdings zunichte machte: Polen, Litauen und Siebenbürgen sollten im Verbund mit dem Königreich Ungarn die von den Osmanen besetzten Teile Ungarns befreien und Siebenbürgen aus der Vorherrschaft der Osmanen herauslösen. Selbst Russland, das Báthory in mehreren Feldzügen (1579-1582) gegen Iwan den Schrecklichen erobern wollte, bezog er in diesen Plan ein. Wie Napoleon nach ihm, so scheiterte Báthory allerdings an der Größe dieses Landes und konnte nicht mehr erreichen als einige territoriale Gewinne zugunsten des polnischen Reiches. Ob sein kühner Plan überhaupt Aussicht auf Erfolg gehabt hätte? Nicht nur die Osmanen betrachteten argwöhnisch die Politik Báthorys; auch die Habsburger konnten an einem so erstarkten Reich im Osten nicht interessiert sein, wenngleich 1578 ein Verteidigungsbündnis mit Österreich zustande kam. Selbst Papst Gregor XIII. stellte sich gegen eine Eroberung Russlands, da er hoffte, es werde zu einer Wiedervereinigung von katholischer und orthodoxer Kirche kommen – eine Illusion, die sich nicht erfüllte.

Trotz dieses Scheiterns hat Ludwig Freiherr von Pastor Recht, wenn er in Báthory, der nur so kurze Zeit Polen regierte, den größten König Polens sieht. Denn es war Báthory, der die Fundamente für den endgültigen Sieg der Christenheit über die Türken mehr als ein Jahrhundert nach seinem Tod legte; und man darf – was von Pastor noch nicht ahnen konnte – sogar sagen, dass seinem Wirken geradezu welthistorische Bedeutung zukam. Báthory hatte bedeutenden Anteil daran, dass Polen diese Bastion des Katholizismus wurde, die nicht nur wesentlichen Anteil an der Abwehr der Türken hatte, sondern im 20. Jh. durch ein Zusammenspiel von katholischer Solidarnosc-Bewegung und dem polnischen Papst den von den Kommunisten errichteten Eisernen Vorhang zum Einsturz brachte. Als er nämlich seine Regentschaft in Polen antrat, da war dieses Land alles andere als jener erzkatholische Staat, mit dem wir heute Polen verbinden. Unter König Sigismund II. August (1548-1572) hatte vor allem im Adel, unter den Studenten und den jungen Kaufleuten der Protestantismus (Lutheraner, Calvinisten, Böhmische Brüder und Antitrinitarier) stark Fuß gefasst. Zu dieser Zeit waren etwa ein Sechstel aller polnischen Pfarreien in protestantischer Hand. Die Gebildeten des Landes neigten der Reformation zu, vor allem in den Städten und in den kulturellen Zentren Krakau und Königsberg. König Sigismund II. selbst bekannte sich zwar zum katholischen Glauben, doch hofierte er unverhohlen die Protestanten und stand mit Melanchthon und Calvin sowie mit anderen führenden Köpfen der Reformation in freundschaftlichem Briefwechsel. Ähnlich stand es in Litauen und Livland. Allein das einfache polnische Volk, das von seinen Grundherren gezwungen wurde, die reformatorischen Neuerungen mitzuvollziehen, blieb im Herzen und in der Gesinnung dem katholischen Glauben treu. Báthory indes hatte mit diesen neuen religiösen Bestrebungen nichts im Sinn. Er war fest im Katholizismus verwurzelt und erkannte sehr bald, dass die tridentinischen Reformdekrete in Polen nur formal übernommen worden waren. Um ihnen Leben einzuhauchen und eine Rekatholisierung einzuleiten, suchte er die Hilfe der päpstlichen Nuntien und vor allem der Jesuiten. Die Protestanten duldete König Stephan weiterhin, die Warschauer Konföderation, die ihnen weit gehende Rechte einräumte, tastete er nicht an, doch er stellte jede Förderung des Protestantismus ein.

Die Jesuiten aber brachten den Geist der Tridentinischen Reform ins Land: Jesuitische Kollegien und Akademien sprachen die Oberschicht der Polen an und leisteten wertvolle Bildungsarbeit vor allem an der Jugend. So wurde das bisherige Bildungsmonopol der Protestanten aufgehoben.

Aus ganz Europa kamen jesuitische Lehrer und Seelsorger, die diszipliniert und bescheiden auftraten, duldsam die größten Hindernisse überwanden und durch ihre Glaubensstärke ebenso beeindruckten wie durch ihren starken Intellekt. Sie nahmen auch Kinder nichtkatholischer Eltern in ihre Gymnasien und Progymnasien auf, zogen unermüdlich predigend übers Land und verbreiteten auch durch ihre Schriften den katholischen Glauben. Dabei scheuten sie sich nicht, in großen Religionsdisputationen aufzutreten und dort den Katholizismus zu verteidigen. Die Hl. Schrift wurde ins Polnische übersetzt, in den Städten wurden Katechismus-Stunden abgehalten, den Adeligen wurde der Sinn der katholischen Lehre erklärt, die im Volk gut verankerten Bruderschaften wurden im jesuitischen Geist und das heißt vor allem auch in Richtung auf die Erneuerung des Glaubenslebens ausgerichtet. Die Folge war eine Vielzahl von

Bekehrungen, die keineswegs nur oberflächliche Konfessions-
wechsel waren. Nicht nur der König und der Papst, auch viele
Neubekehrte unter den Adeligen verstärkten die ökonomische
Wirkungsbasis der Jesuiten durch Schenkungen und Stiftungen.
Nennen wir als Repräsentanten dieser Jesuiten Petrus (Pjotr)
Skarga (1536-1612), dem man nicht zu Unrecht dieselbe Bedeutung für Polen beimisst, die Petrus Canisius für Deutschland
hatte. Skarga lehnte jede Gewaltanwendung zur Bekehrung ab,
sondern wollte durch Belehrung, durch ein vorbildlich-tugend-
haftes Leben und durch Liebe die Häresien des Landes ausrot-
ten. Seine Predigten lassen einen hochbegabten Rhetoriker
erkennen, dem es gelang durch anschauliche Bilder zu überzeugen. Durch seine Verdienste bekehrten sich unter anderem die
Söhne des Fürsten Radziwill wieder zum Katholizismus, während sein herausragendes soziales Engagement vor allem die
Herzen der einfachen polnischen Bevölkerung gewann. Skarga
leistete Polen aber auch auf politischem Gebiet wertvolle Dienste: Er setzte sich für eine Reform der Staatsverwaltung in Polen
und Litauen ein, die den Einfluss des Adels auf die Politik des
Landes zugunsten des Königs zurückdrängte. Das hat der Stabilität und Verlässlichkeit polnischer Außenpolitik gut getan und
war eine wesentliche Voraussetzung dafür, dass Polen im 17. Jh.
zu einem zentralen Akteur bei der Verteidigung Europas gegen
die Türken werden konnte.

Zu den Glücksfällen nicht nur der polnischen, sondern der
europäischen Geschichte gehört darüber hinaus, dass Báthorys
Nachfolger auf dem polnischen Thron, Sigismund III., diese
Politik der Rekatholisierung konsequent fortsetzte. Er dehnte sie
auf die Orthodoxen und andere schismatische und häretische
Gemeinschaften aus. Niemand kann mit Sicherheit sagen, wie
die Geschichte Europas verlaufen wäre, hätten nicht Báthory
und Sigismund III. Polen wieder auf katholischen Kurs
gebracht. Doch man darf wohl als wahrscheinlich annehmen,
dass ein konfessionell gespaltenes und zerstrittenes Polen wohl

kaum in eine stabile Allianz mit den katholischen Habsburgern gegen die Türken gefunden hätte. So bereiteten die Ereignisse in Polen die Befreiung Ost- und Mitteleuropas von den Osmanen vor.

In die polnischen Angelegenheiten waren die Päpste Gregor XIII. und sein Nachfolger Papst Sixtus V. (1585-1590) nicht nur durch ihre Hilfe für die Arbeit der Jesuiten sowie durch ihre unterstützende Politik zugunsten König Stephans eingebunden. Nach Báthorys überraschendem Tod brachen Streitigkeiten um die Nachfolge aus, die das von Báthory Erreichte beinahe wieder zunichte gemacht hätten. Schließlich spitzte sich die Entscheidung auf einen Habsburger und den Jagellonen Sigismund zu, der in Schweden geboren war und die dortige Krone trug. Sixtus V. hatte anfänglich im Thronstreit Neutralität gezeigt und die weltlichen und geistlichen Großen Polens nur gemahnt, eine einmütige Wahl zu treffen. Dann aber hatte er sich für Erzherzog Maximilian entschieden in der Erwartung, dieser wäre günstiger für eine gegen die Türken gerichtete große Allianz zwischen Spanien, dem Kaiser und Polen und könnte zudem größere finanzielle Mittel in einen künftigen Krieg einbringen. Doch der polnische Wahlreichstag vom 15.8.1587 entschied sich mehrheitlich für Sigismund. Die österreichische Partei proklamierte daraufhin Maximilian als König. Als dieser versuchte, mit militärischer Gewalt die Krone zu erringen, wurde er geschlagen und geriet in Gefangenschaft. Sixtus akzeptierte die Wahl der polnischen Großen und bot sich den Polen wie auch Kaiser Rudolf II. als Vermittler an. Er schickte Kardinal Ippolito Aldibrandino als Legaten nach Polen, der schließlich mit höchstem diplomatischem Geschick die Freilassung Maximilians und die Anerkennung Sigismunds III. als König von Polen erreichte. Damit war das Werk Báthorys gerettet und die Rekatholisierung Polens konnte weiter voranschreiten.

Realismus war das Kennzeichen des Papstes auch in der Türkenfrage. Sixtus V. war einerseits ein so vehementer Verfechter eines neuen Kreuzzuges und der Befreiung des Heiligen Landes, dass man glaubte, er habe wie einst Pius II. die Absicht, sich selbst an die Spitze eines solchen Unternehmens zu stellen. Andererseits war er sich der Rivalitäten der christlichen Nationen untereinaner voll bewusst und sah seine Aufgabe eher darin, die Christenheit in den Friedenszeiten zur Wachsamkeit und zur Vorbereitung auf künftige Auseinandersetzungen mit den Osmanen aufzurufen. Besonders den Venezianern, denen er zugestand, ein einvernehmliches Auskommen mit den Osmanen zu suchen, riet er, die Zeit zu nutzen, um sich militärisch zu rüsten und an der Einheit der italienischen Staaten mitzuarbeiten. Er selbst versuchte Kontakte zum Schah von Persien und sogar zu den Krimtataren anzuknüpfen, um das Osmanische Reich in den Zangengriff zu nehmen. Erfolg war diesen Aktivitäten nicht beschieden, doch war die Einschätzung grundsätzlich richtig, dass die zu dieser Zeit zunehmenden Konflikte zwischen dem Osmanischen Reich und den Persern Europa weitgehend Ruhe bescherten.

Der Lange (Türken-)Krieg (1593-1606)

Während sich in Polen eine neue katholische Macht formierte, gaben Ungarn und Siebenbürgen eine Grauzone ab, in der die Interessen der katholischen Habsburger mit denen der Osmanen und mit meist reformierten lokalen Interessen kollidierten. Dass die Osmanen dabei wieder einen aktiveren Part einnahmen, war nicht zuletzt auf Sultan Mehmed III. (1595-1603) zurückzuführen. Er machte mit der auf dem Festland eher zögerlichen Politik seiner beiden Vorgänger Schluss. Fortlaufende Grenzverletzungen sowohl der Osmanen wie auch der Habsburger, wuchsen sich aus. Als der Sultan dann seine Truppen in Kroatien einfallen ließ, war für die Österreicher der Kriegsfall gegeben. Dieser Krieg bestand vorwiegend aus einer wechselseitigen Belagerung von Burgen und Befestigungen. Die Kaiserlichen eroberten Esztergom (Gran), doch ein Jahr später (1596) gelang den Osmanen die Einnahme von Eger (Erlau). In Siebenbürgen hatte Michael der Tapfere (Mihai Viteazul, der eigentlich „der Grausame" hätte genannt werden müssen), Woiwode der Walachei, einen Kurswechsel von den Osmanen hin zu den Habsburgern vollzogen. Es gelang ihm, die türkische Vorherrschaft abzuschütteln und auch das Fürstentum Moldau kurzfristig für sich zu gewinnen (1600), doch wurde er wegen einer persönlichen Feindschaft von General Basta, der den Oberbefehl über die Truppen der Habsburger innehatte, ermordet.

Die einzige größere Schlacht von Mezekeresztös nahe Eger (26.10.1596), an der sogar der Sultan selbst und auf der Gegnerseite Erzherzog Maximilian teilnahmen, ging nach anfänglichen Vorteilen für die Österreicher und Siebenbürger doch zugunsten der Osmanen aus. Diese zogen jedoch keinen Nutzen daraus, und so ging der Kampf wieder in eine Summe kleinerer Gefechte über, in denen bald die eine, bald die andere Seite den Erfolg für sich erzielen konnte. Am 11.11. 1606 wurde der Frieden von Zsitvatorok geschlossen, der eine lange Friedensperiode einleitete. Was die Kriegsparteien zu diesem Frieden zwang: Die Osmanen hatten den Tod Sultan Mehmeds III. zu beklagen, dem sein erst vierzehnjähriger Sohn Ahmed I. (1603-1617) nachfolgte; außerdem spitzten sich im Osten des Reiches die Auseinandersetzungen mit den Persern zu. Die Habsburger bekamen mächtigen Druck durch Aufstände in Ungarn, wo eine rigorose Politik der Rekatholisierung die Religionsfreiheit der Protestanten beschnitt und das ohnehin labile Gleichgewicht der Konfessionen zerstörte. Dieser durch Stephan (István) Bocskai angeführte Aufstand bezog auch die von antideutschen Gefühlen bestimmte südslawische Bauernschaft („Heiducken") ein und vermochte die Habsburgischen Truppen zurückzudrängen. Bocskai wurde 1605 sogar von den ungarischen Ständen zum „Fürsten von Ungarn" ausgerufen und als solcher von der

Hohen Pforte anerkannt. Erst der Frieden von Wien (23. Juni 1606) – wenige Monate vor dem bis heute unaufgeklärten Tod Bocskais – stellte die Religionsfreiheit für die Reformierten wieder her. Es war also eine ganz und gar ungeschickte Politik, mit der Österreich seine militärischen Erfolge selbst torpedierte. Dennoch konnten die Habsburger in dem mit den Osmanen ausgehandelten Vertrag bescheidene Erfolge erzielen. Diese lagen freilich nicht auf dem territorialen Sektor, denn mit wenigen Ausnahmen blieben die Grenzen so, wie sie 1593 noch bestanden hatten. Dafür aber wurde Siebenbürgen nicht mehr als zum osmanischen Einflussbereich gehörend erwähnt. Auch wurden die bislang jährlich zu zahlenden österreichischen Tributleistungen durch eine einmalige, als „Ehrengeschenk" ausgewiesene Zahlung von 200000 Gulden abgegolten – eine Vereinbarung, die auch einen symbolischen Wert hatte; bedeutete sie doch eine Aufwertung des Kaisers gegenüber dem Sultan, der nun keinen Grund mehr hatte, den Kaiser nicht als gleichrangig zu behandeln, und fortan den Kaiser auch mit diesem Titel ansprechen wird.

So unspektakulär dieser Krieg auch war und so bescheiden sein Ergebnis für die Christen, wird er doch heute als ein „Wendepunkt" (Harald Heppner) in dem großen Ringen zwischen dem Osmanischen Reich und seinen abendländischen Gegnern gesehen. Nach dem Seesieg von Lepanto musste es doch beeindrucken und ermutigen, dass den Türken auch zu Lande der große Sieg versagt blieb. Die unbändige offensive Kraft des Osmanischen Reiches schien gebrochen. Das resultierte zum einen aus der inzwischen verbesserten Bewaffnung der christlichen Heere, deren Feuerkraft jener der Türken zumindest gleichwertig, wenn nicht gar überlegen war. Zudem hatte man im Großen und Ganzen Fortschritte in der Disziplin der Truppen und der militärischen Taktik erzielt, auch wenn immer wieder Fälle von Disziplinlosigkeit und mangelnder Organisation vorkamen. Die Osmanen hingegen konnten nicht mehr in dem

Maße wie früher auf starke Elite-Truppen zurückgreifen, da sie die Praxis der Knabenlese inzwischen weitgehend eingestellt hatten. Die türkischen Stellungen waren zu weit vorgeschoben, die Ostgrenze zu Persien beanspruchte Kräfte, das Reich war wirtschaftlich erschöpft und politisch wesentlich instabiler geworden. Der Ausbruch des Langen Krieges hatte unter der christlichen Bevölkerung des Osmanischen Reiches den Mut zum Widerstand gestärkt und zahlreiche Aufstände provoziert, die ihr Pendant sogar in Kleinasien fanden, wo soziale Unruhen ausgebrochen waren. Das Osmanische Reich hatte also seinen Zenit überschritten und befand sich im Abstieg.

Im Abendland aber wich die nahezu abergläubische Angst vor den Türken einer eher kalkulierenden Furcht: Der Kaiser machte sich keine Illusionen darüber, dass Südosteuropa noch immer die Schwachstelle des Reiches gegenüber den Türken war und dass daraus eines Tages neue Gefahren entstehen konnten. Aber seine Antwort darauf war nüchtern und berechnend: Er ließ die Befestigungen Wiens gewaltig verstärken.

Der Große Türkenkrieg (1683-1699)

Die innere Lage des Osmanischen Reiches

Zu den großen Merkwürdigkeiten im jahrhundertelangen Kampf gegen das Osmanische Reich gehört, dass die Türken nicht den Tiefpunkt abendländischer Geschichte für sich genutzt haben: den Dreißigjährigen Krieg. Ein Grund mochte sein, dass auch das Osmanische Reich Symptome einer schweren Krise zeigte. Die Hochrüstung und aggressive Politik seit Suleiman dem Prächtigen hatte zu geringe Erfolge gebracht und den Staat finanziell ausgezehrt. Neue Beute wurde nur mehr in geringem Maße gemacht, nicht genug jedenfalls, um Elitetruppen wie die Janitscharen, ein überdimensioniertes stehendes Heer und eine nach Lepanto schwer angeschlagene Flotte auszurüsten und zu unterhalten. Die Finanznot führte zur einer rigiden Steuerpolitik. Ämter wurden jetzt verkauft und damit häufig mit völlig ungeeigneten Personen besetzt. Auch die noch immer praktizierte Vergabe von nicht-erblichen Lehen („Timare") an die Reiter der Sipahi, der osmanischen Reitertruppe, damit diese Pferd und Ausrüstung finanzieren konnten, wurde geändert. Nunmehr erhielten solche Lehen auch Personen, die nicht dieser Reiterei angehörten, sodass die Anzahl der Reiter erheblich abnahm. Wiederholte Münzverschlechterungen (kleinere Münzen, geringerer Silbergehalt), die eine massive Inflation zur Folge hatten, trafen die Bevölkerung des Reiches schwer. Die Unzufriedenheit unter weiten Teilen der Bevölkerung wuchs deshalb bis zu einem gefährlichen Maß an und führte zu sozialen Unruhen. Die Entdeckung neuer Seefahrtswege nach Indien hatte den Türken das Monopol im Handel mit dem Fernen Osten genommen. Von der Entdeckung des amerikanischen Kontinents hingegen hatten sie keinen Profit. Die Türken fanden sich plötzlich nicht mehr im Zentrum der Welt, sondern an den Rand gedrängt. Auch in der zivilen wie in der militärischen Technik war die Entwicklung weitgehend an ihnen vorbei gelaufen. Das Osmanische Reich war zivilisatorisch erstarrt, die beharrenden Kräfte hatten die Oberhand gewonnen. Ein Beispiel dafür bietet der Buchdruck: Er wurde erst 1727 durch Sultan Ahmed III. erlaubt, also mehr als 250 Jahre nach seiner Erfindung durch Gutenberg. Es waren religiöse Gründe, die Bayezid II. 1483 veranlassten, auf den Druck von Büchern die Todesstrafe zu verhängen. Das führte nicht nur zu der absurden Situation, dass die ersten gedrukkten Koranausgaben – auch die Druckerlaubnis von 1727 bezog sich nur auf profanes Schrifttum – im Westen und nicht im Osmanischen Reich erschienen, sondern behinderte auch den geistigen Austausch unter den intellektuellen Schichten ebenso wie die einfache Volksbildung.

Nicht minder einschneidend wirkten sich auf die Entwicklung des Osmanischen Reiches eine Reihe von Regierungskrisen und unfähigen Sultanen aus. Mustafa I., der 1617 nach dem Tod seines Bruders Ahmed I. den Sultansthron bestieg, war geistig zurückgeblieben. Er war völlig isoliert im so genannten „Prinzenkäfig" aufgewachsen, dem er sein Überleben angesichts der ansonsten üblichen Praxis des Brudermordes unter den Prinzen verdankte. Keine hundert Tage regierte er, dann wurde Mustafa wegen Unfähigkeit abgesetzt, und der erst vierzehnjährige Osman II., der Sohn Ahmeds I., wurde Sultan. Eine schwere Niederlage Osmans gegen die Polen bei Chotin (1621), die er als Anführer der Truppen mitzuverantworten hatte, ausstehende Soldzahlungen an die Janitscharen und schließlich der Plan einer Militärreform veranlassten die Janitscharen, ihn zu ermorden (1622) und Mustafa I. erneut als Sultan einzusetzen. Schon bald zeigte er auch in seiner zweiten Amtszeit nicht nur seine Unfähigkeit, sondern Anzeichen des Irrsinns, sodass ihn die Janitscharen erneut absetzten und ihn bis zu seinem Lebensende in Isolationshaft nahmen. Erst mit Murad IV. (1623-1640) – ebenfalls ein Sohn Ahmeds I. – kann man wieder von einer Sultansherrschaft sprechen. Der 1612 geborene Murad stand aber die ersten Jahre seines Sultanats ganz unter der Kuratel seiner Mutter, die, obwohl im Harem verborgen, die Herrschaft ausübte. Es war die Zeit eines „Weiberregiments", wie man es nannte. Dessen schlimmste Auswirkung war, dass sich kein Großwesir länger als nur eine kurze Zeitspanne halten konnte, um dem Reich Stabilität zu geben. Erst ab 1632 konnte Murad ein eigenes Profil und eine eigene Politik entwickeln. Zuvor musste er jedoch das Reich in seinem Inneren ordnen. Er tat es mit brutaler Gewalt, die sich nicht nur gegen jede Rebellion oder auch nur Opposition richtete, sondern auch die Gebote des Islam einschärfte. Ein erfolgreicher Krieg gegen Persien (1638) endete mit der Eroberung Bagdads und einem Friedensvertrag, der den Osmanen die Herrschaft über Mesopotamien zusprach. Der frühe Tod Murads (1640) verhinderte, dass die Osmanen im Westen wieder die Initiative ergreifen konnten. Murads Nachfolger Ibrahim (1640-1648) war zu schwach, um sich aus dem Dienst an seinen eigenen Lüsten zu einer weitsichtigen Politik aufraffen zu können. Auf diesen folgte wiederum ein Kind, was die politischen Entscheidungen erneut in den Harem verlegte.

Die Krise des Ersten Mannes im Staat war zugleich eine Krise des Zweiten: Man hat in den 50 Jahren von 1606 an nicht weniger als 44 Großwesire gezählt – nichts verdeutlicht mehr den Niedergang der politischen Führung! Erst ab 1656 setzte sich auf der Ebene der Großwesire eine Stabilisierung durch.

Köprülü Mehmed Pascha war der erste dieser Großwesire, die faktisch die Oberherrschaft im Osmanenreich übernahmen. Er war in Albanien als Christ geboren, durch die Knabenlese zum Muslim geworden und hatte eine beispiellose Karriere vom Koch und Stallmeister zum Statthalter verschiedener Provinzen hinter sich, als er, schon im hohen Alter stehend, von Mehmed IV. zum Großwesir berufen wurde. Er stellte die Staatsmacht auf eine neue Basis, indem er sowohl die Janitscharen als auch den Harem entmachtete, aufmüpfige Statthalter niederwarf und ein Schreckensregiment errichtete, das mehr als 30000 Menschen das Leben gekostet haben soll. Im Jahre 1656 besiegte er die Venezianer sogar in einer Seeschlacht bei den Dardanellen. Dies zeigte den christlichen Mächten an, dass mit den Türken als Kriegsgegnern wieder zu rechnen war.

Sein Nachfolger war sein Sohn Köprülü Fâzil Ahmed Pascha (1661-1676), dessen Namenszusatz „Fâzil" (= der Hochgelehrte) schon auf eine außerordentliche Persönlichkeit hinweist und daran erinnert, dass sein Träger bereits als Jugendlicher eine Art Gelehrten- oder Professorentätigkeit ausübte. Schließlich ist als der dritte unter den herausragenden Großwesiren Kara Mustafa Pascha zu nennen, Schwager von Köprülü Fâzil Ahmed Pascha und zugleich Günstling der Köprülüs, dessen Schicksalsstunde die Schlacht am Kahlenberg bei Wien werden wird.

Der Angriff auf Kreta

Doch zurück zu Sultan Ibrahim. Es war der 28. September 1646, als ein kleiner türkischer Flottenverband, der Alexandria zum Ziel hatte, sich unversehens einem Geschwader von Schiffen der Johanniter gegenüber fand. Die türkischen Schiffe hatten keinen Kampfauftrag, sondern dienten nur zum Schutz der prachtvollen Galeere der Haupt- und Lieblingsfrau des Sultans. Diese wollte zusammen mit ihrem Sohn von Alexandria aus die Wallfahrt nach Mekka antreten. Die Johanniter kämpften die Begleitschiffe nieder und nahmen die Sultanin und den Prinzen gefangen, der sich später sogar zum Christentum bekehrte und als Padre Ottomano in den Dominikanerorden eintrat. Auf der Rückreise steuerten die Schiffe der Johanniter Kreta an, das noch immer im Besitz der Venezianer war. Die Türken beschuldigten daraufhin Venedig der Komplizenschaft. Der Vorfall rief ihnen in Erinnerung, dass selbst der östliche Teil des Mittelmeeres nicht „ihr" Meer war, auf dem sie ungehindert agieren konnten. Das osmanische Großreich hatte durch seine Vorherrschaft zwar Staaten zum Frieden gezwungen, war sich aber dieser Vertragspartner nicht sicher genug, um Venedig wirklich zu vertrauen. Der müde gewordene Riese musste also wieder ein Zeichen seiner Macht setzen – nach außen wie auch als Signal nach innen.

Venedig war bis dahin für die Osmanen gewissermaßen eine Melkkuh. Man hatte den Venezianern viele Besitztümer im Mittelmeer abgenommen, aber darauf verzichtet, die Markusrepublik zu strangulieren. Der Handel mit Venedig war aus türkischer Perspektive lukrativ, zumindest solange Venedig immer wieder einen Separatfrieden mit dem Osmanischen Reich schloss. Doch den Osmanen war nicht entgangen, dass sich in der ersten Hälfte des 17. Jhs. die Rolle Venedigs in der europäischen Politik und vor allem im europäischen Handel grundlegend verändert hatte. Neue Seemächte, wie Holland und England, hatten der Lagunenstadt inzwischen den Rang abgelaufen, waren selbst zu bevorzugten Handelspartnern des Osmanischen Reiches geworden. Der Handel war durch die neu entdeckten Schifffahrtsrouten global geworden. Die Markusrepublik hatte ihren Standortvorteil an der Adria verloren. Die Kuh zu schlachten, war nunmehr zu einer bedenkenswerten und aufgrund der zunehmenden Schwäche Venedigs auch zu einer relativ risikolosen Alternative geworden.

Zwar konnten seine Minister Sultan Ibrahim ausreden, aus Rache alle Venezianer in seinem Reich massakrieren zu lassen, doch das Schicksal Kretas wie der anderen noch übrig gebliebenen Besitzungen Venedigs (die schon 1537 kurzfristig von türkischen Piraten eingenommenen Inseln Kythera und Tinos, die eine formale Zugehörigkeit zu Venedig allerdings bis zu Beginn des 18. Jh. behaupten konnten) schien damit besiegelt. Die Venezianer aber mochten an die Gefahr nicht glauben; die von ihnen durchaus beobachteten Rüstungsanstrengungen hielten sie für gegen Malta gerichtet und setzten keine besonderen Verteidigungsanstrengungen dagegen. Selbst der Heilige Stuhl, der sich in der Vergangenheit als so hellhörig und weitsichtig erwiesen hatte, versäumte es zu warnen. Helfend einzugreifen vermochte er ohnehin nicht mehr. Denn Europa zerfleischte sich im Dreißigjährigen Krieg, der Frankreich aus rein machtpolitischen Interessen auf der Seite der Protestanten fand und Habsburgs politische Gegner auf dem Balkan und in Südosteuropa mit den religiös motivierten Widersachern verband. So war die Politik des Heiligen Stuhls darauf konzentriert, die katholische Sache in diesem Ringen zu stärken.

Als am 30. April 1645 die türkische Invasionsflotte unter ihrem Kapitän Pascha Yussuf mit Pomp und Getöse in Istanbul verabschiedet wurde, herrschte offiziell noch Friede zwischen der Hohen Pforte und Venedig. Die Türken hatten ein Bravourstück an Verstellung geleistet und dem venezianischen Gesandten (Bailo) Giovanni Soranzo vorgegaukelt, die Flotte hätte Malta zum Ziel. Was könnte die Uneinigkeit der Christenheit mehr demonstrieren als die Tatsache, dass Soranzo, der seine Republik noch im Einvernehmen mit den Türken glaubte, während des Auslaufens der Flotte zugegen war und seine Glückwünsche zu der Unternehmung aussprach. Als Soranzo und die übrigen Venezianer in der Stadt verhaftet wurden, begann er an der erklärten Absicht der Türken zu zweifeln und schickte auf heimlichen Wegen eine Warnung nach Venedig.

Im Juni hatten die osmanischen Schiffe Kreta erreicht. Nun war es für jede Hilfe zu spät. Die Venezianer auf der Insel standen allein gegen eine gewaltige Übermacht, die im Westen Kretas bei der befestigten Hafenstadt Candia an Land ging. Der Venezianische Kommandant wusste, dass er nichts ausrichten konnte und erklärte nach heftigen Kämpfen schließlich im August die Kapitulation. Seine Soldaten und die Bevölkerung erhielt freien Abzug, die Kirchen der Stadt aber wurden ausnahmslos in Moscheen umgewandelt.

Am 7. Juli 1665 erreichte die Nachricht vom Überfall auf Kreta Venedig; schon einen Tag später schwärmten die Gesandten der Republik aus, um Verbündete zu gewinnen. Das Ergebnis dieser diplomatischen Aktivitäten war entmutigend: Spanien, dessen Stern im Sinken war und das sich der aufsteigenden französischen Großmacht erwehren musste, konnte keine Hilfe leisten; der Kaiser blickte auf ein gespaltenes, kriegsmüdes und personell wie finanziell erschöpftes Reich, und war deshalb darauf bedacht, gerade mit Hilfe des Sultans die Siebenbürger unter ihrem Fürsten Georg I. Rákóczi aus der Allianz mit Schweden herauszureißen, um die ungarische Front in seinem Rücken loszuwerden. In Frankreich regierten Anna von Österreich und Kardinal Mazarin für den späteren Sonnenkönig Ludwig XIV., der zu dieser Zeit noch ein Kind war. Anna wie der Italiener Mazarin standen zwar für eine neue Politik gegenüber den Türken und waren grundsätzlich bereit, Hilfe zu leisten. Doch ihre noch ungesicherte Herrschaft hatte Rücksicht auf die Konstanten der französischen Politik zu nehmen: Schwächung der Habsburger um jeden Preis, um so den Weg zur eigenen Großmacht-stellung frei zu machen. Außerdem sahen die französischen Kaufleute in den Venezianern Rivalen, die es auszuschalten galt.

Ohnehin hatte die Markusrepublik durch ihre egoistische Schaukelpolitik bei anderen Nationen nur mehr wenige Sympa-thien zu erwarten. Jede Hilfeleistung der christlichen Mächte entsprang daher eher einem Kosten-Nutzen-Kalkül als einer Solidarität unter Glaubensbrüdern. Wladislaw IV. von Polen zeigte Bereitschaft zu einer Koalition, die auch Russland und Siebenbürgen einbinden sollte; doch die mächtigen polnischen Senatoren verhinderten dies.

Die Päpste Urban VIII. (1623-1644) und Innozenz X. (1644-1655) waren außenpolitisch eher schwach, ganz darauf konzen-triert, den schon vor Abschluss des Westfälischen Friedens in Gang gekommenen Friedensprozess für die katholische Sache wenigstens einigermaßen günstig voranzutreiben; und sie waren schwer belastet entweder durch hemmungslosen Nepotismus (Urban VIII.) oder durch ein kleinliches Machtstreben (Innozenz X.), das die päpstlichen Ressourcen zugunsten von Landgewinn auf italienischem Boden vergeudete. Da war es schon ein Erfolg, dass die Tridentinische Reform weiterging und die katholische Kirche in vielen Ländern von innen heraus stärkte. Wie mächtig die geistliche Kraft des wiedererstarkenden Katholizismus war, die schließlich in das Triumphale der Barockfrömmigkeit ein-münden sollte, zeigt sich darin, dass Jesuiten und Kapuziner so-gar in der türkisch okkupierten Levante Missionsarbeit betrieben.

Der Angriff auf venezianischen Besitz brachte jedoch einige der italienischen Staaten zum Nachdenken. Schiffe auf Kosten der toskanischen Städte ausgerüstet, verstärkt durch Flotten aus Neapel, dem Kirchenstaat, Savoyen und Genua – nur kurz dau-erte der Traum von einer Neuauflage der Heiligen Liga, die in Lepanto siegreich gewesen war. Das große Unternehmen blieb in Gezänk und Hader der Teilnehmer stecken, bis schließlich auch Innozenz X. jeden Eifer dafür verlor.

Inzwischen fiel es den Türken nicht schwer, bis 1648 Kreta Stück für Stück zu erobern; allein die Hauptstadt Candia (Herakleion), wo schließlich alle Kräfte der Verteidigung zusammengezogen wurden, machte mit ihren gewaltigen Festungswerken Schwierigkeiten. Dabei waren es weniger die dort stationierten venezianischen Truppen, die den Widerstand Candias (und weniger anderer noch verbliebener Hafenstädte) ermöglichten; vielmehr waren es einige junge, seemännisch hervorragend ausgebildete venezianische Kapitäne, die in den folgenden Jahren durch kluge und wagemutige Unternehmungen nahe den Dardanellen den Nachschub der türkischen Invasionsflotte zwar nicht unterbanden, aber doch erheblich störten. Sie gipfelten in der Dardanellenschlacht von 1656, als der venezianische Admiral Lorenzo Marcello, unterstützt von Schiffen aus Malta, einen Flottenverband der Osmanen nahezu aufrieb. Diese für die Venezianer meist siegreichen Seeschlachten, die von 1649 bis 1656 geführt wurden, basierten auf der klaren nautischen wie waffentechnischen Überlegenheit der Venezianer wie des christlichen Westens überhaupt. Sie konnten jedoch nicht darüber hinwegtäuschen, dass Venedig keine maritime Großmacht mehr war, die aus eigener Kraft den Kampf um Kreta hätte gewinnen können. So war es kein Ruhmesblatt für die türkische Armee, dass sie mehr als zwanzig Jahre benötigte – es war die längste Belagerung in der Geschichte –, um Candia endlich einzunehmen (1669).

Neue osmanische Aggression auf dem Balkan

Die Stabilisierung der Osmanischen Macht durch die großen Wesire ab 1656 zeigte vor allem auf dem europäischen Festland Früchte. Im Mai 1660 gelingt es den Türken, den Großfürsten Georg II. Rákóczi nahe Klausenburg zu besiegen, wobei der Großfürst den Tod fand. Im August desselben Jahres fiel auch Großwardein (heute Oradea) in die Hand der Türken, denen damit das Tor in das habsburgische Ungarn offen stand. Kaiser Leopold I. befand sich in doppelter Bedrängnis. Im Westen hatte er sich gegen die französische Großmachtpolitik zu wehren. Außerdem lag gerade ein 5 Jahre währender Krieg gegen den schwedischen König Karl X. hinter ihm, der von Polen aus die Habsburger Lande bedroht hatte. Daher suchte der Kaiser sofort die Hilfe von Papst Alexander VII. Dieser versprach, alles zugunsten einer neuen Heiligen Liga zu unternehmen, und ließ dem Kaiser auch finanzielle Mittel für die Türkenabwehr zukommen.

Tatsächlich hatten die Türken nicht die Absicht, sich mit der Sicherung ihrer Einflusssphäre in Siebenbürgen zufrieden zu geben. Die Truppen unter Großwesir Ahmed Köprülü griffen auf das königlich-habsburgischen Ungarn über und eroberten nach mehreren vergeblichen Belagerungen 1663 die südslowakische Festung Neuhäusel. Die europäischen Staaten erkannten, dass dies mehr war als nur eine Korrektur des Grenzverlaufes; tatsächlich unternahmen die Türken von der Festung aus weit ausholende Beutezüge, die mit großen Verwüstungen vor allem in der Steiermark und in Mähren einhergingen.

Angesichts dieser Gefahr und der bereits erkennbaren Absicht der Türken, nach Wien weiterzumarschieren, formierte sich eine große antitürkische Koalition, an der neben den Reichstruppen des Kaisers auch Verbände aus Bayern, Brandenburg und Sachsen und dazu allerlei Soldtruppen aus ganz Europa teilnahmen. Selbst Ludwig XIV. steuerte 6000 Mann bei, wenngleich er alles dazu tat, um seine Stellung bei den Türken nicht zu verschlechtern. Geführt wurde diese Allianz von dem italienischstämmigen und im Dienste des Kaisers stehenden Reichsgrafen Raimund Montecuccoli: hochgebildet, begabt mit strategischem Genie und durch seine Laufbahn erfahren auf allen Ebenen des Militärwesens. Am Ufer der Raab, bei dem Zisterzienserkloster St. Gotthard und dem Ort Mogersdorf kam es nach mehreren Gefechten, die sich fast ein ganzes Jahr hinzogen, am 1. August 1664 zu einer Schlacht, die die alliierten Truppen trotz einer deutlichen zahlenmäßigen Unterlegenheit für sich entscheiden konnten. Fehler in der Strategie und Taktik der Türken hatten diesen Sieg ebenso ermöglicht wie das militärische Können Montecuccolis. Dennoch, schon der Verlauf der Schlacht hatte gezeigt, wie schwer es war, ein solches Koalitionsheer zu führen, in dem Rivalitäten unter den Generalen sowie nationale Interessen – Frankreich sah z.B. auf die Schonung seiner eigenen Truppen – den Ton angaben. So war es konsequent, einen schnellen Friedensschluss zu suchen, der im Frieden von Eisenburg auch zustande kam. Die Bedeutung dieses Friedens ist bis heute umstritten: In Kroatien und Ungarn hielt man den Sieg für vertan, weil der Friedensvertrag die bestehenden Grenzen zwischen dem Osmanischen Reich und dessen Einflusssphäre einerseits und den freien Ländern andererseits bestätigte; auch wurde dem Kaiser die verlorene Festung Neuhäusel nicht zurückgegeben. So war eigentlich nichts gewonnen, und die Türken saßen weiterhin – trotz eines vereinbarten Friedens von zwanzig Jahren – in den Startlöchern, um bei günstiger Gelegenheit ihren Angriff gegen das Königreich Ungarn (und darüber hinaus) wiederaufzunehmen. Die österreichischen Generale freilich wussten um die Schwäche der Koalitionsstreitkräfte, in denen viele unerfahrene Soldaten dienten, die den noch immer elitären Berufskriegern der Janitscharen nicht Paroli bieten konnten.

Dennoch war das Zustandekommen dieser Allianz in höchster militärischer Not ein Hoffnungszeichen, das auch den Papst nicht unbeeindruckt ließ.

Nach dem Tod Mazarins und der vollen Herrschaftsübernahme durch Ludwig XIV. (ab 1661) setzte sich das Intrigenspiel der französischen Politik jedoch vehementer fort: Frankreich erklärte sich zwar zum Beitritt in eine Liga bereit, die gleichsam in letzter Minute noch die Rettung Candias und des venezianischen Kreta bringen sollte, doch im Hintergrund unternahm es alles, um die Verhandlungen zu sabotieren. Der Machtmensch

Ludwig ging auf direkten Konfrontationskurs zum Papst und scheute auch nicht davor zurück, mit einem französischen Nationalkonzil als Versammlung einer französischen Nationalkirche zu drohen. Der französische König okkupierte die päpstlichen Besitztümer in Avignon, eröffnete den Krieg gegen Spanien und suchte sogar die militärische Auseinandersetzung mit den Truppen des hoffnungslos unterlegenen Kirchenstaates. Das höhere Ziel einer antitürkischen Allianz ließ den Papst in allen strittigen Fragen nachgeben und mit Frankreich Frieden schließen. Danach setzte Alexander VII. alles darein, einen Frieden zwischen Spanien und Frankreich zu vermitteln, wobei sich Ludwig XIV. erneut als ein genialer Spieler erwies, dessen militärische Überlegenheit Fakten schuf, deren Sanktionierung er durch leere Versprechungen und eine infame Hinhaltetaktik erreichte. Um überhaupt ein Eintreten Frankreichs und Spaniens in eine Allianz zu erreichen, musste der Papst nicht nur erhebliche finanzielle Zugeständnisse machen und kirchliche Einkünfte den Staaten überlassen, sondern sogar Kardinalsernennungen vornehmen, die von beiden Mächten und damit natürlich in deren vorrangigem Interesse betrieben wurden. All diese Verhandlungen mit ihren taktischen Winkelzügen dauerten viel zu lange; vor allem aber war das gegenseitige Misstrauen der europäischen Mächte – Spaniens, des Kaisers und Frankreichs – damit keineswegs aus der Welt geschafft. Frankreichs Expansions- und Hegemonialpolitik band zu viele Kräfte, die gegen die Türken auf Kreta benötigt worden wären. Für Kreta kam die Hilfe zu spät und zu zögerlich; und das Ende Candias war dann auch schon das Ende dieser großen antitürkischen Koalition.

Die Habsburger hatten den Frieden ebenso nötig wie die Osmanen; doch während die Augen des Kaisers nach Westen gerichtet waren, wo man mit immer neuen Herausforderungen durch Frankreich zu rechnen hatte, blickten die Osmanen unter ihren Großwesiren nach Norden und Nordosten, auf die unendlich weiten Gebiete Polen-Litauens und Russlands.

Das Großreich Polen-Litauen war unter seinem König Johann II. Kasimir (1648-1668) in kriegerische Auseinandersetzungen mit Schweden, Russland sowie einer Allianz aus Tataren, Kosaken und Siebenbürgen verwickelt, die das großpolnische Reich an den Rand des Ruins und damit der Teilung führten. Die Folge war die freiwillige Abdankung des Königs Johann Kasimir. Sein Nachfolger Michael I. war unter den Adeligen, die fast ausnahmslos bezahlte Parteigänger entweder Frankreichs oder des Kaisers waren, nicht unumstritten und konnte Polen nicht zur inneren Einheit führen. Diese anhaltende Schwäche war geradezu eine Einladung an die Türken, in Polen einzufallen. So überschritt im Juli 1672 Ahmed Köprülü mit etwa 100 000 Mann den Dnjestr, der die Grenze bildete zwischen dem Osmanischen Reich und dem als Podolien bezeichneten Südostpolen. Es war nach 1620-1621 und 1633-1634 der dritte große Waffengang zwischen Osmanen und Polen. Das uneinige Polen hatte dieser Invasion nur wenig entgegenzusetzen. So fiel die bedeutende Festung Kamieniec bereits in den ersten Kriegswochen: Damit stand ganz Südostpolen für weitere Einfälle offen.

Die Verteidiger des Abendlandes

Doch war in all den Wirren ein neuer Stern am polnischen Himmel aufgegangen: Johann (Jan) Sobieski, der sich in früheren Schlachten gegen Tataren und Kosaken ausgezeichnet hatte. Seinem Einsatz war es zu verdanken, dass die Tatarenhorden, die mordend und sengend Podolien durchstreiften, zurückgeschlagen werden konnten. Kriegsentscheidend waren solche Erfolge jedoch nicht. Selbst in dieser äußersten Krise fanden polnischer Hochadel und König nicht zusammen. Die Magnaten, die den König nach dem Vorbild seines Vorgängers am liebsten aus dem Amt scheiden sehen wollten, blockierten sogar höhere Verteidigungsausgaben, und die Litauer zogen sich mehr und mehr aus den Kampfhandlungen zurück.

Als der kranke und völlig entmutigte König Michael 1673 starb, mochte wohl keiner mehr etwas auf die Zukunft Polens geben. Hatten sich die Großen des Landes schon nach dem Rücktritt Johann Kasimirs nicht auf einen allgemein anerkannten Nachfolger einigen können, so drohte sich dies nun verstärkt zu wiederholen.

In Rom war man über diese Entwicklung mehr als besorgt. Papst Clemens X., der von Anfang seines Pontifikates an einen wachen Sinn für die von den Türken ausgehenden Gefahren zeigte und seit seiner Tätigkeit als Assessor in Polen die politische Situation des Landes wie auch die Mentalität seiner Bevölkerung gut kannte, war sich dessen bewusst, dass ein protestantischer oder mit der katholischen Kirche im Konflikt stehender Fürst auf dem polnischen Königsthron nicht nur alle Erfolge der Rekatholisierung des Landes zunichte machen, sondern Polen wie auch ganz Europa in Gefahr bringen würde. Clemens war aber klug genug, den Polen in ihrer Wahlentscheidung Respekt zu zeigen und auf eine ungebührliche Einmischung zu verzichten. So ließ er durch einen Sondergesandten nicht den Namen eines Wunschkandidaten übermitteln, sondern ermahnte die zur Wahl versammelten Fürsten, einen König zu wählen, der fest im katholischen Glauben stehe, aber auch kriegstüchtig genug sei, um den Herausforderungen gerecht zu werden. Um diese Mahnung zu unterstreichen und dem Land auch reale Hilfe zukommen zu lassen, legte der Papst dem italienischen Klerus drei Zehnten auf, die der Verteidigung Polens zugute kommen sollten. Tatsächlich wählten die Großen den Besten, den sie in ihren Reihen hatten: Johann Sobieski, den man den „Löwen des Nordens" nannte. Dass der Papst ihn akzeptierte, vielleicht auch schon vor seiner Wahl insgeheim favorisierte, war trotz Sobieskis katholischer Einstellung keine Selbstverständlichkeit; galt er doch als franzosenfreundlich.

„Zum Helden geboren und erzogen", übertitelt G. Hagenau, die Biographin Sobieskis, ihr Kapitel über die Jugendjahre dieses Sprosses aus einer ostpolnischen Woiwoden-Familie. Sein Vater Jakub stellte die Prinzipien auf, wonach er erzogen und ausgebildet wurde: Sie zielten auf Disziplin und einen im Vergleich zur absolutistischen Fürstenpracht eher sparsamen Lebenswandel, auf klassische Bildung, auf Heldenmut und Tapferkeit im Kampf; auf alles, was, wie der Vater es formulierte, „*ad capessendam rem publicam*", zur Übernahme eines Staatsamtes, notwendig ist. Diese Betonung der Bildung, der Tüchtigkeit, aber auch der ganz unzeitgemäßen Sittenstrenge erinnert an die Erziehungsprinzipien, die Enea Silvio Piccolomini, der spätere Papst Pius II., mit Blick auf die Verteidigung des christlichen Abendlandes gegen die Osmanen aufgestellt hatte. Jan Sobieskis Vater verlangte von den Söhnen, nicht über das unbedingt Notwendige hinaus auf den höfischen Tanzböden zu glänzen, sondern auf den „Pferden herumzutanzen" und die „Türken und Tataren zu jagen". Wie sehr die allgemeine Furcht vor den Türken bereits die Jugendjahre Sobieskis bestimmte, zeigt auch, dass der Adelsspross neben der am Hof und in der Bevölkerung Westpolens verbreiteten deutschen Sprache die türkische zu erlernen hatte (später kam natürlich die französische hinzu). Vor allem aber war dem Vater daran gelegen, dass die Söhne fest im christlichen Glauben und zur römisch-katholischen Kirche standen. Die Erziehung zur Gottesfurcht als dem Anfang aller Weisheit zentrierte sich um zwei Pole: die tägliche Teilnahme an der hl. Messe und die Verehrung Mariens auch als ganz persönlicher Schutzpatronin. So wurden Jan und sein älterer Bruder Marek schon sehr früh Mitglieder der Bruderschaft der Unbefleckten Empfängnis Mariens.

Die hehren Erziehungsziele des Vaters waren das eine, die Gestaltungskraft der barocken Lebensform das andere. Jan Sobieski war ein Mensch voller Leidenschaften, dessen barocke Mentalität in sich die größten Gegensätzlichkeiten barg. Wenn es jedoch um die Befreiung seines Landes ging, so war er ohne jeden inneren Widerspruch: Die Türken galten ihm als der Feind schlechthin. Sobieskis Haltung gegenüber den Osmanen war nicht allein machtpolitisch bedingt. Natürlich sah er seine Heimat und ganz Polen in Gefahr, wenn das österreichisch-ungarische Bollwerk, das mit Mühen den Angriffen bislang noch standgehalten hatte, fallen würde. Für ihn war der Türke nicht nur der gefährliche Aggressor, sondern auch der „Heide", der nach Überwindung aller Widerstände zur Ausrottung der Christenheit ansetzen werde. Daher kommt bei Jan Sobieski zur nationalen Komponente auch eine übernationale, abendländisch-christliche hinzu. So wurde Polens König nicht nur zu einem Verteidiger polnischer Freiheit, sondern der Freiheit Europas und des Christentums.

Jan Sobieski war nicht nur ein mutiger, vom Glaubenseifer erfüllter Kämpfer, sondern auch ein geschickter Taktierer, der sich zuerst einmal in seinem eigenen Land, gegenüber den polnischen, den Rücken freihalten musste, um überhaupt in ein Bündnis gegen die Türken eintreten zu können. Denn Sobieski hatte aus der Geschichte eine wichtige Lehre gezogen: Allein war Polen nicht in der Lage, die Osmanen zu bezwingen. Es war wohl ein glücklicher Augenblick in der Geschichte des Abendlandes, dass der polnische König mehrere herausragende Persönlichkeiten fand, die auf dem Feld der Politik, der Diplomatie oder auf dem Schlachtfeld seine Mitstreiter wurden.

An erster Stelle ist Kaiser Leopold I. zu nennen. Egon Friedell hat ihn in seiner Kulturgeschichte der Neuzeit als eine unglückliche Verbindung von Schlamperei und Eigensinn in einem einzigen Satz abgefertigt. Jacob Burckhardt bescheinigte dem Kaiser – wie den Habsburgern jener Zeit überhaupt – nur wenig Genialität, was umso mehr auffallen musste, als Leopold es mit überaus genialen Menschen – Prinz Eugen, Jan Sobieski, Karl von Lothringen, dem Herzog von Marlborough oder auf der Gegenseite Ludwig XIV. – zu tun hatte. Der scheue, im Umgang mit anderen Menschen schon durch seinen unsteten Blick unsicher wirkende Leopold, der sowohl vor der letzten großen Pestepidemie in Wien (1679) als auch 1683 vor den Türken die Flucht ergriff, passt nicht recht zu den barocken, stürmischen Feldherrn- und Siegergestalten und selbstsicher absolutistisch regierenden Monarchen, nicht zu den Ordensträgern des Goldenen Vlieses, die das mittelalterliche Rittertum zu einer letzten Blüte idealisierten. Leopold war eher ein Künstler-Typ, der sogar selbst komponierte und den Krieg, den er zeit seiner Herrschaft führen musste, verabscheute. Ohne großen Tatendrang, von einer ans Zaudernde grenzenden Bedächtigkeit soll er gewesen sein, aber dafür selbst in den widrigsten Geschehnissen und im Unglück ruhig und nervenstark. Dass er einmal die Regentschaft über Österreich, Ungarn und Böhmen und auch die Bürde des kaiserlichen Amtes übernehmen würde, war nicht vorgesehen. Man hatte ihn für den geistlichen Stand bestimmt. Doch der überraschende Tod seines Bruders Ferdinand IV. ließ ihn in die Reihe der Regierenden nachrücken. Bescheidenheit und Sittenstrenge – beides nach Maßgabe der barocken Lebensart mit ihren oft üppigen Festen und Galanterien –, vor allem aber eine tiefe Frömmigkeit waren das Erbe dieser Erziehung. Der Kaiser sah sich als Herrscher vor Gott in der Verantwortung. Prinz Eugen wusste dies zu schätzen.

Hinsichtlich seiner Personalpolitik erwies sich Leopold I. als ein Glücksfall für Österreich und das Reich in ihrer Bedrängnis durch die Türken. Als er 1658 das Kaisertum übernahm, war er nicht unumstritten, denn sowohl Bayerns Kurfürst Ferdinand Maria als auch Ludwig XIV. hatten versucht, die Kaiserkrone für sich zu gewinnen. Das Ergebnis war eine Wahlkapitulation, auf die sich der neue Kaiser verpflichten musste. Sie ließ kaum mehr Spielraum für die kaiserliche Autorität: Als Folge des Dreißigjährigen Krieges wurde den Kurfürsten das Recht eingeräumt, eigenständig Bündnispolitik und damit Außenpolitik zu betreiben; außerdem sollte sich der Kaiser verpflichten, das Reich nicht gegen die Interessen Frankreichs zu führen. Damit diese Wahlkapitulation nicht nur Papier blieb, formierte sich unter dem massiven Einfluss Frankreichs der erste Rheinische

Bund (1658-1667), den von deutscher Seite vor allem der Mainzer Erzbischof und Kurfürst Johann Philipp von Schönborn betrieb. Dieser hatte noch mit französischen Truppen auf Kurmainzer Gebiet zu tun und war darauf bedacht, durch eine Politik des Ausgleichs mit Frankreich und den protestantischen Reichsstände die Friedensordnung des Westfälischen Friedens zu wahren. Dabei geriet er in Gegensatz zur Politik der österreichischen Habsburger und des Kaiserhofs.

Leopold ließ sich davon nicht beirren; in ihm lebte das Bild des mittelalterlichen Kaisertums weiter. Zwar hatte auch er die Augen auf die Interessen seiner Dynastie und seiner Erblande gerichtet, doch nicht weniger sorgte er sich um das Reich. Diesem Konservativismus kam entgegen, dass Ludwig XIV. es mit seiner Politik der Expansion und Hegemonie in Mitteleuropa überzog. Die von Frankreich und Schweden stark beeinflussten Reichsstände – sie versammelten sich ab 1663 in Regensburg zum Immerwährenden Reichstag, der eigentlich dazu gedacht war, Gelder für den Krieg gegen die Türken zu bewilligen – näherten sich daher wieder den Habsburgern und damit dem Kaiser an. Ohnehin war die Türkengefahr ein Impuls, das Reich als übergreifende Einheit neu schätzen zu lernen, zumal die perfide Türkenpolitik Ludwigs XIV. den Reichsständen keine Sicherheit gegenüber den Türken bot. Dass Leopold sich als Interessenswahrer des Reiches verstand, konnte er den Reichsständen nicht zuletzt im Holländischen Krieg (1672-1679) beweisen, in dessen Verlauf Ludwig das Herzogtum Lothringen eroberte und die politische Ordnung ganz Mitteleuropas bedrohte. Obwohl der gewünschte militärische Erfolg ausblieb, wurde Leopold zur Schutzmacht der deutschen Länder.

Nicht minder kam der Türkenpolitik des Kaisers zugute, dass er in dem Krieg Polens gegen die Schweden ab 1658 eingriff und für die Unabhängigkeit Polens stritt, auch wenn sein Motiv nicht ganz selbstlos war; bedrohten doch die Schweden von Polen aus Ungarn.

Gerade in einer Zeit häufig wechselnder Bündnisse war politische Verlässlichkeit eine nicht hoch genug einzuschätzende Tugend. Das galt gerade für ein Bündnis gegen die Türken. Als Jan Sobieski einen solchen Bündnisvertrag mit Kaiser Leopold schloss, da drängte er auf ein Verbot jedes Separatfriedens. Auch wenn Österreich und Ungarn am unmittelbarsten bedroht waren, so lag ein Separatfrieden immer im Bereich des Möglichen. Abkommen, freilich, waren damals sehr schnell Makulatur, und so garantierte gerade die Persönlichkeit Leopolds den Polen, dass ihr Bündnispartner nicht vorzeitig zu ihren Ungunsten abspringen würde.

Karl V. von Lothringen, der Nächste im Reigen der Mitstreiter, war zunächst für den geistlichen Stand bestimmt gewesen. Dann aber hatte er die Nachfolge seines verstorbenen Bruders antreten müssen. Die Franzosen hatten ihm sein Herzogtum Lothringen genommen, so floh er nach Wien, wo er Karriere in der kaiserlichen Armee machte und schließlich sogar zum Schwager Leopolds aufstieg. In zahlreichen Schlachten bewährt, ernannte ihn der Kaiser zum Generalissimus seiner Armee. In dieser Eigenschaft finden wir ihn wieder als tatsächlichen Oberbefehlshaber der alliierten Truppen beim Entsatz von Wien, wo sein strategisches wie taktisches Genie den Sieg errang. Auch Karl von Lothringen war hochgebildet, von größter Einfachheit und vor allem tiefgläubig. Ihm war es zu verdanken, dass der Kapuzinerprediger Marco d'Aviano, dem der Herzog die Errettung aus schwerer Krankheit zuschrieb, Zugang zum Hof und zum Kaiser erhielt. Eine nicht minder glückliche Hand hatte der Kaiser auch bei der Suche nach dem Mann, der Wien bis zur Stunde des Entsatzes verteidigen sollte: Ernst Rüdiger von Starhemberg, der, wie der Herzog, aus der Militärschule Montecuccolis hervorgegangen war.

Noch erstaunlicher stellt sich allerdings die von Leopold eröffnete militärische Laufbahn jenes Mannes dar, der zum Inbegriff des Feldherrn-Genies wurde, wenngleich seine große

Zeit als eigenverantwortlich agierender Kommandeur erst nach der Schlacht am Kahlenberg anbrach: Prinz Eugen von Savoyen. Auch er war ein Zweitgeborener, aber das Schicksal führte ihn nicht zu einer eigenen Regentschaft, sondern zwang ihm die Suche nach einem Dienstherrn auf. Er gehörte zu den Menschen, denen das eigene Genie zuerst einmal eine große Last ist, weil es die Zeit des Jugendalters, der Unreife und Unerfahrenheit einfach überspringen möchte, also danach drängt einen Platz einzunehmen, Aufgaben zu bewältigen, die noch niemand bereit ist, ihm zu übertragen; umso mehr bei Eugen, weil sich sein Genie in seiner äußeren Erscheinung auch nicht ansatzweise widerspiegelte. Wer wollte in einer Zeit, die die imposante Pose so schätzte, das Prächtige und Heldenhafte verehrte, einem völlig Unscheinbaren ein wichtiges Kommando übertragen? Die savoyardische Herkunft ließ den Prinzen es zuerst bei Ludwig XIV. versuchen, doch hier schien sich das Wort Lieselottes von der Pfalz zu bewahrheiten, dass aus diesem Burschen nie etwas würde. Als Eugen sich bei Leopold I. vorstellte, zeigte sich auch dieser nicht besonders begeistert, doch gab er ihm eine Chance. Prinz Eugen hat es ihm zeitlebens mit Treue und Anhänglichkeit gedankt.

Die Hauptakteure des Großen Türkenkrieges auf christlicher Seite finden sich nicht nur im Dunstkreis Kaiser Leopolds. Von ganz anderer Art als die Genannten war der bayerische Kurfürst Max II. Emanuel, der Bayern aus der politischen Neutralität zwischen Frankreich und dem Kaiser herausführte und in ein Verteidigungs- und Kriegsbündnis gegen die Türken einbrachte. Überzeugt katholisch war auch er, doch tut man ihm nicht Unrecht, wenn man ihm unterstellt, er habe selbst den katholischen Glauben der eigenen Hausmacht dienstbar gemacht. Das Denken in den Kategorien der Dynastie, der Hausmacht, das ihn über alle Maßen bestimmte, bedeutete eine radikale Abkehr von der Haltung des Kurfürsten Maximilian I. etwa, der sich primär als Hüter des katholischen Glaubens verstand, und leitete hin zu einem absolutistischen Staatskirchentum. Doch dass Max Emanuel seinen Ruhm wie die Sonne leuchten sehen wollte, machte ihn zum rechten Mann zur rechten Zeit. Denn in seiner grenzenlosen Ruhmsucht, im Ungestüm seines Wesens wurde er mit nur 23 Jahren zum tollkühnen Heerführer, der dort wagte, wo andere gezaudert hätten; gab er sich nicht mit einem Sieg, einem bloßen Befreiungsschlag zufrieden, sondern setzte den Türken nach und wollte so, wenn auch aus ganz persönlichen Motiven, nicht zulassen, dass Triumphe – wie so oft in der Vergangenheit – wieder durch mangelnde Konsequenz im Handeln verspielt werden. Freilich soll damit das Urteil des französischen Theologen Fénelon nicht revidiert werden, der auch die andere, die dunkle und negative Seite Max Emanuels hellsichtig durchschaute: das Ausschweifende, Unstete, das auf Höhenflüge folgende Depressive und schließlich, dass er sein Land ruiniert habe. Doch er war nicht nur ein Hasardeur. Bereits zwei Jahre nach seinem Regierungsantritt, also 1682, verfügte Bayern über ein stehendes Heer, das ganz anders ausgebildet werden konnte als eine Truppe, die nur bei Bedarf rekrutiert wurde. So war der militärische Erfolg des Kurfürsten im Kampf gegen die Türken sowohl seinem persönlichen Draufgängertum als auch einer rationalen Planung verdankt.

Eine entscheidende Rolle im Konzert der Akteure spielte Papst Innozenz XI. (1676-1689). Es fügte sich gut, dass er in seiner Jugend eigentlich die Absicht hatte, in den Kriegsdienst zu treten, um gegen die Türken zu kämpfen. Schon als Kardinal hatte er aus eigenem Vermögen die Polen mit hohen finanziellen Mitteln gegen die Türken unterstützt. Als Papst verfolgte er das Ziel einer Befreiung Europas von der türkischen Gefahr mit äußerster Konzentration. Innozenz nahm es ernst mit Frömmigkeit und Moral. Jedoch wandte er sich gegen aktuelle Bestrebungen, das Passive, die Seelenruhe im christlichen Leben überzubetonen. Ohne das Moment der Gnade und der innerlichen Erbauung einschränken zu wollen, legte der Papst großen Wert auf das aktive Leben, auf die Leistung und Anstrengung, die der Christ aufbringen müsse. Diese Haltung mag ihn selbst dazu angespornt haben, das Projekt einer europäischen Allianz gegen die Türken trotz der vielen Rückschläge unermüdlich wieder voranzutreiben. Mit seinem klaren Verstand und seiner kirchlichen Reformgesinnung erkannte er auch die Gefahr, die vom Gallikanismus Ludwigs XIV. für die Kirche insgesamt ausging. Dem starken französischen Einfluss auf die Kardinäle zum Trotz betrieb Innozenz als Papst eine Politik, die ihn eindeutig auf die Seite des Kaisers führte. Dennoch hoffte er, auch den französischen König in eine Große Liga gegen die Türken einbinden zu können. Damit überhaupt Aussicht auf die Verwirklichung dieses Planes bestand, musste der Papst zuerst als Friedensstifter unter den europäischen Nationen wirken. So versuchte Innozenz im Niederländischen Krieg zwischen Frankreich und den Habsburger Staaten Spanien und Österreich, die den Niederländern gegen Frankreich beigesprungen waren, zu vermitteln. Der Papst war klug genug, sich nicht zur Partei in den europäischen Konflikten zu machen und Frankreich nicht um eines kurzfristigen Vorteils willen zu isolieren. Mit viel Mühe konnte er 1678 endlich einen Friedensschluss erreichen. Auf den ersten Blick ein riesiger Erfolg der päpstlichen Diplomatie; doch nicht nur die anti-französische Koalition, sondern auch der Papst mussten dafür teuer bezahlen: Frankreich erhielt bedeutende Territorialgewinne auf Kosten des Reiches und Spaniens. Dabei blieb der eigentliche Skandal dem Papst noch verborgen: Dem Friedensschluss entsprach auch nicht im Ansatz eine Friedensgesinnung Ludwigs XIV., der sich nunmehr auf dem Höhepunkt seiner Macht befand. Der König dachte nur an eine Fortsetzung seiner gegen das Reich und die Habsburger gerichteten Politik mit anderen Mitteln; und dazu wollte er sich fortan der Hohen Pforte bedienen. So kann es nicht überraschen, dass der Friede von Nimwegen nicht zum Ausgangspunkt einer Großen Liga wurde. Frankreich sabotierte alle Versuche, eine solche Liga zu etablieren. Dafür brachte der Friede von Nimwegen das, was jeder Friede bringt: die Möglichkeit für die beteiligten Koalitionsstaaten sich in ihren Finanzen und militärischen Kräften zu erholen, sich neu zu organisieren. Das Zeitfenster dafür war sehr eng, aber man hat es, wie die Aufstellung eines stehenden Heeres in Bayern und Österreich zeigt, durchaus genutzt.

Die weitgespannte Diplomatie des Papstes richtete sich auch nach Osten und Nordosten. Für die Große Liga suchte er Russland zu gewinnen, das ebenfalls ein vitales Interesse daran hatte, die Türken zurückzudrängen. Doch dieser Plan scheiterte an den Differenzen zwischen Polen und Russland. An der Teilnahme Russlands hing schon allein aus strategischen Gründen die Teilnahme des Schahs von Persien, um die sich Innozenz ebenfalls mittels einer dominikanischen Gesandtschaft bemüht hatte. Denn die Perser scheuten einen Alleingang gegen den mächtigen Erbfeind und sahen sich außerstande, über das Hochland Anatoliens hinweg einen Angriff gegen Istanbul zu führen.

Überhaupt war Polen für den Papst kein leichter Fall, trotz der dezidiert katholischen Haltung Jan Sobieskis. Das Bündnis zwischen dem polnischen König und Leopold I. musste erst zustande gebracht werden. Die frankreichfreundliche Partei im Land, zu der Anfangs auch Sobieski gehörte, massiv die vielen (protestantischen) Ungarn, die in ihrer Opposition gegen die Herrschaft der Habsburger in ihrer Heimat in großer Zahl nach Polen gekommen waren und von ihrem dortigen Asyl aus einen Aufstand in Ungarn unterstützten. Für den französischen Gesandten Bethune waren diese Exilanten ein willkommenes Reservoir für eine mit französischen Geldern, Waffen und Offizieren versorgte Exilarmee, die man gegen die Habsburger ins Feld führen konnte. Sobieski war zwar der vielen an Hochverrat grenzenden Intrigen der von Frankreich gesteuerten Adeligen leid und entfernte sich immer mehr von der französischen Politik, doch ein Zugehen auf den Kaiser war dies noch lange nicht. Mittels seiner Gesandten packte ihn der Papst bei seiner Ehre, mit der es doch unvereinbar war, einem ehemaligen Verbündeten durch Unterstützung ungarischer Aufstände auf so infame Weise in den Rücken zu fallen. Noch 1677 war das Verhältnis Sobieskis zum Kaiser so feindselig gestimmt, dass selbst Vermittlungsversuche von päpstlicher Seite eine brüske Ablehnung fanden. In dieser schwierigen Situation erwies sich der Papst als geschickter Diplomat; solange eine Allianz noch nicht möglich war, suchte er wenigstens den Ausbruch einer offenen Feindschaft zu verhindern und setzte auf die Einhaltung eines höflichen, nachbarschaftlichen Umgangs, wie er zur Etikette im politischen Betrieb gehörte. Dabei musste der Papst ebenso auf Kaiser Leopold einwirken, der die ungarischen Verstrickungen Polens bitter beklagte und ein strenges, verurteilendes Wort des Papstes gegenüber den Polen verlangte. Doch dieses hätte eine Allianz der beiden Mächte völlig unmöglich gemacht. Schließlich neigte sich die Stimmung im Klerus und Adel Polens doch den Vermittlungsbemühungen des Papstes zu, und ein Reichstag beschloss 1679 den Krieg gegen die Türken.

Das Intrigenspiel war damit freilich keineswegs zu Ende. Sobieski setzte noch immer auf die französische Karte und verlangte eine Mitwirkung Ludwigs XIV. an der Liga, während er mit Erfolg die Einbindung Russlands verhinderte. Frankreichs Position aber war so unbestimmt – ohnehin wusste jeder von den Fäden des Einvernehmens, die zwischen dem französischen König und der Hohen Pforte gespannt waren –, dass an eine Offensivallianz nicht zu denken war. Selbst wenn kaiserliche und päpstliche Gesandte Ludwig mit Meldungen von türkischen Kriegsplänen gegen Polen konfrontierten, war dessen Antwort immer ausweichend und abwartend. Ludwig sabotierte die Liga von Anfang an. Dies geschah nicht zuletzt durch seine Gesandten in Polen, die alles unternahmen, um Polen in ein Bündnis gegen den Kaiser zu treiben.

Unter den europäischen Mächten herrschte ein tiefes und lähmendes gegenseitiges Misstrauen. Frankreich gab Polen

Schutzgarantien im Falle eines türkischen Angriffs, die aber immer weniger Glauben fanden; die Polen und der Kaiser wussten nicht, wieweit sie sich aufeinander verlassen konnten. Sie suchten zwar beieinander Schutz und Beistand, doch wollten sie auf jeden Fall vermeiden, dass die Türken, mit denen man ja noch im Zustand eines, wenn auch sehr labilen und fragilen Friedens lebte, durch das Liga-Projekt provoziert werden könnten. Die Franzosen streuten in Polen denn auch das Gerücht, der Kaiser habe den Frieden mit den Türken verlängert, sodass Polen nichts anderes übrig bleibe, als sein Heil im Bunde mit Frankreich zu suchen, wenn es nicht isoliert sein wolle. In dieser so komplexen Situation wäre alles verloren gewesen, hätte nicht der Hl. Stuhl fortwährend sondiert und das Gespräch zwischen den Mächten aufrechterhalten. So war es letztlich wesentlich seinem Engagement zu verdanken, dass die persönlichen wie staatlichen Kräfte gleichsam zu einer konzertierten Aktion entbunden werden konnten.

Wir können uns heute nur schwer vorstellen, welches Risiko der Hl. Stuhl mit seinen Versuchen, eine Liga zu begründen, einging. Die französische Diplomatie, die sehr wohl erkannte, dass die päpstlichen Bemühungen gegen die französische Politik gerichtet waren, konterte sofort mit dem Vorwurf, der Papst, der doch der Vater aller Katholiken sein müsse, sei parteiisch geworden. Dieser Vorwurf wurde überdies an die Öffentlichkeit gebracht gerade auch durch hochrangige französische Kleriker, die im diplomatischen Dienst König Ludwigs standen. Damit wurde die Entfremdung der französischen Kirche von Rom vertieft und der Autorität des Hl. Stuhls weit über Frankreich hinaus großer Schaden zugefügt. Es bleibt anzumerken, dass dieser Vorwurf einer parteiischen Haltung des Papstes völlig aus der Luft gegriffen war: Innozenz XI. hatte hohen Respekt vor der Person Ludwigs XIV., ließ dessen Politik, soweit sie nicht das Türkenthema betraf, freien Raum und versuchte bis zuletzt, eine idealistische Gesinnung in dem reinen Machtpolitiker zu erwecken, die alle dynastischen und nationalen Interessen zugunsten der Verteidigung der Kirche und des Abendlandes hintanstellen würde. Er sah in Ludwig wohl das politische Genie, das lediglich irregeleitet und daher auf den rechten Weg zu bringen war.

Das Schwanken der Polen zwischen Kaiser und französischem König dauerte bis etwa 1682. Dann hatte auch Sobieski erkannt, dass die französischen Gesandten derart die polnische Politik in der Ungarnfrage beeinflussten, dass seine eigene Handlungsfreiheit entschieden beeinträchtigt wurde und er die Konspirationen der Franzosen gegen polnische Reichstagsbeschlüsse nicht mehr im Griff hatte. Nicht zuletzt die Königsherrschaft Sobieskis selbst hatten die Franzosen in ihrer Hybris in Frage gestellt. Die unverkennbaren Kriegsvorbereitungen der Türken im Jahre 1682 fegten überdies mit einem Schlag alle politischen Winkelzüge Polens vom Tisch. So kam der lange, immer wieder von Rückschlägen begleitete Reifungsprozess Polens auf dem Weg zur Allianz mit dem Kaiser endlich zu einem Abschluss. Das im März 1683 zwischen Polen und dem Kaiser in seiner Eigenschaft als König von Böhmen und Ungarn sowie Erzherzog der österreichischen Erblande auch formell vereinbarte Defensivbündnis wurde bewusst für den Beitritt weiterer Staaten offen gehalten und somit zur Keimzelle der Heiligen Liga von 1684, der sich dann auch Staaten wie Venedig und – wiederum durch päpstliche Vermittlung – später sogar Russland anschlossen.

Innozenz XI. war nicht nur die treibende Kraft für das Zustandekommen dieses Bündnisses; er hielt es in den Jahren seiner Regierungszeit trotz enormer Zentrifugalkräfte unter großen Anstrengungen beisammen. Dabei hatte er es auch nach dem Abschluss der Heiligen Liga gegen die Intrigen und das permanente Störfeuer Frankreichs zu verteidigen. Der Papst blieb in dieser Situation stets der Mahnende, der nicht müde wurde, die Verteidigung der christlichen wie der europäischen Freiheit von den Fürsten einzufordern – diese freilich auch mit erheblichen Geldmitteln unterstützend – und das Bündnis von nationalen Interessen weitgehend frei und auf die Abwehr der Türken konzentriert zu halten.

Neben den päpstlichen Gesandten Buonvisi, Martelli und Pallavicini war besonders der Bußprediger Marco d'Aviano aus dem Kapuzinerorden eine große Stütze für Innozenz. Die Wunderheilungen, die Marco d'Aviano wirkte, verliehen ihm über seine rhetorische Begabung und seinen Glaubenseifer hinaus höchste Autorität. Nicht nur das Volk und die einfachen Soldaten hörten auf ihn; er hatte auch sehr intensive Kontakte zu den Fürstenhöfen Europas, vor allem aber wurde er, wie schon erwähnt, zu einem der engsten Vertrauten und Berater Kaiser Leopolds. Mehr noch, er war der Freund des Kaisers, der wesentlichen Anteil daran hatte, dass der selbst meist zögerliche und unentschlossene Monarch Sicherheit für sein Handeln gewann und ausgereifte und kluge Entschlüsse traf. Der Kapuziner nahm an den Feldzügen der Jahre 1683 bis 1689 teil, um als Militärseelsorger zu wirken, allen Mut zu machen, den Zusammenhalt der multinationalen Streitkräfte zu stärken und schließlich auch in ganz offizieller Mission als päpstlicher Legat zu agieren. Wie alle Menschen seiner Zeit kannte der Papst die Schrecken des Krieges, die Barbarei und Unmenschlichkeit, die mit jedem Krieg – auch mit dem gerechten Krieg – verbunden sind. Marco d'Aviano sollte in dieses Dunkel das Licht des Glaubens bringen, einen solchen Absturz ins absolut Unmenschliche so gut es nur geht verhindern – doch bleibt diese Seite seines Wirkens weitgehend im Verborgenen.

Die Türken vor Wien 1683

Kaiser Leopold, Jan Sobieski, Max Emanuel, Herzog Karl von Lothringen – sie alle fanden ihren Gegenspieler in dem Großwesir Kara Mustafa, der für Sultan Mehmed IV. regierte. Kara Mustafa war der Sohn eines Reitersoldaten (Sipahi), der nach dem Tod seines Vaters in die Familie des Großwesirs Mehmed Köprülü aufgenommen, dort mit dessen Sohn Ahmed erzogen wurde und schließlich eine Schwester Ahmeds heiratete. Seine Persönlichkeit und seinen Charakter zu beschreiben, fällt nicht leicht, da selbst die osmanischen Quellen meist unter dem Eindruck seiner Niederlage vor Wien stehen und kein gutes Haar an ihm lassen. Mit anderen Worten, sie rechtfertigen auf diese Weise den Hinrichtungsbeschluss, den Sultan Mehmed IV. als Strafe für die Niederlage über ihn verhängt hatte. Ältere westliche Quellen heben seine mangelnde Bildung hervor, rühmen aber seine Tatkraft und Entschlossenheit. Türkische Autoren betonen nicht nur sein Machtbewusstsein, sondern auch seine Geldgier, so dass die oft erhobene These, Kara Mustafa habe durch seinen Einfall nach Ungarn und Österreich nicht nur ehemals von den Osmanen besetztes Gebiet wiedergewinnen, die frühere Schlappe vor Wien ausbügeln, sondern auch sich ein persönliches Herrschaftsgebiet erwerben wollen, durchaus plausibel erscheint. Zumindest schienen Wien und die österreichischen Erblande, ja der Westen überhaupt reiche Beute zu versprechen. Die Christen in seinem weiten Reich hat Kara Mustafa gehasst und ihnen Steuern und Abgaben auferlegt, die weit über die Last hinausgingen, die sie unter seinen Vorgängern zu tragen hatten. Jedenfalls war Kara Mustafa ein tiefgläubiger, bis zum Fanatismus gehender Muslim, dessen politische Absichten immer auch mit der Ausbreitung des Islam verbunden waren. Unbestritten ist, dass seine Niederlage vor Wien seiner Unfähigkeit als Feldherr zuzuschreiben ist.

Wien übte auf ihn, wie auf alle Osmanen, eine fast magische Faszination aus. Wie früher Konstantinopel wurde es seit Sultan Suleiman als „Goldener Apfel" bezeichnet, das Objekt ungebändigter Begierde nach Weltherrschaft. Wien repräsentierte das Kaiserreich, mehr noch das ganze Abendland, und wer es besaß, dem stand der Weg nach Westen wie nach Norden offen.

Dennoch bedurfte es eines konkreten Anlasses, um das Osmanische Reich zu einem neuen Waffengang anzustacheln. Dieser fand sich in dem zum Habsburger Machtbereich gehörenden Königreich Ungarn. So unbedeutend der Beitrag dieses freien Restungarn zu den militärischen Auseinandersetzungen mit den Türken in den sechziger Jahren des 17. Jhs. auch war, so wollte der ungarische Reichstag die Würde des Landes als Königreich doch gewahrt wissen und bei Friedensschlüssen mit dem Gegner gefragt werden. Das aber war nicht geschehen, und so fühlten sich die Stände Ungarns übergangen. Man glaubte zur bloßen Provinz herabzusinken und argwöhnte, dass die österreichische Politik die verfassungsmäßige Ordnung aufheben wolle. Es wurden in einer Art Trotzreaktion, Kontakte nach Frankreich aufgenommen mit dem Ziel, ein unabhängiges Königreich Ungarn zu begründen. Als die Franzosen ablehnten, suchte man Hilfe bei den Osmanen, denen das ganze Unternehmen ebenfalls aussichtslos erschien und es deshalb abschlägig beschieden. Der Kaiser, dem frühzeitig diese Pläne aufgedeckt worden waren, reagierte zuerst abwartend und ließ schließlich, als die Sache sich zuzuspitzen drohte, die Rädelsführer hinrichten.

Eine weitaus größere Herausforderung waren für die Österreicher die sog. „Kuruzenaufstände", die ihr erstes Zentrum in der zu Ungarn gehörenden Ostslowakei hatten. Hier verbanden sich nationale, gegen den Habsburger Zentralismus gerichtete und konfessionelle Interessen; hatte doch die Rekatholisierungspolitik der Habsburger unter den Protestanten schon seit Beginn des 17. Jhs. Empörung hervorgerufen und zu Revolten geführt.

In den siebziger Jahren kam es erneut zu großen Aufständen, die von Frankreich und der französischen Partei sowie Exilungarn in Polen unterstützt wurden. Hilfe fanden die Rebellen auch bei den Osmanen, die zwar nicht direkt eingriffen, aber über ihren Satellitenstaat Siebenbürgen ihnen eine feste Basis und auch militärischen Beistand boten. Der erste Kuruzenaufstand wurde zwar bereits 1672 im Blut ertränkt, doch gingen die Aufständischen zu einem das Land verheerenden Partisanenkrieg über. Die Österreicher indes verstärkten den Druck auf Ungarn, stuften das Königreich zu einer Provinz herab und führten die Rekatholisierung noch gewaltsamer und damit auch noch provozierender durch. Ab 1678 konnten die Rebellen wieder Hoffnung schöpfen: In der Person des protestantischen Grafen Imre Thököly war ihnen eine Führerpersönlichkeit erstanden, die anfänglich mit französischer und polnischer Hilfe die Truppen der Habsburger im Norden und Nordosten Ungarns zurückschlug und dort eine unabhängige Kuruzenherrschaft etablierte. Diese Erfolge machten Thököly auch für die Türken interessant, die ihn bereits auf seinen Feldzügen mit mehreren Tausend Soldaten direkt unterstützt hatten: Der Pascha von Buda empfing 1682 Thököly feierlich und band durch einen Bündnisvertrag das Osmanische Reich an dessen Sache. Damit war klar, dass alle Friedensvereinbarungen zwischen Österreich und den Osmanen nichts mehr wert waren; das Osmanische Reich hatte sich in die inneren Angelegenheiten der Habsburger Herrschaft eingemischt und damit einen militärischen Konflikt als den seinen übernommen. Der Sultan bestätigte noch im selben Jahr dieses Abkommen, indem er Thököly als König von Oberungarn anerkannte und ihn unter seinen Schutz stellte. Im Gegenzug anerkannte Thököly die Oberhoheit des Sultans. Nun hatte der Sultan bzw. der Großwesir auch eine politische Legitimation für einen Einfall in den Habsburger Machtbereich, und so ging der Aufstand Thökölys nahtlos in den Großen Türkenkrieg über, den Thököly mit eigenen Truppen bei der Belagerung Wiens unterstützte.

Was der Hohen Pforte den Entschluss zum Angriff leichter machte: Weder das Reich noch Österreich konnten dem Feind im Osten ungeteilte Aufmerksamkeit schenken. Frankreichs Reunionspolitik, die territoriale Ansprüche im Elsass und im Rheinland erhob, gefährdete die Grenzen des Reichs. Ab 1681 ermutigte Frankreich, um den Kaiser zu zwingen, die Reunionen anzuerkennen, die Osmanen sogar, in Österreich einzufallen.

Auch Thököly sprach in diesem Sinne bei der Hohen Pforte vor.

Alles schien so leicht zu sein, so glatt zu laufen für die Osmanen. Im Jahre 1681 fand man sie in unvorstellbarer Zahl nahe Preßburg; ein Jahr später brach der offene Krieg aus. Berauscht von seiner eigenen Macht und in der Gewissheit, dass die Verteidiger des Abendlandes in der zangenartigen Umfassung durch das Osmanische Reich und die Franzosen keine Chance mehr hätten, sandte der Sultan eine Art Kriegserklärung an den „römischen Kaiser" die an Arroganz nicht leicht zu überbieten ist. „Großkönig", „König aller irdischen und himmlischen Königreiche", „König von Jerusalem", „Gebieter und Herr vom Grabe des gekreuzigten Gottes der Ungläubigen" nannte er sich darin selbst und zählte stolz die Länder seines gewaltigen Machtbereiches auf: Arabien, Mauretanien, Babylonien, Judäa, Orient und Okzident (auf geographische Korrektheit kam es ihm hier nicht an). Und er „verpfändete" sein Wort, dass er die „Ländchen" des römischen Kaisers, des polnischen Königs und all ihrer fürstlichen Helfer mit Krieg überziehen werde, dass er sie ohne Gnade und Barmherzigkeit zertreten und dem Feuer und dem Schwert überantworten werde. Dem Kaiser und dem polnischen „Königlein" befahl er, ihn in Wien zu erwarten, damit er sie dort köpfen könne. Kommende Martern stellt dieses Schreiben in Aussicht, nicht nur für die Fürsten, sondern für alle „Ungläubigen", denen der Sultan verheißt, dass er sie vom Erdboden vertilgen werde.

Lässt man das ganze Protzgehabe – der Sultan stellt auch eine Armee von 1,3 Millionen Mann in Aussicht, weit mehr als es dann tatsächlich geworden sind – beiseite, so liest man zwischen den Zeilen doch mehr heraus als nur eine Kriegserklärung. Schon der Titel eines Großkönigs erinnert an die Zeit der Perser, die sich den Westen unterwerfen wollten. Nur steht jetzt kein Alexander auf der gegnerischen Seite, sondern der „römische Kaiser". Sultan Ahmed hat also in diesem Kampf, so ist zu vermuten, eine Art finaler Auseinandersetzung zwischen dem

Abendland und dem Osten gesehen, die die ganze Geschichte dieses Konfliktes nochmals aufgreift und sie umkehren soll. Das ist aber nur die säkulare Seite dieses Ringens; darüber hinaus gibt es eine religiöse Dimension, wenn der Sultan sich eigens als „König von Jerusalem" und „Herr vom Grabe des gekreuzigten Gottes der Ungläubigen" bezeichnet. Er trägt damit den letzten Akt der Geschichte der Kreuzzüge aus, der die Ohnmacht des Christengottes erweisen und so die Christen als Ungläubige offenbaren soll.

H. G. Mejer hat in seinem 1976 erschienenen Beitrag zur Geschichte und Kunstgeschichte der Max-Emanuel-Zeit am Ende die Frage gestellt, ob die Türkenfurcht, die Angst vor der Zerstörung des christlichen Glaubens als eines der Hauptmotive des christlichen Verteidigungswillens gerechtfertigt war. Mejer glaubt, im Falle einer gewaltsamen Eroberung Münchens etwa wäre – nach einem Plündern und Beutemachen – sicherlich die Frauenkirche zur Moschee geworden. Man hätte einen Teil der Bevölkerung versklavt, das Land neu eingeteilt, die politische Führung durch eine moslemische ausgetauscht und den Christen die übliche Kopfsteuer auferlegt. Ansonsten aber, so meint er, wäre das Leben der Christen nahezu unverändert weitergegangen. Diese optimistische These – sieht man einmal davon ab, dass die genannten Veränderungen viel gravierender gewesen und vor allem empfunden worden wären, als Mejer weismachen will – lässt sich vor dem Hintergrund dieses Briefes wohl kaum halten: Politische Allmachtsphantasien verbanden sich hier mit einem religiösen Fanatismus und Absolutheitsanspruch, der vermutlich nicht in Mitteleuropa Halt gemacht, sondern sich auch auf das westliche und nördliche Europa ausgedehnt hätte. Was hätte den Sultan dann noch bewegen sollen, die ohnehin im islamischen Machtbereich sehr stark eingeschränkten Rechte der Christen weiterhin zu respektieren? Das Schicksal des – aus türkischer Perspektive natürlich abwertend gemeinten – „gekreuzigten Gottes" wäre auch den standhaften Christen nicht erspart geblieben. Politisches und Religiöses lassen sich im Islam nicht trennen, und die Politik ist dort ein Instrumentarium der Religion. Das ist freilich reine Spekulation; aber innerhalb dieses Rahmens ist sie doch wahrscheinlicher als die beschwichtigende Sichtweise Mejers, deren Illusionismus noch immer die westliche Haltung gegenüber dem Islam bestimmt.

Jedenfalls ist auffällig, dass ein Sultan, der der Welt das Bild eines eher politisch weitgehend Uninteressierten, auf die schönen Künste, die Jagd und das Wohlleben Fixierten hinterlassen hat, sich plötzlich zu einem fanatischen Kriegsherren entwickelt. Da die Verhandlungen um eine Liga so mühselig vonstatten gingen, erst in letzter Minute zum Erfolg führten und ein rein defensives Bündnis zuwege brachten, kann man wohl kaum von einer Provokation von außen sprechen. Zudem befand man sich, als die Truppen des Sultans sich in Marsch setzten, offiziell noch immer im Friedenszustand, den der Kaiser durchaus bereit war, nach seiner Ablauffrist zu verlängern.

Es waren zwar nicht die über eine Million Mann, die der Sultan dem Westen angedroht hatte, doch auch in diesem Feldzug setzten die Türken auf die Masse an Menschen, um die inzwischen überlegene Feuerkraft des Westens auszugleichen. Am 14. Mai 1683 stand Kara Mustafa mit etwa 250000 Mann vor Belgrad, bereits am 14. Juli war Wien von allen Seiten eingeschlossen. Das Stift Heiligenkreuz bei Wien hatten die Türken am selben Tag niedergebrannt. Belagert und zerstört wurden auch die Städte und Ortschaften Hainburg, Baden, Schwechat, Percholdsdorf und Inzersdorf, deren Bevölkerung größtenteils getötet oder in die Sklaverei geführt wurde. In Mödling hatte sich die Bevölkerung in die Othmarskirche geflüchtet. Das hinderte die Türken nicht, dort auch die Frauen und Kinder niederzumetzeln. Die Wiener wussten also, was sie erwartete.

Der Kaiser war samt seinem Hof nach Passau geflohen, damit Österreich nicht gänzlich führungslos würde; Herzog Karl von Lothringen hatte sich nach einigen anfänglichen Erfolgen gegen Tartarenverbände mit etwa 33000 Mann auf das Tullner Feld zurückgezogen und wartete dort auf bayerische und polnische Verstärkung, um eine Entsatzarmee zu formieren.

Die erste Belagerung Wiens durch die Türken war als Warnung ernst genommen worden. Man hatte den Festungsring um die Stadt seitdem erheblich verstärkt, wenngleich noch nicht alle Erfordernisse für eine optimierte Verteidigung erfüllt waren. Als nicht minder wichtig erwies sich das Durchhaltevermögen des Mannes, der die Verteidigung leitete: des Wiener Stadtkommandanten Graf Ernst Rüdiger von Starhemberg, der sein Kriegshandwerk unter Raimondo Montecuccoli gelernt hatte. Nur knapp über 10000 Mann standen ihm dazu zur Verfügung, darüber hinaus einige Tausend Freiwillige aus der Bevölkerung. Dennoch lehnte er eine Kapitulation Wiens selbst dann noch ab, als die türkischen Mineure die Stadtmauern an sensiblen Stellen schon gefährlich untergraben hatten, die Stadtverteidiger dezimiert und alle Bewohner der Stadt durch Hunger und Kanoneneinschlag aufs äußerste geschwächt waren. Unbeirrt vertraute er auf das Heranrücken eines Entsatzheeres. Doch erst in den ersten Septembertagen, als die Verteidigung Wiens schon fast am Zusammenbrechen war – also buchstäblich in letzter Minute –, stand dieses Heer aus österreichischen, polnischen und bayrischen Truppen, verstärkt durch schwäbische, fränkische, badische, sächsische und sogar venezianische Einheiten, geschlossen bereit. Dabei gab es noch einen heftigen Streit um den Oberbefehl zu überwinden: Kaiser Leopold hatte, um die Polen zu gewinnen, diesen an Sobieski versprochen. Doch der strategisch weit überlegene Herzog Karl V. von Lothringen beanspruchte ihn für sich. So musste Marco d'Aviano seine ganze Autorität und sein diplomatisches Geschick aufbringen, um – unter Begünstigung Sobieskis – die Kriegskoalition zusammen zu halten.

Es waren gravierende Fehler der türkischen Heeresleitung, die den Sieg des zahlenmäßig unterlegenen Entsatzheeres ermöglichten: Die ganze türkische Angriffskraft war auf Wien gerichtet, und Kara Mustafa, der vom Herannahen des Entsatzheeres natürlich wusste, hatte es versäumt, den Wienerwald und namentlich das Kahlengebirge hinreichend zu besetzen. Das Koalitionsheer aber setzte alles auf eine Karte: Es marschierte ohne Tross, also ohne Verpflegung, und ohne schweres Kriegsgerät zwei Tage durch den Wienerwald und stürzte sich dann – unter dem Schlachtruf „Maria Hilf" – am 12. September 1683 vom Kahlengebirge herab auf die türkischen Belagerer („Schlacht am Kahlenberg"). Als Starhemberg und die Seinen den Entsatz erkannten, nahmen sie nochmals alle Kräfte zusammen, wagten den Ausbruch und zwangen dadurch die Türken zu einem Zweifrontenkampf, auf den diese gänzlich unvorbereitet waren und völlig kopflos reagierten. Die Verwirrung unter den Türken war vollkommen: Unter großen Verlusten und Zurücklassung von vielen Geschützen – aus ihnen wurde später die „Pummerin", die größte Glocke des Stephansdomes gegossen –, Munition, Vorräten und Gerätschaften ergriffen sie planlos die Flucht. Da die Polen sich auf das Beutemachen verlegten, setzte die Verfolgung der Flüchtenden erst fünf Tage später ein. In blindem Wagemut griff Sobieski ohne die nötige Vorbereitung die slowakische Stadt Párkány an, wo er nur eine kleine türkische Garnison vermutete, erlitt dabei aber eine schwere Niederlage, da sich die fliehenden Türken dort zu einer beträchtlichen Streitmacht wieder gesammelt hatten. Dennoch, in einem zweiten Schlag wurde mit Hilfe kaiserlicher Truppen unter Karl von Lothringen auch Párkány genommen.

Ungestüm wie der Polenkönig zeigte sich auch Bayerns Kurfürst Max Emanuel, der zusammen mit dem Herzog von Lothringen den linken Flügel befehligte und hier wesentlich zum Sieg am Kahlenberg beigetragen hatte. Er drängte auf ein eigenes Kommando und brannte förmlich darauf, die Türken sofort zu verfolgen. Das fortgeschrittene Jahr stand dem entgegen, und der Blaue Kurfürst musste wie alle anderen aus der Koalition die

Notwendigkeit des Winterlagers einsehen. Doch anders als in den früheren Türkenkriegen wollte man sich diesmal nicht mit einem grandiosen Erfolg zufrieden geben und den Sieg weder in prahlerischer Selbstbespiegelung noch im Hickhack der Alliierten wieder verspielen. Und so sollten die Folgejahre die Ernte einfahren, die man am 12. September 1683 ausgesät hatte.

In Wien aber forderten die Bürger, dass dem Südturm des Stephansdomes – er ist der höchste der insgesamt vier Türme – endlich der Halbmond als Spitze genommen werde. Er figurierte zusammen mit der Abbildung der Sonne das Miteinander von geistlicher und weltlicher Macht, wurde aber von den Türken immer als ein wunderbares Vorzeichen für die Eroberung der Kaiserstadt gesehen. 1686 wurde der Halbmond durch ein Doppelkreuz ersetzt.

Für Papst Innozenz XI. stand indes fest, dass letztlich nicht dem Militär und der Politik die Befreiung Wiens und des Abendlandes zu verdanken war, sondern Maria, der „Siegerin in allen Schlachten". War das Bündnis zwischen Max Emanuel und Kaiser Leopold nicht zu Altötting geschlossen worden; hatte der Kaiser nicht vor dem Gnadenbild Maria Hilf zu Passau um Hilfe gerungen? Hatte die Verehrung der Immaculata nicht in den letzten Jahrzehnten, von Spanien ausgehend, im ganzen katholischen Europa einen ungeahnten Aufschwung genommen? Und waren im Gefolge der Errichtung der Münchener Mariensäule (1638) durch Kurfürst Maximilian I., der damit seinen Dank für die Errettung Münchens vor den Schweden kundtun und Maria darüber hinaus als Patrona Bavariae erwählen wollte, nicht auch 1645 in Wien (später in das kleine Wernstein am Inn verlegt) und 1650 in Prag Mariensäulen aufgestellt worden, die dem ganzen bayerisch-österreichischen Raum gleichsam den Stempel eines Marienlandes aufdrückten? So war es nur konsequent, dass der Papst für den 12. September das Fest Mariae Namen in den römischen Generalkalender eintragen ließ.

Dass diese Verordnung nicht nur einen formalen Charakter

hatte, sondern im Glauben des einfachen Volkes wie auch des Adels und des Kaiserhauses, mit Begeisterung angenommen wurde, zeigen unter anderem die großen „marianischen Manifestationen" von 1693 und 1696, als jeweils ein Marienbild unter Beteiligung Tausender feierlich durch Wien zum Stephansdom getragen wurde. Wieder war es der Kapuziner Marco d'Aviano, der dafür verantwortlich zeichnete. Kaiser Leopold nahm den 10. Jahrestag der Befreiung Wiens zum Anlass, das so bedrohte Ungarn erneut der Gottesmutter anzugeloben, es ihr gleichsam zu eigen zu geben, verbunden mit dem Versprechen, alle ungarischen Pfarrkirchen zur Ehre Gottes und der „Magna Hungariae Domina" wiederherzustellen. Das Jahr 1696 sah Dank- und Bittgottesdienste nicht nur in Wien, sondern im ganzen österreichisch-ungarischen Land, einen wahren Gebetssturm – erneut drohten die Türken – mit unzähligen Prozessionen, die wieder Marco d'Aviano veranstaltete. So erlebte die barocke Frömmigkeit mit ihrer leidenschaftlichen und tiefen Marienverehrung angesichts der Türkenkriege noch einmal einen Höhepunkt.

Die Befreiung Ungarns

Der Sieg am Kahlenberg löste ein wahres Feuerwerk von Schlachten und Siegen der Allianz aus. Es galt Ungarn zu befreien. Am 16. Juni 1684 konnten Maximilian Lorenz Graf von Starhemberg, der Bruder des Verteidigers von Wien, und Ludwig Wilhelm Markgraf von Baden-Baden (der „Türkenlouis") Visegrád erobern, dessen Burg seit römischer Zeit eine hohe strategische Bedeutung hatte.

Gran (Esztergom), das die Polen und die Truppen des Kaisers noch im Oktober 1683 eingenommen hatten, wurde 1685 von Thököly belagert. Herzog Karl V. von Lothringen und Max Emanuel kamen zum Entsatz und schlugen die Armee aus Osmanen und den mit ihnen verbündeten ungarischen Verbänden (16. August 1685).

Ofen war bereits 1684 das Ziel der alliierten Armeen, doch ein osmanisches Entsatzheer und die Widerstandskraft der türkischen Verteidiger zwangen die beiden Starhemberg-Brüder zum Abbruch der Belagerung. Ein wesentlich stärkerer Heeresverband setzte im Juni 1686 zu einem zweiten Eroberungsversuch an. Obwohl Großwesir Suleiman Pascha den etwa 7000 türkischen Verteidigern mit einer respektablen Armee zu Hilfe kam, fielen Stadt und Festung am 2. September in die Hand der Christen; anders als seine Gegenspieler hatte Suleiman Pascha nicht den Mut gefunden, eine offene Feldschlacht zu wagen.

Leider kam es danach zu einem Massaker der christlichen Truppen an den Türken, von dem auch die türkische Zivilbevölkerung in der seit über 140 Jahren osmanischen Stadt betroffen war. Aber es spricht für Karl von Lothringen und Max Emanuel, dass sie mit aller Kraft und schließlich auch mit Erfolg dem Wüten der eigenen Truppen Einhalt geboten.

Einen glänzenden Sieg hatten die kaiserlichen Truppen auch bei Mohács (16. August 1687) zu verzeichnen. Mut und äußerste Tapferkeit zeichneten die christlichen Soldaten und vor allem ihre Feldherrn und Anführer aus, während die osmanischen Verbände, die zahlenmäßig ihren Gegnern ebenbürtig waren, es an Selbstvertrauen und Einsatzbereitschaft in den Mannschaften und ihrer Führung fehlen ließen. Die Niederlage ließ die Demoralisierung übermächtig werden; es kam zu Revolten der Janitscharen und Reiter (Sipahi) im Heer, die den Sultan zwangen, über Suleiman Pascha wegen Versagens dieselbe Strafe zu verhängen wie Jahre zuvor über den glücklosen Kara Mustafa Pascha: die Hinrichtung. Zuletzt wurde Sultan Mehmed IV. selbst zum Opfer: Die Wirren erfassten auch Istanbul und brachten seinen Bruder Suleiman III. (1687-1691) auf den Thron.

Ganz anders in Ungarn: Hier hatten die Siege dem Haus Habsburg einen Sturm an Popularität und Ansehen gebracht. Die Habsburger sollten fortan auch die Könige Ungarns stellen. Die national-ungarischen Tendenzen hatten dem gegenüber keine

Chance mehr; und so wurde auch verfassungsrechtlich die Grundlage gelegt für die spätere österreichisch-ungarische Doppelmonarchie.

Es war nur eine Frage der Zeit, bis ganz Ungarn – wozu auch große Teile des heutigen Rumänien gehörten – befreit waren: Klausenburg, Peterwardein, das ungarische Eger (Erlau), aber auch das serbische Karlowitz.

Mit der Belagerung Belgrads im August 1688 kam die Stunde Prinz Eugens von Savoyen. Vor Ofen und Mohács hatte er bereits sein Können unter Beweis gestellt und war trotz seiner jungen Jahre in einer für einen nichtregierenden Fürstenspross sagenhaften Karriere vom Feldwachtmeister zum Feldmarschall-Leutnant (seit 31. Januar 1688) aufgestiegen. Noch aber hatte Max Emanuel den Oberbefehl inne, der nach wochenlanger Belagerung auf eine militärische Entscheidung drängte. Belgrad konnte nach stundenlanger Schlacht am 6. September genommen werden. Beide Feldherrn trugen die Blessuren des Kampfes am eigenen Leib: Max Emanuel wurde durch einen Schuss an die Wange verletzt, was er lakonisch mit dem Wort abtat, ihn habe Bellona, die Schwester des Kriegsgottes Mars, geküsst; Prinz Eugen aber erhielt einen Schuss ins Bein und antwortete dem Kurfürsten, dass ihn Bellona zertreten habe.

Es schien möglich geworden zu sein, die ganze osmanische Herrschaft auf dem Balkan aufzurollen. Doch das Blatt wendete sich. Wieder war es die französische Politik, die den Osmanen zu Hilfe kam: Ludwig XIV. fiel, um Erbansprüche seiner Schwägerin, der berühmten Liselotte von der Pfalz, geltend zu machen, 1688 in Süddeutschland ein und zwang damit den Reichstruppen eine zweite Front auf. Somit konnten die Türken den Vormarsch der Alliierten stoppen und 1690 sogar Belgrad zurückerobern. Ein glorreicher Sieg des Markgrafen Ludwig Wilhelm von Baden am 19. August 1691 über die Türken bei Szlankamen konnte nur kurze Zeit darüber hinwegtäuschen: Die ungarische Front war auf alliierter Seite dabei zu verfallen. Die

Truppenstärke erreichte bei weitem nicht ihr Plansoll, die Gelder für den Krieg waren trotz finanzieller Unterstützung durch Papst Innozenz XII. verbraucht. Da war es ein großes Glück, dass – nicht zuletzt durch intensive Bemühungen des Hl. Stuhls – der Pfälzer Erbfolgekrieg beendet werden konnte. Daraufhin ernannte der Kaiser Prinz Eugen zum Oberkommandierenden in Ungarn (5. Juli 1697). Die Kampagne gegen die Osmanen sollte wiederaufgenommen werden, nicht nur um einen sehr instabilen und damit langfristig gefährlichen Zustand zu beseitigen, sondern auch, weil aus dem Osten die Kunde kam, dass Sultan Mustafa II., der seit 1695 an der Spitze des Osmanischen Reiches stand, mit einer großen Heeresmacht aufgebrochen sei, um die Schande von Wien zu tilgen und die als „Goldener Apfel" verklärte Stadt in einem dritten Anlauf endlich zu gewinnen. Prinz Eugen, der die fortwährende Finanzknappheit des Kaisers realistisch einschätzte und wusste, dass aus dem schwerfälligen kaiserlichen Regierungsapparat nicht mehr zu gewinnen war, sammelte alle verfügbaren Truppen des ungarischen Raumes und nahm sie unter eine strenge Disziplin, die aber auch der Fürsorge für die Soldaten nicht entbehrte. Nie waren für ihn die Truppen nur Menschenmaterial, die man beliebig in der Schlacht opfern konnte. Der Prinz dachte und handelte stets als überzeugter Christ, der sich vor Gott für das Leben und das Wohl seiner Soldaten verantwortlich fühlte. Krieg war für ihn weder Selbstzweck noch Mittel für die eigene Macht, sondern ein Widerfahrnis, das einem auferlegt wurde. Als äußeres Zeichen seiner Haltung trug der Prinz eine Abbildung der Marienzeller Madonna über dem Herzen auf seinem Brustpanzer.

Es schien ein Siegesmarsch zu werden für die Türken: Etwa 100 000 Mann zogen von Belgrad aus nach Norden – Prinz Eugen hatte weniger als die Hälfte zur Verfügung – und waren gerade dabei, nahe Zenta die Theiss zu überqueren (11. September 1697). Die Kavallerie zuerst, dann auf einer Behelfsbrücke der Sultan mit der Artillerie und dem Tross – sie alle hatten schon das gegenüberliegende Ufer erreicht. Danach sollten die Fußtruppen folgen. Diesen Augenblick nutzte der Prinz zum Angriff, zu dem er das Signal gab, nachdem er zuvor, wie vor jeder Schlacht, ein „Oh, mon Dieu" ausgerufen hatte. Die Osmanen waren darauf völlig unvorbereitet, und so wurde ihre Infanterie ein leichtes Opfer der Österreicher. Mit Recht nannte man die Schlacht von Zenta eine Entscheidungsschlacht, auch wenn ein nicht unbedeutender Teil der türkischen Streitmacht entkam. Prinz Eugen entschloss sich angesichts der bereits vorgerückten Jahreszeit, mit einer stark verkleinerten Truppe den Fliehenden nachzusetzen und drang dabei tief nach Bosnien vor. Dabei eroberte er auch Sarajewo, das er plündern und niederbrennen ließ, nachdem es von der türkischen Bevölkerung verlassen worden war. Als er in sein Winterlager aufbrach, führte er eine große Schar von Christen mit, die unter der osmanischen Herrschaft hatten leben müssen und nun die Chance nutzten, in sichere Gebiete umzusiedeln.

Die Erfolge Habsburgs im Großen Türkenkrieg konnten nicht darüber hinwegtäuschen, dass die leeren Kriegskassen eine Fortführung des Befreiungskampfes auf dem Balkan und erst recht mit dem früheren Konstantinopel als Ziel nicht zuließen. Da nun auch das Osmanische Reich in seiner militärischen Schlagkraft stark geschwächt war, sprach alles für einen Friedensschluss, der Wien die Möglichkeit geben sollte, sein Hauptaugenmerk ganz auf den Westen, auf den Konflikt mit Frankreich zu richten.

Der Friedensvertrag wurde am 26. Januar 1699 zu Karlowitz geschlossen („Friede von Karlowitz", an den noch heute die dort nach Abschluss des Friedens errichtete Kirche „Maria Fried" erinnert). Die Vereinbarungen sahen vor, dass auch das türkische Ungarn, der Großteil Kroatiens sowie Siebenbürgen (allerdings ohne das Banat Temeswar) nunmehr zum Herrschaftsbereich Habsburgs gehören sollten; Polen erhielt Podolien und Teile der Ukraine zurück. Selbst Venedig, das 1684 unter dem späteren

Dogen Francesco Morosini und mit Hilfe sächsischer Truppen unter dem deutsch-schwedischen General Otto Wilhelm Graf von Königsmarck den Peloponnes (Halbinsel Morea) erobert und sogar bis nach Athen vorgestoßen war, konnte die Morea sowie eine Reihe von Festungen an der Küste Dalmatiens vertraglich für sich behaupten. Erst 1715 ging die Morea wieder an die Osmanen verloren. Auch Russland saß mit am Verhandlungstisch und konnte für sich das 1696 durch Peter den Großen von den unter türkischer Oberherrschaft stehenden Krimtartaren mühsam eroberte Asow und damit einen Zugang zu einem „warmen Meer" für sich gewinnen.

Für das Osmanische Reich bedeutete der Große Türkenkrieg eine schwere Niederlage; musste es doch erstmals in einem Vertrag Gebietsverluste anerkennen. Die Offensivkraft, um in das Herz Europas vorzustoßen, hatte es für immer ebenso verloren wie den Nimbus seiner Unbesiegbarkeit und militärischen Überlegenheit. Dennoch blieb es eine Europa mitbestimmende Großmacht, deren Niedergang zwar eingeleitet, aber noch lange nicht vollendet war. Dass mit den Türken durchaus noch zu rechnen war, zeigen die folgenden Türkenkriege mit venezianischer, österreichischer und russischer Beteiligung.

Nachspiele:

Der Venezianisch-österreichische Türkenkrieg

Wie gefährlich die türkische Armee noch immer war, bekamen als Erste die Russen zu spüren, die 1710 im Kontext des Großen Nordischen Krieges gegen Schweden in einen vierten russisch-türkischen Krieg gerieten, als sich Schwedens König Karl XII. nach einer verlorenen Schlacht auf osmanisches Gebiet geflüchtet hatte. Seine russischen Verfolger hofften, ihn dort zu stellen, wurden dabei aber von den Truppen des Großwesirs Baltaji (Baltadschi) Mehmed Pascha am Fluss Pruth geschlagen. Im „Frieden vom Pruth" musste Zar Peter I., der sich von der zahlenmäßig weit überlegenen türkischen Armee eingeschlossen fand, Festung und Stadt Asow wieder den Türken überlassen.

Man darf diesem Erfolg durchaus die Funktion eines Auslösers für eine neue expansive Politik zuschreiben, hatten sich die Osmanen doch bis zu diesem Zeitpunkt penibel an die Friedensvereinbarungen von Karlowitz gehalten und sich sogar aus allen möglichen Händeln der antihabsburgischen Opposition in Ungarn herausgehalten. Ja, man kann sagen, dass Sultan Ahmed III. (1703-1730) bis zu diesem Friedensschluss sein Land gegenüber Europa in einer gewissen Isolation hielt und das aggressive Wechselspiel der europäischen Mächte gegeneinander nicht mitmachte. Dies hatte aber auch eine Erholung der erschöpften Kräfte zur Folge, während sich die Großmächte Europas im Spanischen Erbfolgekrieg bis 1714 gegenseitig schwere Verluste zufügten.

Als das schwächste Glied in der Reihe der christlichen Staaten hatten die Türken merkwürdigerweise Venedig ausgemacht, da es gerade nicht am Erbfolgekrieg teilgenommen hatte. Offensichtlich hatten die Staaten Europas im Verlauf der letzten Jahrhunderte den Eindruck hinterlassen, dass ihre Kriegspolitik ein direkter Gradmesser für ihre Stärke sei. Es schien die Chance gegeben, den Verlust der Morea und damit einen wesentlichen Punkt des Vertrages von Karlowitz zu revidieren. So erfolgte im Dezember 1714 die Kriegserklärung des Osmanischen Reiches an Venedig.

Es war für die Osmanen ein Leichtes, im folgenden Jahr die nur schwachen militärischen Besatzungen Venedigs auf dem Peloponnes zu überwinden und die ganze Morea sowie die letzten verbliebenen venezianischen Festungen auf Kreta unter ihre Kontrolle zu bringen. Denn vergeblich hatten sich die Venezianer um Hilfe bei den europäischen Großmächten bemüht; zu fragil war der Friede von Utrecht und Rastatt, der den Spanischen Erbfolgekrieg beendet hatte, zu sehr waren die Kräfte Europas erschöpft und zu gering war das gegenseitige Vertrauen der am Erbfolgekrieg beteiligten Mächte.

Wieder war es der Hl. Stuhl, der den bedrängten Venezianern beisprang. Papst Clemens XI. hatte sich bereits 1701 um ein gegen die Osmanen gerichtetes Bündnis zwischen Polen und dem Kaiser bemüht; die politische Lage – der Streit um die spanische Erbfolge, in den auch das Papsttum verwickelt war und dabei bei allen Parteien einen großen Verlust an Ansehen und Einfluss erlitt – ließ es nicht zu. Dafür unterstützte Clemens seit seiner Erhebung zum Papst das ständig bedrohte Malta und erlaubte auch den Venezianern die Beibehaltung des Zehnten für die Türkenabwehr, und selbstverständlich verstärkte er den Schutz an den Küsten des Kirchenstaates und rüstete die päpstliche Flotte auf. Vor allem aber startete der Papst durch Pier Paolo Marcolini eine Reihe von diplomatischen Initiativen, die das Ziel hatten, Kaiser Karl VI. und den polnischen König zur Hilfe zu bewegen. Es war vor allem Kaiser Karl VI., der fürchtete, mit Spanien in einen Konflikt um seine Besitzungen in Italien zu geraten, der blockierte, während Polen und auch die katholischen Fürsten Deutschlands sich bereit erklärten, im Falle eines kaiserlichen Handelns Unterstützung zu leisten. Um sein Zögern zu rechtfertigen, berief sich der Kaiser auf eine Zusage des Sultans, wonach die Türken mit ihrer Aktion nur eine Vergeltung an Venedig üben wollten, das Reich und die Besitzungen der Habsburger aber nicht zu gefährden gedachten. An diese Zusicherung glaubten weder der Papst noch die Kurienmitglieder, die sogar mit einem türkischen Angriff auf Italien rechneten. Es waren aber nicht nur politische Gründe, die eine schnelle Reaktion verhinderten. Marcolini beklagte, dass alle angefragten Fürsten schon durch ihre luxuriöse Lebenshaltung und durch ihre Verschwendungssucht ihre finanziellen Möglichkeiten erheblich einschränkten.

Clemens versuchte die Ängste Wiens durch eine Garantie Spaniens für die Habsburger Territorien in Italien zu beruhigen. Erst nach einem langen diplomatischen Tauziehen – Spaniens bourbonischer König Philipp V. forderte die von Wien verweigerte Anerkennung seiner Herrschaft ein und stand, obwohl persönlich sehr fromm, lange unter dem Einfluss antikirchlich gesinnter Ratgeber – wurde diese Garantie-Erklärung gegeben, der sich schließlich auch Frankreich anschloss.

Damit war der Weg frei für das größte militärische Genie seiner Zeit, den Prinzen Eugen, den Kampf gegen die Osmanen nicht zuletzt mit finanzieller Unterstützung durch den Hl. Stuhl noch einmal aufzunehmen. Als der Prinz sich zu seinem neuen Auftrag aufmachte, war die Koalition jedoch eine ganz andere als 1683. Polen hatte entgegen früheren anderslautenden Absichten keine Truppen geschickt; die meisten Fürsten aus dem Reich hielten sich ebenfalls heraus, hatten kein Ohr mehr für den Ruf eines Kaisers des längst schon zur bloßen Hülle gewordenen Heiligen Reiches. Nur Max Emanuel von Bayern stellte ein größeres Kontingent, obwohl er nach der Schlacht von Höchstädt (1704) beinahe sein bayerisches Erbe an die Österreicher verloren hätte. So bestand wiederum eine deutliche türkische Überlegenheit, als sich die gegnerischen Heere erstmals beim heute serbischen Peterwardein an der Donau gegenüberstanden. Am 5. August 1716 konnte der Prinz diese Schlacht nicht zuletzt durch seinen persönlichen Einsatz für sich entscheiden.

Es folgten die Einnahme von Temesvar und damit die Befreiung des Banats sowie am 16. August 1717 als Glanzstück die Eroberung Belgrads, auf die sich auch das bekannte Prinz-Eugen-Lied bezieht. Mit Recht wird in diesem Lied Prinz Eugen als der „edle Ritter" benannt, denn er setzte trotz der Unerbittlichkeit der Gefechte, die er auf diesem Feldzug durchzustehen hatte, im Krieg Zeichen der Menschlichkeit und des Respekts vor dem Gegner, als er den Besiegten freien Abzug gewährte und seinen Soldaten verbot, ihrem Hass gegen die Türken freien Lauf zu lassen.

Im Frieden von Passarowitz (21. Juli 1718) wurden die österreichischen Gebietsgewinne bestätigt, Venedig aber erhielt die von den Türken eroberte Morea nicht mehr zurück.

Die russisch-österreichischen Türkenkriege

Noch einmal trat Kaiser Karl VI. gegen die Türken in den Krieg – diesmal mit Unterstützung Russlands, das mächtig gegen das schwächer gewordene Osmanische Reich und gegen dessen tatarischen Verbündete agierte. Doch dem russisch-österreichischen Türkenkrieg von 1736-1739 fehlte das Genie eines Prinzen Eugen; und es fehlte weitgehend die moralische Rechtfertigung für diesen Krieg. Denn weder lag eine osmanische Bedrohung vor, noch hatte man auf österreichischer Seite die ehrliche Absicht, Christen aus der Herrschaft der Muslime zu befreien.

Ziel war vielmehr eine territoriale Expansion auf dem Balkan, die den Verbündeten Russland eindämmen und sein Ausgreifen auf den Balkan verhindern sollte. Die Waffengänge dieses Krieges endeten für die Österreicher und für die Russen wenn nicht gar als Niederlagen, so doch mit nur kurzzeitigen Erfolgen. Am Ende waren Österreich wie auch das Osmanische Reich erschöpft; Russland, das viel skrupelloser das Sterben von Tausenden seiner Soldaten hinnahm, blickte schon auf den nächsten Konflikt mit Schweden und suchte daher den Frieden. Durch französische Vermittlung kam am 18. September 1739 zwischen dem Kaiser und dem Sultan der Friede von Belgrad zustande, dem sich später auch Russland anschloss. Was Prinz Eugen im letzten Krieg für Habsburg gewonnen hatte, ging – mit Ausnahme Temesvars und des Banates – wieder an die Osmanen verloren; auch Belgrad musste von den Österreichern geräumt werden.

Eine Neuauflage erlebte dieses gegen die Osmanen gerichtete Bündnis im Russisch-Österreichischen Türkenkrieg von 1787-1792. Das Osmanische Reich zeigte zu diesem Zeitpunkt unverkennbar Zeichen der Schwäche, wenn man auch noch nicht von einem Niedergang sprechen kann. Russland hatte sich zum Schutzherrn aller orthodoxen Christen auf osmanischem Gebiet erklärt und sich wichtige Handelsprivilegien ertrotzt. Das Khanat der Krimtataren war von der Hohen Pforte unabhängig geworden, mit der Folge, dass die Russen schließlich 1884 die Krim annektierten.

Solche Erfolge heizten die Gier der Verbündeten nach osmanischem Land noch weiter an, und so vereinbarten Kaiser Joseph II. und Zarin Katharina die Große in einem Geheimtreffen auf der Krim, das Osmanische Reich zu unterwerfen und zu zerschlagen. Die Siegesgewissheit verleitete die beiden Verbündeten sogar dazu, das Fell des Bären in recht konkreten Abmachungen schon zu verteilen. Bemerkenswert an dieser Übereinkunft war, dass Russland neben den politisch-materiellen Zielen auch an die Wiedererrichtung des Byzantinischen Reiches dachte – ein gänzlicher Anachronismus, da Russland selbst an die Dardanellen strebte, während Österreich die Ägäis anvisierte. Historische oder religiöse Motive waren nur noch sekundär und bestenfalls Mittel zum Zweck. Eiskaltes Großmachtstreben war der eigentliche Antrieb.

Als diese Pläne ruchbar wurden, eröffnete das Osmanische Reich einen Präventivkrieg, in dem die Allianz von Russland und Österreich auch tatsächlich erhebliche Erfolge erzielen konnte. Belgrad fiel wieder in österreichische Hand, und Bukarest wurde von österreichischen und russischen Truppen gemeinsam besetzt. Zudem konnten die Russen im Schwarzen Meer die Vorherrschaft zur See gewinnen und wichtige Festungen der Türken erobern. Dennoch erreichten die beiden Verbündeten ihre Kriegsziele nicht. Denn den übrigen Mächten war das Geschehen im Südosten Europas durchaus nicht gleichgültig. Schweden bedrängte Russland im Norden, und Preußen schloss ein Bündnis mit den Osmanen. Da Österreich wenige Jahrzehnte nach dem Siebenjährigen Krieg kein Interesse an einem neuen Waffengang gegen Preußen hatte, schloss der inzwischen regierende Kaiser Leopold II. einen Separatfrieden mit dem Sultan. Das strategisch so wichtige Belgrad musste wieder den Türken überlassen werden, und von den Erfolgen blieben den Österreichern nur unerhebliche territoriale Zugewinne („Friede von Sistowo"). Russland setzte den Krieg noch fort bis zum Frieden von Jassy (1792), der die Krim und weitere Gebiete vertraglich an Russland gab.

Wenn es also einen Gewinner in diesem Krieg gab, so war es Russland. Es führte im Verlauf des 19. Jahrhunderts noch vier weitere Kriege gegen die Osmanen. Dabei traten England und Frankreich mehrmals auf die Seite der Osmanen, um das Gleichgewicht der Kräfte in Europa zu wahren und eine Dominanz Russlands zu verhindern.

Das Osmanische Reich wurde, nach einem Wort Zar Nikolaus' I. aus der Mitte des 19. Jahrhunderts, der „kranke Mann am Bosporus". Aufstände, vor allem in Serbien, und Autonomiebestrebungen in den Randprovinzen kündigten zusammen mit einer verfallenden Staatsführung und Verwaltung den Niedergang des Reiches an. Doch hinterließ dieser Zerfall der osmanischen Ordnungsmacht gerade auf dem Balkan viele ungelöste Probleme und machte ihn rasch zum Pulverfass, das 1914 zur Explosion kam. Um die Christen unter türkischer Herrschaft ging es dabei, trotz den gegenteiligen Beteuerungen von Seiten Russlands, schon lange nicht mehr. Die Stimme der Päpste war nach den Wirren von Revolutionen und den Erschütterungen jenes Jahrhunderts verstummt.

Epilog

Was die Geschichte uns zu sagen hat

Eine säkular denkende Gesellschaft tut sich schwer mit einem fundamentalistischen Islamismus. Da steigen entweder irrationale Ängste auf, die sich auf geschichtliche Erfahrungen berufen und den Untergang des Abendlandes als Menetekel an die Wand malen, oder man schließt die Augen vor den Herausforderungen einer globalisierten Welt, in der das Erbe des Islam in ganz neue Regionen weitergetragen wird, wie einst das Christentum sich durch alle Teile des Römischen Reiches und seiner Zivilisation verbreitet hat, um eines Tages vielleicht festzustellen, dass der Erdkreis, wenn nicht muslimisch, so doch erheblich vom Islam geprägt sein wird. Das Nachdenken über die Geschichte kann hier manche hilfreiche Korrekturen liefern:

1. Die großen militärischen Expansionen, die das Christentum Europas in Gefahr brachten, waren getragen von islamischen Großreichen, die es vergleichbar heute und auch in absehbarer Zukunft nicht mehr gibt. Der bis in seine Wurzeln politisch ausgerichtete Islam kann sich nicht auf umfassende politische Strukturen stützen. Die islamische Welt ist trotz verschiedener Versuche der Vereinigung heute gespalten, vielleicht sogar mehr, als es die Staaten der westlichen Welt sind, in denen es zwar immer noch ökonomische Egoismen gibt, aber auch einen (wenn auch sehr minimalen) Wertekonsens, der nicht nur unter den Regierenden, sondern auch in der Bevölkerungsmehrheit gut verankert ist. Grundprinzipien der Humanität, fundamentale Menschenrechte, die Gleichberechtigung der Frau - all dies ist so stark in unsere Gesellschaften eingedrungen, dass keine Politik daran vorbeigehen kann, dass damit auch eine Basis für ein

gemeinschaftliches Handeln der westlichen Staaten gegeben ist. Schätzen wir auch die Bindekraft unserer Zivilisation nicht zu gering ein: Viele Muslime in unseren Ländern wissen die Freiheit zu schätzen, und wenn wir uns auch nicht immer in unseren kulturellen Eigenarten verstehen, so haben wir damit doch eine gute Möglichkeit des Zusammenlebens und des kulturellen Austausches. Dies gilt nicht nur für Muslime in unseren Staaten, sondern auch für das Verhältnis zu vielen islamischen Ländern, die unter Beibehaltung ihrer eigenen Traditionen den Anschluss an den Westen, die Kooperation mit ihm suchen. Und vergessen wir nicht: Die islamischen Großreiche gründeten auf politischer Unterdrückung; sie degradierten Länder, die heute eigene Staatsgebilde sind, zu Provinzen oder abhängigen Herrschaften und wurden damit zu Mächten auf sehr tönernen Füßen, die auf Dauer das Streben der Unterworfenen nach Autonomie und Unabhängigkeit nicht aufhalten konnten.

2. Schon im frühen Mittelalter wurde erkannt, dass die islamische Bedrohung auch eine geistige war. Die Auseinandersetzung mit dem Islam wurde auch auf einer religiös-intellektuellen Ebene geführt, was verständlich ist, wenn man bedenkt, dass der Islam in der Frühzeit als eine häretische (judenchristliche) Gemeinschaft galt. Viele intellektuelle Invektiven des Islam wurden, wie wir gesehen haben, bereits innerhalb der Karolingerzeit abgewehrt, konnte doch das mittelalterliche Europa diese fremde Religion an seinen Rändern nicht ignorieren oder nur militärisch bekämpfen. Die *Summa contra Gentes* (oder: *Gentiles*) eines Thomas von Aquin oder auch die Schriften eines Nikolaus von Kues belegen, dass man den Islam noch zu einer Zeit als Herausforderung empfand, als die Gefahr freiwilliger Massenkonversionen von Christen zu dieser Religion schon längst vorüber war und man sich trotz aller internen Auseinandersetzungen innerhalb des Christentums sich seines Glaubens recht sicher war. Ein intellektueller Disput um den Glauben und unser menschliches wie kulturelles Selbstverständnis gehört

wesentlich zum Christentum und ist keine von außen aufgezwungene Zutat. Wenn eine Gesellschaft in ihrem Wohlstand, in ihren ökonomischen und technischen Erfolgen ignorant wird, wenn sie selbst den Dialog mit dem Fremden verweigert, dann allerdings hört sie auf, aktiv zu gestalten und wird in den Zustand purer Reaktion getrieben. Anders gesagt, die Auseinandersetzung zwischen unserer Gesellschafts- und Werteordnung und dem Islam muss öffentlich und intensiv geführt werden. Dieser Disput muss sich absolut gewaltfrei vollziehen und in gegenseitigem Respekt, aber er darf nicht erst dort beginnen, wo bereits Konflikte entstanden sind. Die Lebendigkeit unserer westlichen Gesellschaften wird nicht nur danach bemessen, wie kinderreich diese sind. Sie müssen aktiv an der Integration der Muslime und der muslimischen Welt beteiligt sein und dazu ein klares, überzeugendes und argumentativ vorgetragenes Profil der westlichen Gesellschaft bieten. Eine besondere Rolle spielt hier die Kirche: Interreligiöser Dialog zum gegenseitigen sich Verstehen genügt nicht; Kirche ist wesentlich missionarisch und muss die Missionsaufgabe im eigenen Land als solche erkennen und sich ihr auf allen Ebenen des menschlichen Zusammenlebens stellen. Dabei kann sie darauf vertrauen, dass Christus und seine Botschaft die Herzen aller Menschen berühren. In diesem Sinne ließe sich die große Zahl der Muslime in unseren Ländern auch als eine Chance begreifen gegenüber jenen Zeiten, wo Christen und Muslime sich kaum kannten und sich überwiegend nur auf dem Schlachtfeld begegneten.

3. Während der Türkenkriege überwog auf Seiten der Christen das reaktive Moment: Auf die Eroberungsversuche der Osmanen wurde, weil es keine anderen Möglichkeiten mehr gab, militärisch geantwortet. In einer ähnlichen Situation befinden wir uns heute gegenüber dem islamischen Terrorismus. Historisch kann man dem Christentum, dem ein solcher Abwehrkrieg aufgenötigt wurde, eine Mitschuld nicht absprechen: Die internen, auch mit Machtmitteln wie Vertreibung und Aus-

schluss aus der Gemeinschaft geführten Auseinandersetzungen in der frühen Kirche haben wesentlich zum Aufstieg und zum Erfolg der Eroberungen durch den Islam beigetragen; die Uneinigkeit unter den christlichen Staaten, nationale Egoismen und Gewinnsucht, aber auch die persönliche Unfähigkeit und Blindheit christlicher Regenten haben den Siegeszug des Islam befördert. Das Vordringen des Islam machte immer auf das Versagen, auf die Defizite in der christlichen Welt und in der Kirche aufmerksam; darum auch die Vorschläge eines Pius II. für eine verbesserte Erziehung der Fürsten und die Bemühungen der Päpste überhaupt um Einheit der Kirche und der christlichen Staatenwelt, um Hebung des religiösen wie auch des sittlichen Niveaus der Christen. Heute haben wir es mit einer Verachtung der westlichen Lebensform durch radikale Islamisten zu tun. Wir verteidigen die uneingeschränkte Freiheit der Satire, bedenken aber nicht, dass Freiheit immer nur so weit gehen kann, wie auch Verantwortung gegenüber all unseren Mitbürgern, auch den Muslimen, geht. Wie sollen Menschen eine Gesellschaft respektieren, die ihnen selbst keinen Respekt bezeigt? Die Aufrufe der Päpste vergangener Zeiten, den christlichen Glauben verantwortlich zu leben, gelten auch für heute. Die moderne Gottlosigkeit mit all ihren oft menschenverachtenden Auswüchsen wird, worauf ein Peter Scholl-Latour nicht müde wurde hinzuweisen, die Muslime nie für sich gewinnen können; im Gegenteil, sie stößt die Muslime geradezu in einen radikalen Gegenentwurf hinein.

Der Islam bedarf einer Aufklärung, wie sie auch das Christentum durchgemacht hat, wird heute mit Recht behauptet; doch wer soll eine solche Aufklärung bei einer Religion vorantreiben, die aufgrund ihrer theologischen Enge – man nehme nur einmal die Selbstverpflichtung zur wortwörtlichen Auslegung des Koran – aus sich heraus nur an ihren Rändern zu selbstkritischen Positionen finden kann? Die säkularisierte Gesellschaft mit ihrem Unverständnis für Religion überhaupt vermag hier keine Hilfestellung zu leisten. Umso mehr ist das Christentum gefordert. Das freilich setzt voraus, dass es selbst glaubwürdig gelebt wird und an sich selbst beweist, dass man ohne religiösen Substanzverlust in der „offenen Gesellschaft" (Popper) leben kann. Die historische Anmahnung einer christlichen Disziplin durch die Päpste hat heute also auch eine paradigmatische Bedeutung: dass Religion und Moderne keine Widersprüche zu sein brauchen, dass Glaube und Religion nicht notwendig zu Opfern der Moderne werden, sondern sich in ihr konstruktiv zu behaupten vermögen.

4. Unsere Gegenwart deutet ein Ringen um die Zukunft des christlichen Abendlandes an. Manche fühlen sich berufen, das Abendland zu verteidigen und zu retten. Blickt man zurück in die Geschichte, so stellt man fest, dass diese Idee des Abendlandes wesentlich mit der Kirche und damit auch mit dem Papsttum verbunden war. Der Begriff „Abendland" mag erst später aufgekommen und vor allem ein Produkt der Romantik sowie der Zeit nach den beiden Weltkriegen sein; der Sache nach findet er sich jedoch viel früher. Er bedeutet dann eine über alles Nationale, Völkische hinausgehende religiös-geistige Gemeinschaft. Man kann diese Idee des Abendlandes analysieren und die griechische wie römische Antike („Athen" und „Rom"), das Judentum („Jerusalem") und sogar Einflüsse eines (unter den Muslimen als heterodox geltenden) Islam ausmachen; insofern ist das Abendland historisch mit dem Westen, dem Okzident und seinem geschichtlichen Werden verbunden. Aber das eigentlich Prägende, das all diese Elemente Integrierende und Formende ist das Christentum, das mehr ist als nur ein weiterer Überlieferungsgehalt. Seine Wurzel ist keine Philosophie, keine Weltanschauung, auch keine religiöse Überzeugung, wie sie die Religionswissenschaft beschreibt. Das Christentum wurzelt in der Person Jesu, des menschgewordenen Gottessohnes, in dessen Nachfolge die Christen gerufen sind. Das Abendland ist also kein Synkretismus, kein ideologisches Konstrukt, kein Sammelsurium von Traditionen und überlieferten Lebensformen, son-

dern Formung aus der Universalität des christlichen Glaubens, der alles in sich aufnimmt, was der Schöpfungsordnung Gottes entspricht (Thess. 5, 21: „Prüft alles und behaltet das Gute"), es von Christus her und auf ihn hin durchlichtet und erhebt. Zerstört würde das Abendland, wenn es seine christliche Formkraft verlieren würde; wenn das Gebet der Gläubigen verstummt und die Kirchen leer werden; wenn Christus zu einem bloßen, wenn auch vorbildhaften Menschen herabgestuft wird, wenn die Inhalte des christlichen Glaubens vergessen werden und die Menschen des Westens ihr Leben weder nach dem natürlichen Sittengesetz noch nach dem offenbaren Willen Gottes und dem Beispiel Jesu ausrichten, wenn die Glut des Glaubens, die unzählige Märtyrer, Bekenner und Heilige hervorgebracht hat, erlischt: Dann ist das Abendland zur Asche geworden.

Die Kirchengeschichte zeichnet ein anderes, lebendiges Bild vom christlichen Abendland. Sie verschweigt nicht die Nöte und Drangsale, die Anfechtungen und auch die Phasen des Niederganges und der Krisen; aber sie zeichnet das Abendland auch als einen Raum, in dem immer wieder Quellen der Erneuerung, Kräfte der Reform aufbrechen und mitgeteilt, kommuniziert werden. Kultur und Christentum des europäischen Kontinents erneuern sich von den britischen Inseln her; die Kirche der Iberischen Halbinsel empfängt neue Inspirationen von der Cluniazensischen Reformbewegung her; neue Orden und Gemeinschaften entfachen die schon fast erstickte Glut des Glaubens in ganz Europa, Reformsynoden wirken über ihren eigentlichen Geltungsbereich hinaus, Heilige werden zu Vorbildern und damit zum gemeinsamen geistlichen Erbe in allen europäischen Nationen.

Auch unser speziell auf die Auseinandersetzung mit dem Islam beschränktes Thema hat gezeigt, welch unersetzbare Rolle die Päpste für diese geistig-geistliche Kommunikation in Europa und darüber hinaus gespielt haben. Sie wurden zu Sachwaltern des Abendlandes in Zeiten des aufkommenden Nationalismus; sie hatten den Blick selbst auf jene Regionen gerichtet, in denen die Christen nationalkirchliche Wege, getrennt von Rom gingen; sie haben in vielfacher Weise Reformen gefördert und selbst, wo es nötig war, sich auch um die militärische Verteidigung bemüht. Vor allem waren sie für den Frieden in Europa und damit für die Einigkeit der Europäer tätig. Europa ist ohne das Papsttum nicht zu denken – das sollte allen Mitgliedern des Europäischen Parlamentes zu denken geben, wenn sie einen Papst zu Gast bei sich einladen!

5. Was sagt uns die Geschichte über das Wesen des Islam? Von Anfang an ist die Ausbreitung des Islam verbunden mit Gewalt. Mohammed selbst war, ganz anders als Jesus (und auch die ersten Christen), ein Kämpfer, ein Mann des Schwertes. Dass es auch im Christentum Gewaltexzesse gab, ebnet diesen fundamentalen Unterschied nicht ein. Zwang und Gewalt lassen sich von Jesus her nicht begründen; und sogar die Selbstverteidigung, der gerechte Krieg stehen im Allgemeinen wie im Konkreten immer unter einem Rechtfertigungsdruck. Islam indes bedeutet Unterwerfung, ja Sklaverei, wie auch die Berührung des Bodens mit der Stirn im Orient die Haltung des Sklaven ist. Es war Mohammed selbst, der durch seine eigenen kriegerischen Unternehmungen gezeigt hat, wie der Djihad, der dem Westen gerne verharmlosend nur als Glaubensanstrengung vorgestellt wird, in Wirklichkeit zu interpretieren sei: als Krieg, der die Völker dem Gesetz des Islam unterwirft. Bis auf den heutigen Tag sind viele Muslime dem Djihad in der Interpretation Mohammeds nicht nachgekommen, wenn aber heute muslimische Extremisten in ihren Glaubenskrieg ziehen, dann handelt es sich, auch wenn die Fanatiker nur eine Minderheit unter den Muslimen ausmachen, nicht um eine religiöse Verirrung, sondern um eine letzte Konsequenz aus dem Koran in der gelebten Interpretation Mohammeds. Die Sure 9,29, die den Krieg gegen die Ungläubigen befiehlt, lässt sich nicht wegreden, und sie gilt auch im Falle der Christen, die zwar ebenso wie die Juden aus den Polytheisten als Besitzer des Buches herausgehoben sind,

jedoch als Verfälscher der Offenbarung Gottes gelten und durch ihren Glauben an die Dreifaltigkeit (die dritte göttliche Person ist merkwürdigerweise Maria) dann doch wieder als Polytheisten und Ungläubige gelten. Nicht zu leugnen ist eine differenzierte Haltung des Islam zur Gewalt: Wo der Islam in der Minderheit ist, verhält er sich tolerant und duldsam; als Mehrheitsreligion aber spielt er seine Dominanz unverhohlen aus, beschneidet andere Religionen in ihrer Freiheit und in ihren grundlegenden Rechten.

Wie eng die Verbindung des Islam zur Gewalt ist, bezeugen nicht zuletzt die erlaubte, wenn auch nicht überall praktizierte Vielweiberei und der Umgang mit Frauen überhaupt. Diese Phänomene beweisen, dass islamische Gewalt keineswegs reaktiv, also nur die Folge einer von außen dem Islam und den Muslimen zugefügten Gewalt ist. Der Islam ist nicht zu einem tieferen Verständnis der menschlichen Person vorgedrungen.

Halten wir am Ende noch einmal das Christentum entgegen: Nicht als ob es im Christentum, unter Christen nicht auch himmelschreiende Sünden gegen die Menschlichkeit gegeben hätte (und auch immer noch gibt). Der grundlegende und gleichsam qualitative Unterschied zum Islam aber ist der, dass in Christus Gott selbst Mensch geworden ist und damit jeden Menschen, den Christen wie den Nichtchristen, den Freund wie auch den Feind mit höchster Würde ausgezeichnet hat. Auch wenn wir an Christus gemessen, nur unser Versagen eingestehen können, so ist der Maßstab aber doch da, und er setzt immer wieder kräftige Impulse der Umkehr, der Rückkehr zum Herrn und damit zur Erneuerung frei.

Verwendete Literatur

Angenendt, A.: Toleranz und Gewalt. Das Christentum zwischen Bibel und Schwert, Münster 2007

Badde, P.: Das Muschelseidentuch. Auf der Suche nach dem wahren Antlitz Jesu, Berlin 2005

Barth, H.-M.: Die Theologie Martin Luthers. Eine kritische Würdigung, Gütersloh 2009

Baumgart, W.: Lepanto 1571. Zum vierhundertsten Jahrestag der großen See-schlacht, in: http://ubm.opus.hbz-nrw.de/volltexte/2011/ 2657/ pdf/doc.pdf (vom 19.09.2014)

Bihlmeyer, K. / Tüchle, H.: Kirchengeschichte, Bde. I u. II; 18. Aufl., Pader-born 1966, 1968

Bradford, E.: Der Schild Europas. Der Kampf der Malteserritter gegen die Türken 1565, München 1979

Brown, P.: Die Entstehung des christlichen Europa, München 1999

Clot,A.: Das maurische Spanien. 800 Jahre islamische Hochkultur in Al Anda-lus, Düsseldorf 2004

Crowley, R.: Entscheidung im Mittelmeer. Europas Seekrieg gegen das Osma-nische Reich 1521 - 1580, Stuttgart 2009

Daniel-Rops, H.: Die Kirche im Frühmittelalter, Zürich 1953

Eickhoff, E.: Venedig, Wien und die Osmanen. Umbruch in Südosteuropa 1645 - 1700, 3. völlig überarb. u. erweiterte Neuaufl., Stuttgart 2008

Fried, J.: Karl der Große. Gewalt und Glaube. Eine Biographie, 4. Aufl., Mün-chen 2014

Gebhardt. Handbuch der deutschen Geschichte, Bde. VII-X, hrsg. von A. Haverkamp u.a., 10. Aufl., Stuttgart 2001 ff.

Habsburg, O. v.: Karl V. Kaiser für Europa, 4. überarb. Aufl., Wien - München 1990

Hagenau, G.: Jan Sobieski. Der Retter Wiens, Wien - München 1983

Handbuch der Kirchengeschichte, Bd. I-VII, hrsg. v. H. Jedin, Freiburg/Basel/Wien 1985 (Sonderausgabe)

Hauszmann, J.: Ungarn. Vom Mittelalter bis zur Gegenwart, Regensburg 2004

Heine, P.: Der Islam, Düsseldorf 2007

Herre, F.: Prinz Eugen. Europas heimlicher Herrscher, Stuttgart 1997

Hierzenberger, G.: Der Islam, Wiesbaden 2006

Holböck, F.: Geführt von Maria. Marianische Heilige aus allen Jahrhunderten der Kirchengeschichte, Stein am Rhein 1987

Hubensteiner, B.: Bayerische Geschichte. Staat und Volk, Kunst und Kultur, 8. Aufl., München 1979

Hubensteiner, B: Vom Geist des Barock. Kultur und Frömmigkeit im alten Bayern, 2. Aufl., München 1978

Jaeckel, P.: Ausrüstung und Bewaffnung der türkischen Heere, in: Kurfürst Max Emanuel. Bayern und Europa um 1700, Bd. I: Zur Geschichte und Kunstgeschichte der Max-Emanuel-Zeit, hrsg. von H. Glaser, München 1976, 373-386

Klueting, H.: Das konfessionelle Zeitalter. Europa zwischen Mittelalter und Moderne. Kirchengeschichte und Allgemeine Geschichte, Darmstadt 2007

Koller, M.: Das Papsttum und die osmanische Expansion in Südosteuropa in der zweiten Hälfte des 15. Jahrhunderts, in: Zur Debatte. Sonderheft zur Ausgabe 1/2014, 8-10

Konzelmann, G.: Die islamische Herausforderung, Hamburg 1980

Kunisch, J.: Kurfürst Max Emanuel als Feldherr, in: Kurfürst Max Emanuel. Bayern und Europa um 1700, Bd. I: Zur Geschichte und Kunstgeschichte der Max-Emanuel-Zeit, hrsg. von H. Glaser, München 1976, 321-329

Lewis, B.: Der Atem Allahs. Die islamische Welt und der Westen: Kampf der Kulturen?, Wien - München 1994

Lewis, B.: Die Araber, 2. Aufl., München 2003

Lewis, B.: Kaiser und Kalifen. Christentum und Islam im Ringen um Macht und Vorherrschaft, München 1996

Luther Handbuch, hrsg. v. A. Beutel, 2. Aufl., Tübingen 2010

Mader, H. M.: Raimund Fürst Montecuccoli und die Schlacht von St. Gott-thard-Mogersdorf im Jahr 1664: Eine Bewährungsprobe Europas, in: Österreichische Militärische Zeitschrift 2 (2006) (= in Kurzfassung: http://www.bundesheer.at/omz/ausgaben/ artikel.php?id =396; (vom 10.12.20014).

Majer, H. G.: Die Türken - Gegner des Westens am Ende des 17. Jahrhunderts, in: Kurfürst Max Emanuel. Bayern und Europa um 1700, Bd. I: Zur Geschichte und Kunstgeschichte der Max-Emanuel-Zeit, hrsg. von H. Glaser, München 1976, 362-372

Majoros F. / Rill, B.: Das Osmanische Reich 1300 - 1922. Die Geschichte einer Großmacht, Augsburg 1999

Marboe, R. A.: Von Burgos nach Cuzco. Das Werden Spaniens 530 - 1530, Essen 2006

Moczar, D.: Islam at the Gates. How Christendom Defeated the Ottoman Turks, Manchester/New Hampshire 2008

Niederstätter, A.: Österreichische Geschichte 1400-1522. Das Jahrhundert der Mitte. An der Wiege vom Mittelalter zur Neuzeit, Wien 1996

Pastor, L. Frhr. v.: Geschichte der Päpste seit dem Ausgang des Mittelalters, Bde. I-XVI, Freiburg/Rom 1955

Pfandl, L.: Philipp II. Gemälde eines Lebens und einer Zeit, 8. Aufl., München 1979

Prinz, F.: Askese und Kultur. Vor- und frühbenediktinisches Mönchtum an der Wiege Europas, München 1980

Propyläen Weltgeschichte. Eine Universalgeschichte, hrsg. v. G. Mann u. A. Heuß, Bde. I-X, Berlin - Frankfurt/M. 1960-1964

Reinhardt, V.: Pius II. Piccolomini. Der Papst, mit dem die Renaissance begann. Eine Biographie, München 2013

Reston, J.: Defenders of the Faith. Charles V., Suleyman the Magnificent, and the Battle for Europe 1520-1536, New York 2009

Riché, P.: Die Karolinger. Eine Familie formt Europa, Düsseldorf 2003

Riché, P.: Die Welt der Karolinger, 2. Aufl., Stuttgart 1981

Riley-Smith, J.: „Kreuzzüge", in: Lexikon des Mittelalters, Bd. 5, Stuttgart 1999. Sp. 1508-1519

Runciman, St.: Die Geschichte der Kreuzzüge, München 1989

Schauerte, H.: „Türkenkriege. Rel. Volkskunde", in: LThK (2.Aufl.) Bd. 10, Sp. 410f.

Schwarzenfeld, G. von: Rudolf II. Ein deutscher Kaiser am Vorabend des Dreißigjährigen Krieges, 2. durchges. Aufl., München 1979

Seppelt, F. X. / Schwaiger, G.: Geschichte der Päpste. Von den Anfängen bis zur Gegenwart, München 1964

Stark, R.: Gottes Krieger. Die Kreuzzüge in neuerem Licht, 2. Aufl., Berlin 2014

Tessore, D.: Der Heilige Krieg im Christentum und Islam, Düsseldorf 2004

Thomas, H.: Deutsche Geschichte des Spätmittelalters 1250-1500, Stuttgart/Berlin/Köln/Mainz 1983

Thorau, P.: Die Kreuzzüge, München 2004

Tschudy, J. F. / Renner, F., Der hl. Benedikt und das benediktinische Mönchtum, St. Ottilien 1979

Wilpert, G. v.: „Türkenliteratur", in: ders., Sachwörterbuch der Literatur, 7. erw. u. verb. Aufl., Stuttgart 1987, 975

Wolf, A.: „Leopold I., Regent von Oesterreich, deutscher Kaiser", in: Allgemeine Deutsche Biographie, hrsg. v. der Historischen Kommission bei der Bayerischen Akademie der Wissenschaften, Band 18 (1883), S. 316-322, (Digitale Volltext-Ausgabe:http://de.wikisource.org/w/index.php?title=ADB:Leopold_I._(Kaiser)&oldid=17 10448 (vom 26. November 2014)

Register